KB154060

음식의 종말

THE END OF FOOD

카이로스총서15

음식의 종말 The End of Food

지은이 토마스 F. 폴릭
옮긴이 황성원

펴낸이 장민성, 조정환
책임운영 신은주 **편집부** 김정연 **마케팅** 정성용 **프리뷰** 오정민 최재인

펴낸곳 도서출판 갈무리 **등록일** 1994. 3. 3. **등록번호** 제17-0161호
초판인쇄 2009년 11월 30일 **초판발행** 2009년 12월 12일

주소 서울 마포구 서교동 375-13호 성지빌딩 302호 **전화** 02-325-1485 **팩스** 02-325-1407
website http://galmuri.co.kr e-mail galmuri@galmuri.co.kr

ISBN 978-89-6195-020-6 04300 / 978-89-86114-63-8(세트)

도서분류 1. 사회과학 2. 사회문제일반 3. 환경학 4. 사회학 5. 자연과학 6. 음식과 건강 7. 식품영양학

값 15,000원

이 도서의 국립중앙도서관 출판시도서목록(CIP)은 e-CIP홈페이지(http://www.nl.go.kr/ecip)에서 이용하실 수 있습니다(CIP제어번호 : CIP2009003703).

음식의 종말

THE END OF FOOD

토마스 폴릭 지음
Thomas F. Pawlick
황성원 옮김

식품 산업이
우리의
먹거리를
어떻게
파괴하는가?
그리고
당신은
무엇을
할 수 있는가?

| 일러두기 |

1. 지은이의 주석은 일련 번호(1, 2, 3 ……)로 표시하고 후주로, 옮긴이의 주석은 별표(＊)로 표시하고 각주로 처리하였다.

2. 단행본 · 전집 · 정기간행물 · 영상 · 음반 · 공연물에는 겹낫표(『 』)를, 논문 · 논설 기고문 · 단편 등에는 낫표(「 」)를, 미술작품 · 사진 · 법안 · 단체명은 가랑이표(〈 〉)를 사용하였다.

3. 본문에 들어있는 [ ] 안의 내용은 지은이의 설명이다. 옮긴이의 설명은 괄호 속에 '— 옮긴이' 라고 표시했다.

차례

1부 문제점

2부 해법(들)

1부

문제점

1

빨간 테니스 공

[한계를 넘으면 낙타등에 지푸라기 하나만 얹어도 부러질 수 있다고 한다. — 옮긴이] 그 토마토는 이 마지막 지푸라기와도 같았다. 이런 표현은 일종의 혼유mixed metaphor라고 할 수 있다. 달리 표현할 방법이 있을까?

나는 간단한 샐러드를 만들고 싶었다. 그냥 상추, 토마토, 오이, 약간의 파슬리에다 참치 한 캔을 넣고 식초와 오일을 뿌리면 간단한 한 끼 식사가 된다. 사무실에서 집에 오는 길에 사온 재료들로 만들어 아침에 먹고 가뿐하게 출근하면 되는 것이다.

하지만 토마토를 자르려고 했더니 너무 단단했다.

색깔은 빨간데, 먹기에는 너무 단단한 토마토. 토마토에서 제대로 된 향이 나려면 말랑말랑하고 육즙이 많아야 하는 데 말이다. 남부식으로 녹색 토마토를 튀겨 먹을 것이 아니라면 단단한 토마토는 밋밋하고 맛도 없다. 먹을 때 아삭아삭 씹히는 맛도 없을 것이 분명하다.

좋아, 봉지에서 다른 걸 꺼내보자. 전날 슈퍼마켓에서 네 개를 사왔으니 한 개쯤은 제대로 익었으리라.

난 두 번째 토마토를 꽉 쥐어보았다. 그런데 이것도 너무 단단한 것이다. 세 번째 것도, 네 번째 것도. 이것들을 들여다보았다. 네 개의 토마토는 녹색이 아니라 전부 밝은 빨강색이었다. 하지만 질감은 대부분의 덜 익은 토마토처럼 질기고 단단한 것 같았다.

음, 좋아. 다시 부엌에 갖다 놓는 거야. 하루나 이틀이면 충분히 익겠지.

하지만 하루 이틀 뒤에도 전혀 익지 않았다.

일주일 뒤에도 토마토는 여전히 단단했다.

그래서 나는 토마토를 익히려고 이번에는 햇볕이 바로 내리쬐는 창틀에 토마토를 얹어 놓았다. 이틀, 삼일이 지나고, 일주일이 흘렀다.

그래도 단단했다.

어떻게 이런 일이 있을까, 나는 생각했다. **토마토는 햇볕을 받으면 익는 것이 정상이다. 햇볕을 받으면 육즙이 많이 생기고 부드러워져서 샐러드용으로 토마토를 얇게 썰어 맛있게 먹을 수 있게 된다.**

그런데 이 토마토들은 그렇지가 않다.

나도 고집이 있다. 채소 따위(사실 토마토는 "장과류 과일"berry fruits로 분류된다)가 날 굴복시킬 수는 없다고 굳게 마음을 먹었다. 그래도 내 인내심이 토마토보다는 더 강하지 않겠는가. 아주 조금 더 강한 수준이라고 하더라도 말이다.

하지만 인내심도 아무런 소용이 없었다. 내가 슈퍼마켓에서 토마토를 골라 집으로 가져왔을 때 이미 토마토는 작은 소방차처럼 빨간색을 띠고 있었다. 하지만 이렇게 많은 날들이 지났는데도 이것들은 여전히 익지 않은 상태다. 이것들은 분명 익은 것처럼 **보였다.** 어떤 토마토도 이 보다 더 잘 익은 것처럼 보일 순 없었다. 하지만 그게 다였다. 이 토마토들은 부드럽지도, 육즙이 충분하지도 않았고, 햇볕을 충분히 받고 넉넉히 기다린 후에는 당연히 생겨야 할 향도 없었다.

어떤 토마토에는 작은 검은색 점이 있었다. 이 점에서 부터 일종의 부패가 시작될 수도 있을 법해 보였다. 또 다른 토마토에는 줄기가 떨어져 나간 곳에 곰팡이가 피고 있었다. 하지만 이 역시 말랑말랑하지는 않았다.

막막한 심정이 된 나는 토마토 한 개를 집어 들고 밖에 나갔다. 집밖에는 내 집 뒷마당과 옆집 뒷마당의 경계에 나무판자로 된 울타리가 있었다. **이 단단한 작은 악마 같으니라구**, 나는 생각했다. **보드빌* 관객들이 토마토를 가지고 하는 것과 똑같이 해 주겠어.** 나는 울타리를 향해 토마토를 던졌다. 노래를 못하는 가수나 재미없는 농담을 하는 희극배우에게 토마토를 던질 때처럼 이 토마토가 터질 것이라고 기대했던 것이다.

그런데 이 토마토는 상처 하나 입지 않고, 탄성이 별로 없는 빨간 테니스공처럼 튕겨 나왔다.

토마토를 집어 들고 이번에는 세게, 다시 던져보았다. 울타리에 맞고 약간 균열이 생기기는 했지만, 완전하게 터지지는 않았다. 토마토의 갈라진 틈을 들여다보니 안에 있는 씨앗 몇 개가 사실상 발아된 상태였다.

그러니까 이건 테니스공이거나, 토마토이거나, 아니면 내 인내심을

---

* 노래·춤·촌극(寸劇) 등을 엮은 오락연예. 일종의 버라이어티쇼라고 할 수 있으며, 보드빌 공연을 하는 보드빌리언은 코미디언과 크게 다르지 않다.

테스트하기 위해 만들어진 것이었다.

나는 이 사태에 완전히 사로잡혀 버렸다. 셜록 홈즈 식의 표현을 쓰자면 게임(이 경우에는 장과류 과일사건)이 시작된 것이었다. 이것을 두 번째 혼유라고 할 수 있다.

보호받는 삶

약간의 배경설명을 곁들이면 내가 좀 지나치게 집착하고 있다는 독자들의 편견을 떨칠 수 있을지 모르겠다. 내가 북미의 슈퍼마켓에서 팔고 있는 이 고무 같은 토마토들을 맞닥뜨리게 된 건 이탈리아에서 6년간 살다 돌아온 직후였다. 이탈리아에서 토마토는 식생활에 있어서 일종의 신과 같은 존재였다. 로마나 밀라노 같은 곳에도 슈퍼마켓은 있지만, 이런 대도시 슈퍼마켓 — 혹은 최소한 이런 슈퍼마켓의 신선한 농산물 코너들 — 은 음식을 숭배하는 이탈리아인들의 평균적인 열정을 제대로 반영하고 있지 않았다. 대부분의 사람들은 아직도 야외에서 열리는 지역 농산물 시장에서 과일과 채소를 구입한다. 이곳에서는 상상을 초월 할 만큼 다양한 농산물들이 햇볕이 드는 광장의 형형색색 천막들 아래 전시되어 있다. 이 농산물들의 품질은…… **오, 어머니!** 누가 제대로 묘사할 수 있을까?

이탈리아에 살기 전에 우리 가족은 캐나다 농촌지역의 작은 농가에서 살았다. 우리는 텃밭에서 토마토를 직접 수확하여 밭에서 바로 먹기도 했다.

이것은 보호받는 안전한 삶이었다. [이런 내게 — 옮긴이] 이 테니스공[같은 토마토 — 옮긴이] 일화는 충격이었다.

토요일에 나는 슈퍼마켓에 다시 가서 토마토가 놓여있는 코너를 유심히 들여다보았다. 토마토는 세 가지 상자로 나뉘어 있었다. 첫 번째 상자에는 "밭에서 재배", 두 번째 상자에는 "온실"이라는 꼬리표가 붙어 있었고, 세 번째 상자는 길쭉한 파스타용 토마토들로 가득 차 있었다. 온실 재배 토마토들은 모양이 거의 똑같아 보였다. 거의 똑같은 크기에, 완벽하게 둥글고, 획일적이라고 할 수 있을 만큼 똑같은 빨간색을 띠고 있었다. 그래서 장식용으로 전시하기 위해, 똑같은 틀에서 찍어낸 밀랍 토마토들처럼 너무 비현실적인 느낌이 들었다.

하지만 밀랍 토마토들이 아니었다.

파스타용 토마토들도 거의 같은 모양이었다. 똑같은 크기, 똑같은 모양, 정확하게 똑같은 색깔의 토마토들은 빨간색 군복을 입은 작은 이탈리아 병사들처럼 보였다.

밭에서 재배한 토마토들만 차이가 있었다. 이 토마토들의 크기와 모양은 같았지만, 일부는 줄기가 떨어진 상처자국 주위에 약간의 노란색이나 녹색이 눈에 띄었다. 온실재배 토마토와 파스타용 토마토 모두 이 부분이 완전한 빨간색이었는데 말이다. 나는 온실재배 토마토와 밭에서 재배한 토마토를 몇 개 사서 집에 가져왔다.

두 종류 모두 단단했지만, 나는 이제 어떤 변화가 일어나리라고 기대할 정도로 순진하지는 않았다. 내가 샐러드를 만들기 위해 칼로 (식물학자들이 과피 벽pericarp wall이라고 부르는) 질긴 외벽을 갈라내자 사각거리는 소리가 났다. 나는 이 외벽이 너무 두꺼워서 놀란 나머지 자를 가져왔다. 8분의 3인치[0.95 센티미터 정도—옮긴이]가 넘었다. 그 뒤에 다른 슈퍼마켓에 갔을 때는 외벽 두께가 2분의 1인치[1.3 센티미터 정도—옮긴이]나 하는 토마토도 본 적 있었다. 온실토마토는 보통 [외벽이—옮긴에 더 얇은 편이라고 하는데 말이다.

이 토마토를 먹어보니 …… 뭐랄까, 토마토 맛 같기도 하고 아닌 것 같기도 한 맛이 났다고나 할까.

하지만 이 토마토들을 로마인들이 먹던 것이나 우리 텃밭에서 매년 여름마다 수확했던 것과 비교하는 것은 마치 탄산가스를 주입한 고양이 오줌과 거품이 이는 풍부한 맛의 기네스 스타우트를 비교하는 것과 같은 일이다. 이 [맛없는—옮긴이] 토마토는 다른 행성에서 왔다고 볼 수 있다. 단단하고 빨간색을 띠며 다소 황량한 행성에서 말이다.

왜 그럴까? 이 토마토들에게 무슨 일이 있었던 걸까?

이것을 알아내기 위해서는 약간의 조사 — 도서관과 인터넷, 그리고 여러 대학의 원예학 교수진들의 도움 — 가 필요했다. 그리고 결국 [완결된—옮긴이] 이야기가 구성되었다. 북미의 토마토뿐만 아니라 미국인들과 캐나다 인들이 한때 먹었던, 그래서 당연시했던 모든 종류의 맛있고 영양가 있는 대부분의 음식들이 천천히 파괴되어가는 이야기가 말이다.

하지만 여기에 대한 자세한 이야기는 뒤로 미루고, 일단 토마토에 대해서 좀 더 들여다보도록 하자.

식품 표

미국 농무부United States Department of Agriculture는(이하 USDA) 보통 "식품 표"food table이라고 불리는 한 무더기의 표를 주기적으로 발표한다. 여러 가지 변형된 표들이 다양한 공식적 이름을 가졌던 적도 있기는 하지만 현재는 식품 표라고 불리고 있다. 이 표에는 육류, 어류, 곡물, 과일, 채소 등 다양한 종류의 식품 목록이 제시되며, 이 식품들에 함유된 비타민, 미네랄, 단백질을 비롯하여 인간의 식생활에서 일익을 담당하는 여러 물질들의 실제 함량이 제시된다. 영양학 연구자와 전문가들은 일반적인 비교를 하기 위한 기초적인 척도로서 이 표들을 종종 인용한다.

이러한 형태의 표를 최초로 만든 사람은 USDA의 애트워터 W. O. Atwater 박사다. 선구적인 식품 연구가였던 그는 찰즈 우즈 Charles D. Woods라는 동료 과학자의 도움을 받아 「미국 식품 재료들의 화학적 구성」*The Chemical Composition of American Food Materials*(1896)이라는 제목의 식품 표를 발표했다.[1] 이후 연구들을 통해 완전히 교체되어버린 이 초기 연구 작업은 상대적으로 적은 수의 식품들을 대상으로 하였고 훨씬 더 적은 수의 성분들을 검사하였다. 이 초기 연구 작업에서는 [토마토에 대해서는—옮긴이] 오직 6개의 척도만 있어서, 이후에 발표된, 아무런 처리도 되지 않은 (즉, 껍질을 벗기지 않고, 캔에 넣지 않은, 아니면 가공되지 않은) 토마토에 대한 훨씬 더 세세한 표들과 대략적으로만 비교할 수 있을 뿐이다. 애트워터의 샘플 크기는 오늘날 사용한 샘플의 크기와 다를 수 있기 때문에 정확한 비교는 사실상 불가능하다.

하지만 그 이후 발표된 농무부 자료에서는 일반적으로 해당 식품의 "먹을 수 있는 부분 1백 그램"이나 주어진 식품 품목 1파운드에 들어있는 영양물질에 대한 수치를 제시한다. 따라서 식품 간에 서로 비교가 가능하다. 그런데 이같은 비교의 결과—비교적 최근에 발표된 자료에 의거한 비교의 결과조차—는 계몽적인 의미를 넘어선다. 그 결과는 충격적이다.

2002년 USDA 웹사이트에 가장 최근에 게재된 식품 표 자료의 제목은 「표준적인 참고를 위한 USDA 전미 영양물질 데이터베이스, 릴리즈

15」*USDA National Nutrient Database for Standard Reference, Release 15* 이다.[2] 그 안에 있는 수치들과 1963년에 발행된 「USDA 농업 핸드북 8호 : 식품들의 구성」*USDA Agriculture Handbook No. 8: Composition of Foods*에 나와 있는 수치들을 비교해보면,[3] 오늘날의 잘 익은 보통 빨간 토마토 100그램에는 존 케네디 대통령이 달라스에서 암살당했던 그해[1963년—옮긴이]에 미국 소비자들이 구매했던 토마토에 함유되어 있던 것보다 22.7**퍼센트나 적은 양의** 단백질이 함유되어 있음을 알 수 있다.

물론 우리가 토마토를 먹는 가장 큰 이유는 토마토에 있는 천연상태의 단백질 때문이 아니라 일반적으로 토마토에는 비타민 A와 C, 칼륨, 인, 철, 칼슘, 그리고 암을 억제해준다고 하는 리코펜 lycopene이 풍부하다고 생각하기 때문이다. 리코펜은 "카로티노이드"로서, 당근, 수박, 토마토의 색깔을 내는 적황색의 식물성 색소이다. 일부 카로티노이드는 비타민 A의 선구물질인데, 다시 말해서 간과 같은 인간의 장기에서 화학반응의 결과물로 비타민 A가 생성되는 것을 도와준다. 리코펜은 진정한 비타민 A 선구물질은 아니지만, "암세포의 재생산을 억제시키는 것으로 보이는" 강력한 산화방지제다.[4] 안타깝게도, USDA의 식품 표에서는 리코펜을 측정하지 않고 있다.

하지만 이 표는 정상적인 성적 재생산과 신체의 성장 뿐 아니라 좋은 시력을 유지하기 위해 필요한 영양물질인 비타민 A의 양을 측정하고 있다. 그리고 괴혈병과 감기 같은 여러 가지 질병의 예방, 스트레스 조절, 정상적인 동맥의 유지, 베인 상처 치료에 필수적인 비타민 C의 양도 측정하고 있다.

토마토는 한때 이러한 비타민들을 공급해주는 최상의 공급원 중 하나였다. 하지만 오늘날의 신선한 토마토 100그램에는 1963**년의 토마토**

보다 30.7퍼센트 적은 비타민 A와 16.9퍼센트 적은 비타민 C(아스코르브산)가 함유되어 있다. 또한 (튼튼한 뼈와 치아를 유지하는 데 필요한) 칼슘은 61.5퍼센트가 적고, 인은 11.1퍼센트가 적으며, 칼륨은 9퍼센트, 니아신은 7.97퍼센트, 철은 10퍼센트, 그리고 티아민은 1퍼센트 더 적다.

이것은 1963년 이후 [현재까지 — 옮긴이] 일어난 손실로써 한 사람의 일생으로 치면 절반밖에 안 되는 짧은 기간에 일어난 일이다. 오늘날의 수치를 더 이전의 수치들과 비교해보면, 상황은 더욱 나빠진다. 오늘날 익히지 않은 빨간 토마토 100그램 속에 있는 철의 양은 1963년보다 10퍼센트가 적지만, 텔레비전 판 〈M★A★S★H〉의 등장인물들에 해당되는 실제인물들이 한국전쟁에서 싸우느라 여념이 없던 1950년과 비교해보면 무려 25퍼센트가 적다.[5] 국제단위International Units(IU)로 측정된 비타민 A의 양은 1950년보다 43.3퍼센트가 적다. [그렇다면 — 옮긴이] 1930년이나 그 이전과 비교하면 얼마나 많은 양의 영양물질들이 사라지게 된 것일까? 아무도 알 수 없는 노릇이다. 하지만 분명한 것은 핵심적인 영양소들이 감소 추세에 있다는 점이다.

물론 신선한 토마토 안에 함유되어 있는 모든 물질이 줄어든 것은 아니다. 특히 두 가지 물질은 1963년 이후 눈에 띌 만큼 성장했다. 지방(지질 lipid)의 양은 65퍼센트 늘었고, 나트륨 Sodium Chloride, NaCl — 평범한 식탁용 소금의 기초가 되는 물질 — 의 양은 200퍼센트라는 경이로운 수치로 증가했다.

어떤 영양물질의 증가와 다른 영양물질의 감소는 서로 동떨어진 문제가 아니며, 일종의 도미노 효과를 발휘하여 서로를 강화하는 결과를 낳을 수 있다. 예를 들어 나트륨(염화나트륨으로서)은 수년간 고혈압을 유발하는 주원인으로 간주되었다. 보건 과학 분야의 기초적인 대학 교

재인 『영양의 이해』*Understanding Nutrition*의 저자들에 따르면

> 어떤 사람들은 소금의 과잉 섭취에 예민하게 반응하고 고혈압을 경험한다. 소금에 민감할 가능성이 가장 높은 사람들은 대체로 만성적인 신장 질환과 당뇨, 긴장항진증이 있는 사람들, 아프리카계 미국인들, 50세 이상의 사람들이다. 비만인 사람들 또한 혈압에 대한 소금의 영향에 특히 민감한 것으로 보인다. 이들의 경우 소금의 과잉섭취는 심장병 및 사망과 강한 상관관계를 가진다.[6]

저자들은 또한 나트륨의 과잉 섭취는 체내의 칼슘 양과도 연관될 수 있다는 사실에 주목하는데, 칼슘은 소위 노인들의 "약한 뼈" 질병인 골다공증의 발생에 핵심적일 수 있는 요소다. 나트륨은 칼슘이 체내에 유지되는 데 부정적인 영향을 미치는 것으로 보인다. 영양학 교과서의 저자들은 "골다공증을 막기 위해서는 식생활에 있어서 칼슘이 풍부한 식품을 많이 먹고 나트륨이 많은 식품은 피하라고 제언할 수 있을 것이다"라고 경고한다.[7]

그러면 1963년 이후로 토마토에서는 무엇이 사라졌나? 61.5퍼센트의 칼슘이다. 그리고 무엇이 생겼나? 2백 퍼센트의 나트륨이다.

칼륨이 7.97퍼센트 줄어든 사실을 살펴보면 상황은 훨씬 더 흥미로워 진다. 영양학 교과서에 따르면 칼륨 과소섭취는 나트륨 과다섭취 만큼이나 혈압 조절에 문제를 일으킬 수 있다.[8] 또한 이 책은 "칼륨 섭취량이 줄어들지 않은 경우에도 나트륨이 추가되면 칼륨 대 나트륨의 비율이 낮아진다. 따라서 나트륨 섭취를 제한하는 것은 두 가지 방식으로 이로울 수 있다. 첫째, 소금에 예민한 사람들의 혈압을 낮춰준다. 둘째, 모든 사람들의 칼륨 섭취를 간접적으로 증가시킨다."라고 덧붙이고 있다.[9]

오늘날 시장에서 팔리는 신선한 토마토는 정확하게 바로 그 반대의 일을 목표로 하고 있는 것처럼 보인다.

지방과 나트륨은 많아지고 칼슘, 칼륨, 비타민 A, 비타민 C는 적어졌으며, 철, 인산, 니아신, 티아민도 줄어들었다. 오늘날의 토마토에는 영양학자들이 좋다고 이야기한 모든 것들이 마치 계산이나 한 것처럼 부족한 상태다.

가공 처리된 토마토 상품도 비슷한 운명에 고통받아왔다. 예를 들어 1963년 이후로 토마토 캔음료에서 35.5퍼센트의 철분과 30.5퍼센트의 비타민 A가 사라졌다. 1950년 이후로 토마토 주스에 들어있는 비타민 A의 양은 47퍼센트 줄어들어 거의 절반이 되었다. 토마토케첩에서는 1963년 이후로 13.6퍼센트의 칼슘과 12.5퍼센트의 철분, 27.4퍼센트의 비타민 A가 사라졌다.

동시에 나트륨은 13.8퍼센트 늘었고, 섬유질은(이것은 아무래도 그 질긴 외벽에 대한 재배자의 갈망을 반영하는 것이리라) 1,200퍼센트라는 어마어마한 비율로 뛰어 올랐다.

토마토의 이로운 영양소들이 점점 사라지고 있다. 뿐만 아니라 슈퍼마켓의 토마토들은 '다양성'이라는 또 다른 핵심적인 특질을 잃어가고 있다.

선택지의 감소

일반 토마토의 라틴어명인 솔라눔 에스쿨렌툼Solanum esculentum (예전에는 "늑대의 복숭아"라는 의미로 리코페르시콤 에스쿨렌툼Lycopersicom esculentum이라고 불리다가 이름이 바뀌었다)에 얼마나 많은 종류가 있는

지 정확히 알 수는 없다. 라틴 아메리카가 원산지로 수세기동안 멕시코와 페루의 원주민들이 재배하던 토마토는 1554년에 이탈리아 사람들이, 1800년대 초반에는 미국인들(이들은 파스타 소스의 맛에 천천히 녹아들어갔다)이 먹기 시작했다. 수년간 재배자들은 크고 뚱뚱한 황적색 과실이 달리는 토마토에서부터 작고 귀여운 빨간색 체리 토마토에 이르기까지 말 그대로 수천 종을 개발했다. 외피가 얇은 것, 외피가 두꺼운 것, 더 단 것, 덜 단 것, 빨리 익는 것, 늦게 익는 것, 서리나 병해를 더 잘 견디는 것, 더 못 견디는 것 등등.

하지만 핵심적인 것은 선택이라는 단어다. 아이오와 주Iowa 데코라에 본사를 두고 있는 〈씨앗을 나누는 사람들〉Seed Savers Exchange은[10] 가정에서 채소를 재배하는 사람들에게 서비스를 제공하는데, 이들에 따르면, 이들이 보유하고 있는 토마토의 종류만도 5천 5백 종이 넘는다.[11]

이 수천 가지 가능한 종자들 중에서 우리 슈퍼마켓에 신선한 토마토로서, 아니면 파스타 소스에서 토마토 페이스트, 살사, 케첩에 이르는 토마토 생산물로 가공되어 우리 눈앞에 나타나는 토마토의 종류는 얼마나 될까?

그렇게 많지 않다. 북미의 슈퍼마켓 시스템은 단 네 곳에서 대부분의 토마토를 가져온다. 데이비스 캘리포니아 대학의 확대강좌 담당자인 extensionist 팀 하츠Tim Hartz 박사에 따르면, 캔이나 다른 상품으로 가공되기 위해 운반되어 오는 토마토의 85퍼센트 이상이 캘리포니아 산이다.[12] 〈캘리포니아 토마토 재배인 연합〉California Tomato Growers Association은 "미국에서 가공되는 토마토의 10개 중 9개"가 같은 주[캘리포니아—옮긴이]에서 온 것이라는 점을 자랑하곤 한다.[13]

〈플로리다 토마토 위원회〉Florida Tomato Committee의 보고에 따르면 밭에서 수확된 후 가공되지 않고 바로 판매되는 토마토의 경우, 50퍼센트 이상이 플로리다 산이다.[14] 12월에서 5월에 이르는 겨울철에 오하이오Ohio나 버지니아Virginia 같은 주들에서 아무 것도 재배할 수가 없게 되면, 플로리다와 캘리포니아는 토마토를 배로 실어 나를 수 있는 유일한 주가 된다. 플로리다 주는 최근 들어 『북미자유무역협정』NAFTA 때문에 겨울철에 멕시코와 경쟁하는 입장에 놓이게 되었지만, 아직도 신선한 토마토 시장에서 가장 큰 몫을 차지하고 있다. 플로리다 주는 캐나다에서도 겨울철 신선품 시장을 지배하고 있다. 최근 들어 멕시코나, 스페인, 포르투갈 같은 유럽연합 국가들과 약간의 경쟁을 하게 되긴 했지만 말이다. 현재 스페인과 포르투갈에서는 토마토를 온실에서 재배하는 것이 주요 산업 중 하나다. 여름철에 캐나다는 자국에서 소비하는 토마토의 일부를 생산하는데, 대부분은 주로 온타리오Ontario 남부의 리밍턴Leamington 근교에서 재배된 밭작물이거나 온실작물이다.

다양성의 측면에 있어서, 소비자들은 얼마나 많은 선택을 할 수 있나?

〈플로리다 농업 통계 서비스〉Florida Agricultural Statistics Service에 따르면, 1999년과 2000년 사이 작황기간 동안 신선품 시장에는 11가지 토마토가 있었는데, 그중 5가지가 80퍼센트 이상을 차지했다. 현재까지 소비자들이 가장 선호하는 종은 플로리다 47로, 이것은 재배된 모든 종의 35.9퍼센트를 차지한다.[15] 겨울철에 캐나다로 [토마토를—옮긴이] 수출하는 유럽연합의 경우 상황은 거의 똑같다. 예를 들어, 1999년 포르투갈에서는 단 여섯 개 종이 토마토 수확의 80퍼센트 이상을 차지했다.[16]

데이비스 캘리포니아 대학University of California at Davis의 채소 재배과Department of Vegetable Crops에 따르면 단 10가지의 종류가 모든 가공 토

마토 시장의 60퍼센트 이상을 차지했다.[17] 이중 5가지(약 26퍼센트)는 독점 종들로서, 계약 공급자들에게 오직 자신들의 기업 내 종류들만 재배하도록 요구하는 주요한 다국적 식품 가공 회사들이 개발한 것들이다.

알려진 북미산 토마토의 표준적인 가짓수를 아주 개략적으로 6천 이상으로 잡으면 — 이것은 거의 터무니없을 정도로 보수적인 숫자다 — 우리는 수학적 계산을 통해 많은 사실들을 알 수 있다. 오늘날 슈퍼마켓에서 이용 가능한 가공 토마토와 신선한 토마토의 절대 다수를 차지하는 아메리카산 15가지 종은 야생에서 자랄 수 있는 가능한 품종 중 겨우 0.25퍼센트만을 차지할 뿐이다. 1퍼센트의 4분의 1말이다.

선택지가 너무 제한적이다.

결국 소비자들이 이용할 수 있는 토마토의 수는 아주 적으며, 신선한 토마토 속에 함유되어 있는 영양물질의 수가 (지방과 나트륨의 양이 증가하고 있다는 점을 제외하고) 줄어들고 있는 것이다. 이러한 토마토들은 훌륭할 만큼 크고, 밝은 빨강색을 띠며, 완벽하게 둥글고, 흠이 없다. 또한 과자 틀에서 나온 것처럼 똑같은 모양을 하고 있다. 하지만 질기고 고무 같으며, 최소한 나의 순수하게 주관적인 취향으로 보면, 상대적으로 맛이 없다.

어떻게 이렇게 된 것일까?

고의적인 선택 때문이다. 종자에서 슈퍼마켓 선반에 이르는, 대륙적 규모의 식품 산업을 지배하는 거대한 다국적 기업들은 이런 식의 토마토를 선호한다.

수일간의 연구와 전화통화 끝에, 나는 몇 명의 산업계 대변인들과 토마토 재배에 관한 과학 전문가들을 찾아낼 수 있었는데, 여기에는 신선품 시장에 출하되는 종에 대한 전문가와 가공용 토마토 시장에 중점을 둔 전문가가 모두 포함되어 있었다. 나는 테잎 카세트를 켜두고, 각각의 시장에서 상위 15가지의 토마토들이 그렇게 성공하는데 기여한 특성들이 무엇인지 상세히 설명을 해달라고 부탁한 뒤 삼십 여 분 동안 이들 중 몇 명과 이야기를 나누어보았다.

한 과학자는 "첫째도 수확량, 둘째도 수확량, 셋째도 수확량이죠."라고 말했다. 물론 그는 익살을 부린 것이긴 했다.

과학자들에 따르면 신선품 시장 범주에서 잘나가는 토마토 종들의 특징은 중요도 순에 따라 다음과 같다.

1. 수확량(에이커 당 파운드)
2. 크기(200~250그램)
3. 외벽의 두께와 단단함(토마토가 견고해야만 운송 중에 트럭 안에서 서로 부대낄 때 2만 5천에서 5만 파운드 사이의 무게와 압력을 견딜 수 있다.)
4. 질병에 대한 저항력
5. 열에 대한 내성(플로리다 주의 따뜻한 날씨가 이어지는 동안 과일을 놔둬야 할 때)
6. 모양의 동일함
7. 익는 시간(색깔)의 동일함

나는 한 전문가에게 더 이상의 바람직한 특징은 없는지 물어보았다. 그는 잠시 동안 멈춰서 생각하더니, 다음과 같이 결론지었다. "없어요. 이게 거의 전부라고 할 수 있죠."

가공 토마토 전문가는 약간 다른 리스트를 가지고 있었다. 캘리포니아에서는 상위의 특징들이 다음과 같았다.

1. 수확량(에이커 당 파운드)

2. 점도나 두께(이것은 1파운드의 주어진 으깬 토마토에서 얼마나 많은 상품을 만들 수 있는가를 결정한다)

3. 과일 안에 들어있는 용해 가능한 고체와 용해 불가능한 고체의 양

4. 견고함(기계로 수확하면서 거칠게 다룰 때 견딜 수 있는 능력)

5. 색깔의 동일함

6. 질병에 대한 저항력

7. 열과 추위에 대한 내성(수확기의 초반과 끝 무렵에도 꾸준히 생산할 수 있도록)

나는 이번에도 이 전문가들에게 우리가 빼먹은 다른 중요한 특징은 없는지 물어보았다. 한명이 말했다. "없어요. 최종산물 중심으로 모든 것이 돌아가고 있죠."

그 누구도 평범한 소비자라면 당연히 리스트 상위에 놓고 싶어 했을 두 가지 특징들에 대해서는 언급도 하지 않았다. 맛과 영양소 말이다. 이 두 가지는 거기에 없었다. 중요하지도, 심지어 언급할 가치도 없는 것이었다.

현대의 기업형 식품 산업에서는 (대학 원예학자들의 연구는 이들의 요구에 맞춰서 이루어진다) 식품의 맛이 어떤지, 이것이 인간에게 이로운지는 주 관심사가 아닌 것 같다. 이러한 것들은 논의조차 되지 않는다.

대학의 원예학 연구자들이 식물 종을 밭에서 실험한 결과를 보고하는 다양한 웹사이트들을 간단히 훑어봐도 똑같은 결과가 나온다. 대체로 남부와 중서부에 있는 수많은 대학에서 실험한 보고들이 있는데, 신선품 시장 토마토와 관련하여 테스트한 전형적인 품질 목록에는 "수확량, [수확의—옮긴이] 빠름, 과일의 크기, 갈라짐에 대한 내성, 견고함, 산도, 질병에 대한 내성/저항력"18이 포함되어 있었다. 맛과 영양학적 가치는 거의 언급되지 않았다.

아무리 살펴봐도, 모양과 크기가 완벽하게 동일하고 덥거나 추울 때도 빠르게 자라며 매 계절 정확하게 같은 시기에 익고 브레이크 라이닝만큼 거친 겉껍질을 가지고 있고 에이커 당 엄청난 양을 산출할 수는 있지만, 맛이 하나도 없고 절대적으로 영양학적 가치가 없는 토마토 종이 개발된다면, 산업계는 예수님이 재림하신 것만큼이나 좋아할 것이다. 또한 당신과 나와 같은 소비자들은 그걸 사거나, 아니면 굶어야 할 것이다.

물론, 우리가 그 토마토들을 사먹는다 해도 여전히 "굶주리게" 될 수 있다. 이 토마토들에는 영양소가 거의 없기 때문이다.

하지만 보라, 이것이 자본주의다.

맛에 대해 말하자면, 내가 구입했던 슈퍼마켓 토마토들이 이탈리아에서 먹었던 토마토나 몇 년 전 밭에서 수확한 것에 비해 맛이 떨어진다고 느꼈던 것은 단순한 상상이 아니다. 『식물 경제학 : 우리 세계의 식물들』*Economics Botany : Plants in Our World*이라는 교재에 따르면

> 청과물 가게에서 상품으로 팔리는 토마토들은 익기 전이나 색깔이 들기 시작할 때 수확되고, 팔리는 과정에서 익어간다. 파랄 때 수확한 과일들

은 에틸렌이 발생되면서 익어가는 적절한 과정이 없기 때문에 질기거나, 아니면 세포간의 매트릭스가 약해지기 때문에 죽처럼 흐물흐물해진다. 또한 이런 토마토에는 토마토가 줄기에 달린 상태에서 익어가는 절정기에 아주 빠르게 축적되는 설탕이 생기지 않는다 …… 에틸렌은 자연적인 숙성의 특징인 맛의 생성과 최종 색으로의 변화, 유연화로 이어지는 일련의 사건들을 책임지는 식물 호르몬[이다].[19]

따라서 내가 가게에서 산 토마토들은 오랜 운송과정에서 겪게 되는 충격을 참을 수 있도록 고의적으로 단단하게 길러진 것일 뿐만 아니라 색이 녹색일 때 수확되었기 때문에 더욱 단단해진 것이다. 단단하고 맛도 없고.

위 교재에 나오는 "팔리는 과정에서 익어간다"는 말은 특수한 "숙성실"에서 운송 중 혹은 운송 직후에 녹색 토마토에 인공적으로 에틸렌을 칠하는 행동을 가리키는 것이다. 이렇게 하면 토마토는 갑작스럽게 빨간색을 띠게 되고, 선반에 놓였을 때 겉모습은 그럴듯하지만, 맛과 질감을 만들어내는 점에 있어서는 자연적인 숙성과 똑같은 효과를 내지는 못하는 듯하다.

운송 중 냉장처리는 훨씬 더 부정적인 영향을 미친다. USDA의 농업연구 서비스USDA Agricultural Research Service가 실시한 냉장처리가 토마토의 맛에 미치는 영향에 관한 연구에 따르면 "과일을 차게 하면, 숙성된 향, 당도, 그리고 토마토 고유의 맛이 줄어들고, 신맛이 늘어난다. 이것은 향의 복합물과 설탕, 산의 변화를 측정하여 얻은 결과다."[20]

이 작고 빨간 테니스공들 때문에 나는 공부하기 시작했다. 그리고 나는 정말 화나기 시작했다. 나는 이런 일을 벌이고 있는 시스템에 대해 더 많이 알고 싶어졌다. 나는 그냥 누워서 이 일을 당하고만 있지는 않겠다고 결심했다.

여러분들도 마찬가지다. 당하고만 있을 이유가 없다. 분명 대안은 있다. 일단 오늘날 북미 기업형 식품 시스템의 여러 측면들을 살펴 본 후 그 뒷장에서 이 대안에 대해 다룰 것이다.

2

음식의 종말

오늘날 슈퍼마켓에는 토마토 외에도 많은 것들이 비극적인 몰락을 경험하고 있다. 또한 농무부의 영양물질 표 외에도 현재 일어나고 있는 일들을 기록하고 있는 자료들은 많이 있다. 미국, 캐나다, 영국의 식품에 대한 최근 문헌들을 살펴보고, 기업 소유의 식료품점에 대해 검토한 결과 무시무시한 영양 손실이 아주 급격하게 진행되고 있는 것으로 나타났다. 이제 말 그대로 음식의 종말이 오고 있다고 해도 과언이 아니게 되었다.

가장 분명하게 나타나는 손실 몇 가지와, 이것이 인체에 미칠 수 있는 영향에 대해 먼저 살펴보도록 하자.

2002년 7월 6일 토론토의 일간지 『글로브 앤 메일』*Globe and Mail*은 식품에 대한 일련의 기사들을 싣기 시작했는데, 여기에는 안드레 피카드Andre Picard 기자의 다음과 같은 기사도 포함되어 있었다.

오늘날 캐나다의 슈퍼마켓에서 판매되는 과일과 채소의 영양물질은 50년 전보다 훨씬 더 적다. 우리가 가장 즐겨먹는 몇 가지 식품에서 필수 비타민과 무기질이 아주 급격하게 줄어들었다.

캐나다에서 가장 많이 소비되는 식품인 감자를 예로 들어보자. 감자는 평균적으로 시력을 유지하는 데 중요한 비타민 A를 100퍼센트 잃었고, 건강한 혈액을 유지하는 데 핵심적인 철과 비타민 C를 57퍼센트 잃었으며, 건강한 뼈와 치아를 만드는 데 필수적인 칼슘을 28퍼센트 잃었다.

또한 리보플라빈 50퍼센트, 티아민 18퍼센트도 사라졌다. 측정한 7가지 핵심 영양물질 중에서 니아신 수치만 증가했다……[*Globe and Mail*, CTV 연구에서] 분석 대상이었던 25가지 과일과 채소도 비슷한 상황이다.[1]

피카드의 수치는 캐나다 정부가 제공한 식품 표에 근거한 것이었지만, USDA 표가 보여주는 것과 아주 유사하다. 사실 캐나다의 자료 중 일부는 원래 USDA 표에서 가져온 것이다. 피카드가 말한 사실은 미국에서도 대체로 진실이었다.

영국 또한 마찬가지다. 영국에서는 앤-마리 메이어Anne-Marie Mayer 연구원이 영양학자와 식품전문가들에게 존경받는 학술자료인 『영국 식품 저널』*British Food Journal*에 한 연구를 발표했다. 그녀는 다음과 같은 질문에 답하고자 했다. "금세기 들어 식품 시스템이 변화하고 농업이 근대화되면서 과일과 채소의 영양학적 질(특히 필수 무기질 성분)이 변했는가?"[2] 이 질문에 답하기 위해 그녀는 USDA의 식품 표에 해당하는 영국의 자료인 『식품의 화학적 구성』*The Chemical Composition of Foods* 중에서 1936년과 1991년의 자료를 살펴보고, 20가지 과일과 채소의 구성성분들을 비교했다.

채소에서는 칼슘, 마그네슘, 구리, 나트륨 수치가 눈에 띄게 줄었고, 과일에서는 마그네슘, 철, 구리, 칼륨이 줄었다. 가장 큰 변화는 채소의 구리 수치가 예전보다 5분의 1이하로 줄어든 것이었다. 지난 50년간 크게 변하지 않은 무기질은 인이 유일했다.[3]

작은 숫자, 큰 결과

숫자. 대부분의 슈퍼마켓 소비자들은 수학 전공자도, 통계학 전문가도 아니다. 게다가 종이에 적힌 숫자들을 보면 약간의 지루함이 몰려오기도 한다. 주어진 식품 속에 있는 극소량의 구리가 몇 밀리그램 오르고 내리는 게 대체 뭐가 중요하단 말인가? 일 밀리그램이면 아주 작은 양이다. 일 그램의 천분의 일 밖에 안 되는 것이다. 또한 일 그램이면 일 온스의 28분의 일이 조금 넘을 뿐이다. 어떤 물질 일 밀리그램은 너무나도 작아서 현미경이 없이는 볼 수 없을 정도이리라. 한낱 티끌정도나 될까. 우리가 어떤 시기에 어떤 물질을 티끌 몇 개 정도 분량을 먹고 말고가 대체 어떤 차이를 낳는 것일까?

답부터 말하자면, 그 차이는 아주 크다. 인간의 몸은 신비롭다. 원상태로 돌아가는 복원력이 있고, 적응력도 있지만, 경이로울 만큼 복잡하다. 지구 역사상 인간을 가장 성공한 종으로 만들어준 이 복원력과 적응력은 정교하게 조절된 수많은 관계에 달려 있다. 우리의 몸과 환경간의 관계, 우리 몸속에 있는 각 장기들 간의 관계, 그 장기 안에 있는 각 세포들 간의 관계 등. 우리는 수천 개의 미세한 생환경적 줄 위를 매일, 매시간 걷는다. 좌우로 흔들리고 한쪽으로 기울어지면서도 제때 평형상태를 찾아 우리가 생존할 수 있는 안팎의 협소한 조건의 폭을 벗어나지 않는다.

외부 온도가 화씨 32도[섭씨 0도—옮긴이] 아래로 내려갈 때 보온용 옷을 입고 있지 않으면, 우리는 몇 분 안에 얼어 죽는다. 온도가 화씨 120도[약 섭씨 49도—옮긴이] 이상으로 올라갈 때 그늘막이나 에어컨 설치가 된 건물을 찾지 못하면 일사병으로 죽을 수 있다.

나는 두 가지 극단적인 온도를 모두 직접 경험해보았다. 퀘벡의 눈보라 치는 1월의 늦은 밤, 고속도로에 꼼짝없이 갇힌 상태에서 차안에서 몸을 웅크리고 버틴 적이 있었다. 그때 나와 화씨 -28도[섭씨 영하 33도 정도—옮긴이]의 겨울바람 사이에는 불이 켜진 초 한 자루와 열이 나는 설상차용 옷 한 벌밖에 없었다. 아침이 되어 제설차가 내 차의 뒤쪽 범퍼에서 움직이는 소리를 들으면서 나는 내 뺨에 몇 개의 동상자국이 남은 것이 전부라는 사실에 감사했다.

그리고 10년 후 나는 1차 걸프전쟁에서 화씨 120도가 훨씬 넘는 아라비아의 사막을 가로지르면서, 숨을 들이쉬면 공기가 정말로 내 폐를 태우는 걸 느꼈다. 땀은 피부 표면에 맺히기도 전에 증발해버렸다. 그 고동치는 가물가물한 열기 속에 도로에서 벗어나 에어컨 시설이 된 음식점에 들어가지 못했더라면 내 몸에 무슨 일이 일어났을지 알 수 없다. 에어컨 장치가 고장 난 차 안에서 5시간을 보낸 후 조금만 더 오래 머물러 있었더라면 난 아마 아주 혹독한 대가를 치렀을 것이다.

인간이 적응할 수 있는 환경의 폭은 이렇듯 매우 좁다.

우리는 구리라고 하는 실용적이면서도 아름다운 금속에 친숙하다. 구리로는 동전과 전기선, 찻물을 끓이는 광나는 주전자를 만든다. 미시간 주의 상부 반도Upper Peninsula로 여행해본 사람이라면 구리 원석을 직접 보고 아마 기념품 판매점에서 한 두 덩어리 정도 사보았을 것이다. 공기와 닿으면 녹색으로 변하는 구리 지붕은 아주 유명한 많은 건축물들을 장식하고 있기도 하다.

건강한 정상인의 몸에는 1백 밀리그램 정도의 구리가 있는데, 이것은 다양한 세포와 조직에 골고루 퍼져있다. 백 밀리그램이면 아주 적은 양이다. 이 수치가 올라가거나 내려가면 무슨 일이 일어날까?

『디스커버』*Discover*지 최근호에 실린 한 기사는 이에 대해 참고할 만하다.[4] 뉴햄프셔 콩코드 출신의 신경학자인 저자는 메건Megan이라고 하는 22세 환자에 대한 경험을 이야기했는데, 이 환자는 윌슨병이라고 하는 기능장애를 앓고 있었다. 윌슨병은 몸에서 과도한 양의 구리를 적절히 제거하지 못하는 유전적인 장애다. 존 페티나토John R. Pettinato 박사의 설명에 따르면

> 구리는 필수적인 미량 원소로서, 대부분의 식품은 세포 신진대사에 필요한 것보다 4분의 1정도 많은 양을 제공한다. 간은 이 남는 구리를 담즙으로 처리하고, 이 담즙은 화장실에서 배설된다. 어떤 사람들은 이러한 처리 과정상의 문제를 유전적으로 물려받는데, 해로울정도로 많은 양의 구리가 뇌와 간에 축적되면 증세가 시작된다.[5]

메건에게는 이 미량원소가 너무 많이 축적되어 있었다. 그녀는 우울해하고 날카로워졌으며, 심한 떨림 증세와 함께 식욕부진이 심해져갔다. 다리와 머리가 떨렸고, 다른 곳들도 거의 모두 떨렸다. 그 다음에는 밤에 헛소리를 하기 시작했다.

"상황은 점점 나빠졌어요. 걸을 때 팔을 자연스럽게 흔들지도 못했

어요. 어지럽고 균형이 안 맞는 기분이 들어서 발을 질질 끄는 것처럼 걸었죠."[6]

만일 페티나도 박사가 빠르게 진단하고 치료하지 않았더라면 메건의 상태는 훨씬 더 안 좋아졌을 것이다. 윌슨병의 증세에는 간염, 간 손상, 발작, 불명료한 발음, 부조화, 경련, 감상적인 기분, 우울증, 파킨슨증세, 정신장애, "기타 기괴한 행위들"도 포함된다. 일부 환자는 죽기도 한다. 이 모든 것이 이 미량원소 한 가지가 과도해서 발생하는 일들이다.

메건 또한 구리과잉 때문에 고통 받았다. 구리가 너무 적다면 무슨 일이 일어날까? 『영양의 이해』의 저자들에 따르면, 구리 결핍은 상대적으로 드물지만, 일부 영양결핍 아이들에게서 확인된다. "동물이 구리 결핍인 경우 혈중 콜레스테롤이 상승하고 혈관이 손상되는데, 이 때문에 구리를 적게 섭취할 경우 인간에게 심장 혈관질병이 일어나는 것은 아닌지 의문이 제기 된다"고 휘트니Whitney와 롤프스Rolfes는 말하고 있다.[7]

구리는 우리 몸에 필요한 많은 영양물질들 중 하나일 뿐이다. 철분, 비타민A, 비타민C처럼 중요한 일부 영양물질들에 대해서는 수년간 굉장히 세밀한 연구가 진행되었다. 셀레늄이나 몰리브덴, 비타민E, 비타민K 같은 것들은 상대적으로 적은 관심을 받아왔고 우리 몸을 건강하게 유지하기 위해 이것들이 어떤 역할을 하는지에 대해서는 우리는 이제 막 이해하기 시작했다. 1975년에는 미국 농무부의 식품 표에 셀레늄, 비타민 D, 비타민 E는 올라있지도 않다. 아주 최근에야 아미노산이 포함되기 시작했을 뿐이다.

또한 이러한 각각의 영양물질들이 서로에게 미치는 영향, 혹은 1장에서 언급한 나트륨과 칼슘 섭취의 상호연관성처럼, 함께 협력했을 때 우리 몸에 미치는 영향에 대해서도 오직 부분적으로만 이해되고 있을 뿐이다. 핵심은 이 모든 것이 중요하다는 것이다. 즉, 각각은 다른 것과 협력하기도 하고, 대항하기도 하면서 화학적이며 생화학적인 반작용의 얽히고설킨 살아있는 심포니 속에 서로에게 영향을 미친다. 아주 적은 양이라도 많거나 부족하면 예기치 못한 무수한 결과가 발생할 수 있으며, 이것을 무시했다가는 위험에 처하게 된다.

괴혈병이라는 악당들

1800년대에 허먼 멜빌이 고전적인 포경 소설 모비딕(1백 년 이후 영화판에서 그레고리 펙Gregory Peck이 주연을 맡았다)을 썼던 시절에는 선원들이 몇 개월, 심지어는 몇 년 동안 배에서 지내곤 했다. 그러다보면 여러 가지 물품들을 비축할 수 있는 항구에 닿기 훨씬 전에 신선한 채소들이 종종 바닥나 버리곤 했다. 선원들은 어쩔 수 없이 소금에 절인 돼지고기와 비스킷으로 연명하다가 영양결핍으로 인한 여러 가지 질병에 시달렸는데, 그중에서 가장 잘 알려진 질병이 괴혈병이다("어이, 거기, 자네 말이야. 이 괴혈병 악당!")

괴혈병의 첫 번째 증세는 피로다. 이것은 점점 심해진다. 그 다음에 선원들의 잇몸에서 피가 나기 시작하며 이어서 피부로 증세가 옮겨간다. 피부 아래 있는 혈관들이 빨갛게 부풀어 오르고, 만일 어딘가 상처라도 나면 잘 아물지 않는다. 손가락과 발가락이 부풀고 몸에 있는 털들이 말리고 뒤틀린다. 피부 특히 엉덩이에 각질이 생기기 시작하고 관절에 통증이 심해지며, 창백하고 무기력해지고 잠을 잘 자지 못하게 된다. 그 다음 단계에서는 이빨들이 빠지기 시작하고 결국 엄청난 피를 쏟게 된

다. 마지막으로는, [차라리 —옮긴이] 감사하게도 사망에 이른다.[8]

긴 항해를 하다보면 선원의 3분의 2가 이런 식으로 죽기도 한다. 영국 의사인 제임스 린드 James Lind는 실험을 통해 결국 원인을 밝혀냈다. 당시에 "괴혈병 치료 요소"라고 불리던 것을 함유하는 감귤 및 기타 과일들이 부족했기 때문이었다. 약 200년 후 이 괴혈병 치료 요소라는 것은 포도당과 유사한 탄소혼합물인 것으로 밝혀져, "아스코르브산"이라는 호칭을 얻게 되었는데, 이것이 오늘날의 비타민 C다.[9] 결국 영국 해군은 항해가 길 때는 모든 선원들에게 라임 주스를 마시도록 함으로써 이 문제를 해결했는데, 이로 인해 영국인들이 "라이미"limey라는 별명을 얻게 되었다.

그러면 지난 50년 동안 감자에서는 무엇이 빠져나갔나? 캐나다에서 [감자는 —옮긴이] 57퍼센트의 비타민 C를 잃었다. 미국 토마토는 지난 1963년 이후로 비타민 C의 16.9퍼센트를 잃었다. 그리고 USDA의 식품표에 따르면, 피카드 기자가 "건강한 식습관에 꼭 필요한 것들만 골라서 가지고 있는 식품"[10] 이라고 묘사한 브로콜리에서는 존 케네디 대통령이 죽은 이후로 이 핵심적인 영양소[비타민 C —옮긴이]의 45퍼센트가 완전히 사라졌다.

[그렇다면 —옮긴이] 미국인과 캐나다인들에게는 선진적인 형태의 괴혈병 증세가 갑자기 발생할 가능성이 있는가? 가까운 미래에는 아마 그런 일이 없을 것이다. 라임, 레몬, 포도 같은 다른 식품들에도 상당한 양의 아스코르브산이 함유되어 있기 때문이다. 하지만 여러 가지 식품 속에 들어있는 비타민 C가 동시에 급격하게 줄어드는 경향이 나타나고 있고, 이로 인해 사람들의 건강이 악화되고 영양섭취가 불균형해질 수 있다는 점에서 결코 마음을 놓을 수 없다.

심장병이나 암 같은 질병들을 고려해보면 훨씬 더 불안해진다. 존 웨인John Wayne이 "빅 씨"the big C라고 불렀던, 그리고 그의 마지막 고전 서부 영화 〈총잡이〉The Shootist를 끝낸 직후 그를 죽게 만든 암이라는 질병의 원인은 지금도 여전히 연구자들에게 여러 가지 점에 있어서 미스터리로 남아있다. 하지만 소위 "유리기"free radicals라는 것에 대한 신비는 어느 정도 벗겨졌다.

아마 대부분 고등학교 화학 시간에 배운 것처럼(시험이 끝나고 나면 즉시 까먹었겠지만), 유리기라는 것은 원자의 집합 혹은 분자로서, 이 집합 중 원자 하나에는 그 외부 껍질에 "짝이 없는" 전자가 있어서 이로 인해 그 원자는 불안정해진다. [그런데 —옮긴이] 원자는 항상 안정된 상태를 지향하기 때문에 이러한 분자들은 초기의 화학적 반응의 매개적 산물로서 오직 아주 일시적으로만 존재한다. 이러한 분자들은 결합할 수 있는, 또는 여분의 전자와 짝을 이룰 수 있는 전자를 얻을 수 있는 또 다른 분자를 만나는 순간 함께 결합하거나 전자를 얻어 안정상태에 이른다.

인간의 몸은 꾸준히 유리기를 만들어내는데, 대개는 산화과정, 즉 에너지를 얻기 위해 식품을 "태우는" 과정에서 이 유리기가 만들어진다.[11] 이러한 과정은 "반응 산소"reactive oxygen라고 불리는 유리기의 형태를 만들어내는데, 이것이 다른 원자와 결합하여 안정상태에 이르려고 하면 아주 파괴적인 연쇄 반응이 시작될 수 있다. 이것은 마치 성경에 나오는 격노한 사자와 비슷해서 "먹어치울 수 있는 무언가를 찾아 돌아다닌다." 산소기는 다른 원자에서 전자를 빼앗아 그 원자를 불안정하게 만들어 "자신보다 더 추악한 또 다른 [산소기 —옮긴이]"를 만들어낸다. 그러면 이것은 다시 다른 원자들을 공격하여 더 많은 유리기들을 만들어내는 식으로 반복되는 것이다.

이렇게 현미경으로도 잘 보이지 않는 생화학적 사자들은 우리 몸 내부에서 극성을 부리고 다니다가 "동맥의 벽을 자극하거나 상처를 낼 수 있으며, 이로 인해 상처 주위에 동맥을 막는 지방 침전물이 쌓이게 할 수 있다." 이것이 바로 심장질환으로 이어지는 소위 동맥경화인 것이다.[12] 또한 "노화와 관련된 많은 것들 — 기억력 감퇴, 청력 감퇴 — 은 DNA를 손상시켜 …… 몸의 에너지 공급을 감소시키는 유리기의 영향이 축적된 결과라고 볼 수 있다"는 "증거가 점점 많아지고 있다."[13] 과학자들은 또한 관절염과 백내장이 발달하는 데 있어서 산화작용으로 인한 스트레스가 밀접한 연관이 있다고 밝히고 있다.

무엇보다 최악인 것은, 유리기가 "인간의 DNA에 돌연변이를 유발하는 혹은 돌연변이의 발생률을 높이는 데 영향"을 미칠 수 있는데, "이[돌연변이 — 옮긴이]가 암을 유발하는 요인이 될 수 있다"는 점이다.[14] 사실 유리기가 지나치게 많으면 카우보이의 용기와 남성적 힘의 상징인 "황소"the Duke 마저 죽을 수도 있다.

균형 잡힌 식사를 하는 건강한 정상인의 몸에는 "항산화물질"이라고 하는, 유리기에 저항하는 자연적인 방어물질들이 있다. 이것은 유리기와 화학적으로 상호작용하면서 스스로 기基, radicals로 변하지 않고 다양한 방식으로 유리기를 "중화"할 수 있는 물질이다. 마치 뱀파이어가 되지 않고서도 뱀파이어를 물리칠 수 있는 아주 미세한 버피들Buffy*처럼 이 항산화물질들은 기基들을 무력화시켜 해롭지 않게 만드는 역할을 한다.

이러한 항산화물질에는 먼저 다양한 효소들(진행과정에서 그 자신

* <퇴마사 버피>(Buffy the Vampire Slayer)라는 텔레비전 시리즈물이자 영화에 나오는 주인공 버피 서머스가 퇴마사인 것에 빗대어 말하는 것임.

은 변하지 않는 대신 화학적 반응을 도와주는 단백질들)과 비타민 C와 비타민 E가 있다. 효소의 화학적인 "무력화" 활동은 셀레늄, 구리, 망간, 아연 같은 무기질의 존재 여부에 좌우된다.

그런데 오늘날 슈퍼마켓에서 판매되는 식품 속에서 사라지거나 줄어들고 있는 것이 무엇인가? 바로 비타민 C(캐나다의 감자에서는 57퍼센트가 줄어들었고, 미국의 토마토, 브로콜리, 그 외 여러 가지 과일과 채소에서도 빠르게 줄어들고 있는)와 구리(영국의 채소에서는 일률적으로 5분의 4가 줄어들었지만 안타깝게도 1963년이나 1975년 USDA 식품표에서는 측정하지 않았다)다. USDA는 최근까지도 셀레늄과 망간, 아연, 그리고 비타민 E에 대한 분석을 하지 않았다.

1950년 이후로 미국의 빨갛게 익은 토마토에서 43.3퍼센트가 줄어들었고 1963년 이후로 토마토 주스에서는 30.5퍼센트가 줄었으며 토마토 케첩에서는 27.4퍼센트가 줄어든 비타민 A는 어떤가? 이것은 무슨 역할을 하나?

먼저 비타민 A는 눈의 각막을 깨끗하게 유지하는 데 도움을 줌으로써 시력과 관련된 큰 역할을 하고, 빛 에너지를 망막 속에 신경 자극으로 전환시키는 역할을 한다. [따라서 —옮긴이] 비타민 A가 충분하지 않으면 눈이 멀 수 있다.

또한 비타민 A는 생물학자들이 "상피" 조직이라고 부르는 것을 유지하는 데 필요하다. 이 상피 조직은 인간의 몸과 장기의 안팎에 있는 표면을 구성하는 세포들이다. 여기에는 외부 세계에서 우리를 보호해주는 우리의 피부와, 내부의 장기들을 다른 장기들과 구획 지어주는 벽들, 소화계에서 음식의 움직임을 부드럽게 해주는 점액 분비물들이 포함된다.

만일 어떤 사람이 비타민 A가 풍부한 음식을 먹지 않게 되면 무슨 일이 일어날까? 『영양의 이해』의 저자들은 솔직하게 말하고 있다. "결핍 증세는 [몸의] 저장기관들[에 들어있는 영양물질들]이 고갈된 이후에야 나타나기 시작할 수 있다. 따라서 건강한 성인의 경우 1년에서 2년 정도 걸릴 수 있지만, 성장기에 있는 어린이의 경우 이보다는 훨씬 빠를 수도 있다. 그러므로 그 결과는 매우 근본적이고 심각할 수 있다."[15]

아이들의 경우 이것은 홍역처럼 감염성이 높은 질환의 부정적인 영향이 급증하는 것을 의미할 수 있다. 홍역의 경우 부유한 나라에서는 대부분 백신을 이용할 수 있지만, 여전히 매년 전 세계 2백만 명의 어린이의 목숨을 앗아가고 있다. 휘트니와 롤프스의 설명에 따르면 "질병의 심각성은 종종 비타민 A 결핍 정도와 관계되어 있다. 일반적으로 죽음은 폐렴과 심각한 설사 같은 관련된 전염병 때문에 일어난다. 비타민 A를 많이 공급하면 이러한 전염병 때문에 죽을 위험을 낮출 수 있다."[16]

좀 더 분명한 결과는 야맹증으로 나타난다. 비타민 A가 부족한 사람이 야맹증에 걸리면 밤에 볼 수 있는 능력이 급격히 떨어진다. 휘트니와 롤프스는 그림을 보는 것처럼 생생하게 묘사하고 있다.

> 이 사람은 밤에 밝은 불빛의 번쩍임을 본 뒤에 일시적으로 나타나는 시력장애상태에서 빠르게 원상태로 돌아올 수 있는 능력 혹은 불빛이 꺼지고 난 뒤에 볼 수 있는 능력을 상실한다. 세계 곳곳에서 해가 지고 난 뒤에는 비타민 A가 부족한 사람들이 야맹증 상태가 된다. 아이들은 신발이나 장난감을 찾지 못하고 여성들은 물을 긷거나 설거지를 하지 못한다. 이들은 종종 다른 이들에게 의지하거나 가만히 앉아 있게 된다. 혼자서 걸어 다니려고 하다가 넘어지거나 길을 잃을까 두렵기 때문이다.[17]

이러한 상황은 완전한 시력 장애로 진전될 수 있다.

비타민A 결핍의 또다른 결과는 "각질화"keratinization로서, 이것이 진행되면 피해자의 상피 표면에 부작용이 나타난다. 점액 분비물이 마르면서 소화기관 전체적으로 음식물의 정상적인 흡수가 방해받게 되고, 이로 인해 전반적인 소화불량이 발생한다. 문제는 폐에서도 나타나는데, 산소 흡수가 방해를 받게 되기 때문이다. 비뇨기 계통과 내이, 여성의 경우 질에서도 문제가 발생한다. 몸의 외부 표면에서는 "상피 세포들이 형태를 바꾸고, 단단하고 유연하지 않은 단백질인 머리카락과 손발톱 등, 단백질로 된 각질을 분비하기 시작한다. 단백질 덩어리들이 쌓여감에 따라 피부는 건조하고 거칠어지며 비늘처럼 벗겨진다."[18]

매력적인 그림이다. 그렇지 않은가? 눈이 보이지 않고 질병에 걸리기 쉬우며, 숨이 차오르고 영양부족에 시달리며, 오줌싸개에다가 피부 전체가 비늘 덩어리로 덮인 어린아이. 가까운 시일 내에 이런 사람을 볼 수 있을까? 다시 말하지만, 아마 아닐 것이다. 하지만 이런 경향성은 분명 존재하며 이것은 지속적으로 증가하고 있다. 현재의 추세가 계속 된다면 20년 혹은 50년 뒤 우리가 어떤 상태에 처하게 될지 누가 말할 수 있을까? 캐나다의 감자에는 이미 비타민A가 완전히 사라졌다는 점을 기억하라.

그러면 캐나다 감자에서는 절반이상이 줄어들고 미국의 토마토에서는 10퍼센트가 줄었으며, 여러 가지 과일 및 채소에서 다양하게 줄어든 철분은 어떤가?

통계적으로 세계에서 가장 흔한 영양 결핍 중 하나는 철분의 결핍으로, 이는 특히 생리중이거나 임신 중인 여성과 성장기 어린이들에게 위험하다. 철분은 혈중 헤모글로빈과 근육 속 미오글로빈을 적절하게 유지하는 데 필수적이다. 철분은 이 두 가지 단백질이 산소를 운반하고 배출하는 것을 도와주고, 우리에게 에너지를 주는 생화학적 반응이 진행될 수 있게 해준다. 영양의 이해의 저자들의 설명에 따르면, 몸에 철분이 부족하면 일련의 사건들이 발생할 수 있는데, 결국 이 사건들은 생명을 위협하는 빈혈로까지 이어질 수 있다.

> 철분 결핍이 진행되면 적혈구에 영향을 미쳐 빈혈이라는 진단이 내려지기 훨씬 전부터 행동에 어떤 영향이 나타난다. 철분 수치가 조금만 내려가도 피루베이트pyruvate가 완전히 산화되지 않아서 육체적 작업 능력과 생산성이 감소된다. 노동하고 계획하며 사고하고 놀고, 노래하고 학습하는 데 필요한 에너지가 줄어들면서 사람들은 이러한 활동을 적게 하게 된다. 눈에 분명하게 띄는 결핍 증세가 있는 것은 아니다. 그냥 무력하고 무관심하며 육체적으로 건강하지 않아 보일 뿐이다 …… [하지만 이런 이유 때문에—옮긴이] 수업에 집중하지 못하는 불안정한 어린아이에 대해 [원래부터—옮긴이] 제멋대로라고 생각하기 쉽다. 집안일을 쌓아두고 있는 무력한 주부에 대해서도 게으르다고 치부해버리기 쉽다.[19]

철분결핍이 지속되거나 악화되면 결국 본격적인 철분 부족 빈혈이 된다.

> 철분결핍 때문에 빈혈에 걸리면 적혈구들은 창백하고 작아진다. 이 적혈구들은 폐에서 세포조직으로 충분한 세포를 전달하지 못해서 세포의 에너지 신진대사가 약화된다. 그 결과 피로, 체력저하, 두통, 무기력, 창백함, 추위에 대한 저항력의 약화 같은 일들이 발생한다 …… 빈혈에 걸린 사람의 피부는 눈에 띌 정도로 창백해지는 편이다.[20]

이런 일이 성장기 아이에게서 발생하면 특히 치명적일 수 있다.

여러 채소와 과일에서 영양물질이 감소하는 동시에 소비자들이 이용할 수 있는 종류의 수 또한 급격하게 감소하고 있다. 토마토 종의 수가 슈퍼마켓에서 심하게 제한적인 것과 똑같이 감자와 사과 또한 그 종의 수가 제한적이다. 『토지에서 입까지 : 식품 체계에 대한 이해』*From Land to Mouth : Understanding the Food System*이라는 기념비적인 책에서 탐구심이 강한 언론인 브뤼스터 닌Brewster Kneen이 언급했던 것처럼

> 가지과 식물에는 2천 종의 감자가 포함되어 있지만, 미국에서 자라는 모든 감자와 그 외 다른 모든 지역에서 상업적으로 재배되는 대부분의 감자는 솔라넘 튜버로섬solanum tuberosum이라는 한 가지 종에 속한 것이다. 이 한 가지 종의 12가지 이종들이 미국에서 수확되는 감자의 85퍼센트를 차지하며, [이 중에서—옮긴이] 대부분의 가공업자들이 선호하는 이종인 루셋 버뱅크Russet Burbank 한 가지가 가장 지배적인 종이다. 1982년까지 미국에서 자라는 감자의 40퍼센트가 루셋 버뱅크였다.[21]

사과에 대한 선택권이 아주 적다는 사실을 확인해보고자 한다면 동네 슈퍼마켓에 가서 선반을 보기만 하면 된다. 대부분의 연쇄점에는 레드 딜리셔스, 골든 딜리셔스, 그래니 스미스, 단 세종이 진열되어 있다. 캐나다의 상점에서는 가끔 매킨토시*가 인기를 차지하기도 할 것이다. 이런 광경을 보고 있노라면, 다음 사실을 기억하는 것이 좋을 것이다. 20세기 말엽에는 "미국에서 재배하는 사과의 종류가 7천 가지가 넘었다. [하지만—옮긴이] 21세기가 시작될 때가 되자, 이중 85퍼센트가 넘는 6천 종 이상이 씨가 말라 버렸다."[22]

2000년에 이르러서는 미국에서 자라는 상추의 73퍼센트가 아이스버

---

* 매킨토시의 애플컴퓨터를 두고 농담하는 것임.

그라는 단 한 가지 종이었다.[23]

전반적인 퇴조

식품 속에 있는 영양물질들이 급속하게 감소한 예는 채소와 과일에 국한되지 않는다. 전방위에 걸친 총체적인 퇴조는 우리가 먹는 거의 모든 것에 영향을 미치고 있다.

예를 들어, USDA의 식품 표에 따르면, 많은 사람들이 스테로이드가 많이 함유된 붉은 고기를 피하기 위해 먹는 닭고기의 경우 문제가 심각하다. 껍질 없이 구운 흰 닭고기에서는 1963년 이후로 비타민A 51.6퍼센트 가 사라졌고 거무스름한 다리고기에서는 52퍼센트가 사라졌다. 또한 흰 닭고기에서는 39.9퍼센트의 칼륨이, 거무스름한 다리고기에서는 25.2퍼센트의 칼륨이 사라졌다.

그러면 닭고기에서 늘어난 것은 무엇인가? 흰 닭고기에는 32.6퍼센트의 지방, 20.3퍼센트의 나트륨이, 거무스름한 다리고기에는 54.4퍼센트의 지방과 8.1퍼센트의 나트륨이 증가했다. 지방과 소금에 박수를 보내자.

유제품이라고 해서 상황이 더 좋은 것은 아니다. USDA에 따르면 크림식 백색치즈cottage cheese—다이어트를 하고 있는 수백만 명의 남녀가 튼튼한 뼈와 치아를 유지하는 데 필요한 칼슘과 인을 얻을 수 있는 저지방원인 것 같다는 이유만으로 먹고 있는—는 실제로 1963년 이후로 지방이 7.3퍼센트 늘어난 반면, 36.1퍼센트의 칼슘과 13.1퍼센트의 인, 그리고 (부수적으로) 53.3퍼센트의 철분이 줄어들었다. 그렇다면 지방 말고 무엇이 더 늘었을까? 이제 여러분은 그것을 예측할 수 있게 되었다.

나트륨이 76.85퍼센트 늘어난 것이다.

우리는 탄수화물 또한 늘고 있는 것을 볼 수 있는데, 여기에는 설탕과 전분이 포함된다. 예를 들어, 오래된 건강식인 브로콜리는 1963년 이후로 비타민 C가 45퍼센트 줄어든 반면 탄수화물 함량이 13.8퍼센트 증가했다.

서양식 식단의 전통적인 중심메뉴인 빵의 경우, 부드럽고 단단한 빵껍질이 거의 없다시피 하며, 표백분으로 만들어진 전형적인 흰색 슈퍼마켓용 빵 덩어리의 가공된 실체는 [빵에 대한—옮긴이] 평가를 어렵게 한다. 제조과정에서 밀알에 원래부터 존재하던, 영양학적으로 가장 훌륭한 부분들은 체에 쳐지고 갈아지거나 최대한 완벽한 흰색으로 보이게끔 화학적으로 표백되어 버린다. 이때의 목적은 순수하게 화장술과 같은 것으로서, 아무래도 흰 빵이 "더 좋다"는 폭넓으면서도 — 그리고 완벽하게 비이성적이면서도 — 대중적인 편견에 맞춰서 색깔을 조정하는 것이다. 그러고 난 다음 [원래 존재하던—옮긴이] 영양물질 중 약간을 다시 주입한다. 이렇게라도 하지 않으면 아무런 영양소도 없게 될 빵 덩어리를 "풍부하게 만들기" 위해서 말이다. (여기서 [식품—옮긴이]산업의 완곡어법이 가진 철저한 아이러니는 희극에 가깝다) 그 뒤 소위 "풍부해진" 흰 빵은 실제로 약간의 영양물질을 함유하게 되기는 하였다. 하지만 좀 더 전통적인 제빵 방식으로 만들어진 빵과 비교했을 때 슈퍼마켓의 빵은 상당히 부족하다.

이것은 이미 1970년대에 확인되었던 사실이다. 소비자 중심의 『해로스미스』*Harrowsmith*지는 세 가지 종류의 빵을 비교 분석했다. 첫 번째 빵은 슈퍼마켓 선반에서 가져온 대중 판매시장의 "영양이 강화된" 흰 색 웨스톤 빵이었고, 두 번째 빵은 지방 소읍 제과점에서 만든 흰 빵이었으며, 세 번째 빵은 영양학자인 클리브 맥케이Clive MacKay 박사가 개발한 "코넬빵"Cornell bread 제조법을 사용해서 집에서 만든 빵이었다. 독립 연구실의 분석 결과는 다음과 같았다.

> 웨스톤 빵에는 지방과 염화물(소금으로 측정된)이 가장 많았고 비타민 B(니아신, 티아민, 리보플라빈, B12)와 단백질, 인이 가장 적었다. 집에서 만든 빵은 단백질, 철분, 칼슘, 인, 비타민 B(니아신, 리보플라빈, B12)가 가장 많았고 염화물, 그리고 놀랍게도 섬유질이 가장 적었다. 제과점 빵은 섬유질, 비타민 B6, 엽산이 가장 많았고, 지방과 칼슘 모두가 가장 적었다.[24]

슈퍼마켓에서 팔리는 스펀지 같은 흰색 "티슈 빵" 제조업자들의 대변인 격인 사람들조차 슈퍼마켓 빵이 열등하다는 사실을 인정한다. 제빵 산업의 로비 집단이자 공식적인 교섭기구인 〈캐나다 제빵 협의회〉Baking Council of Canada의 운영 책임자는 해로스미스 기자들에게 "나는 웨스톤 빵이나 다른 여타의 대량생산된 빵은 먹지 않고 …… 그 대신 소규모 전문 빵집에서 빵을 구입하며 …… 대규모 산업적인 제빵업자들은 품질을 맞출 수 없다"고 말했다.[25]

그 다음으로는 전통적인 애호식품 핫도그가 있다. 핫도그는 더운 여름날과 야구, 7월 4일과 캐나다의 날 소풍과 거의 동일시되면서 사실상 북미의 아이콘이 되었다. 지붕 없는 외야석에 앉은 야구팬의 하루가 완벽해지려면 차가운 맥주와 점심용 핫도그 두어 개가 반드시 필요하다. 사람들은 아이러니하게도 개Dog는 식품으로서의 가치가 거의 없는데도, 100퍼센트 쇠고기로 된 고급 프랑크푸르트 소시지 핫도그라면 값을 더 얹어서라도 손에 넣고 싶어 한다. 자기가 낸 돈보다 더 가치

있는 것을 손에 넣게 될 것이라고 생각하면서 말이다.

[하지만—옮긴이] 평균적인 핫도그는 실제로 58퍼센트의 물, 20퍼센트의 지방, 2퍼센트의 재, 6퍼센트의 설탕으로 되어 있다. 소시지의 13퍼센트 이하가 실제 단백질인데, 심지어 이마저도 품질이 낮아서 대부분 포장 공장에서 고기의 주요한 부분들을 잘라낸 뒤에 동물의 뼈에 남아있는 것을 긁어낸 것으로 만든 것이다.[26]

캐나다의 퀘벡 지방에 있는 비영리 잡지인 『프로떼제 부』*Protegez-vous*(당신 자신을 보호하라)가 8년간 연구한 결과에 따르면, 대부분의 핫도그(닭고기와 칠면조 고기를 섞은 것, 쇠고기와 돼지고기를 섞은 것뿐만 아니라 모두 쇠고기로 된 것도)는 "단백질 법칙이 요구하는 최소량[의 단백질—옮긴이]과 지나치게 많은 나트륨과 지방"을 함유하고 있으며, 일반적으로 "저질"이다.[27] 채식주의자용 핫도그만이 적당량의 식품으로서의 가치를 함유하고 있었다.

많은 구매자들이 단백질이 더 많고 돼지고기 같은 "지방질" 고기가 더 적을 것이라는 잘못된 추정 때문에 "모두 쇠고기로 된" 핫도그를 구매하고 있지만, 이 잡지는 이에 대해 다음과 같은 결론을 내리고 있다. "모두 쇠고기로 된 핫도그는 우리 연구 중 최악이었다. 가장 비쌀 뿐 아니라 포화지방과 나트륨 함량이 지나치게 높다. 이 핫도그를 피하도록 하라."[28] 이 연구에 대해 글쓴이들은 채식주의자용 핫도그의 경우 "고기로 된 핫도그에 비해 단백질이 거의 두 배 더 많고 지방과 나트륨이 삼분의 일 적으며, 포화지방을 거의 함유하지 않고 있다"고 독자들에게 조언했다.[29]

구원받기 위해 마약을 복용하라?

이제까지의 예들은 주로 농산물, 육류, 유제품 분야에 국한된 것으로, 최근 들어 점점 더 많은 비중을 차지하게 된 캔, 열로 밀봉한 은박이나 플라스틱 봉투 그리고 마분지 상자 속에 들어있는 가공식품의 문제는 건드리지도 못하고 있다(다음 장을 보라). 하지만 이 부문 한 곳에서만 줄어든 영양물질들은 그 양이 너무나도 막대하고 그 기간이 너무 지속적이어서 많은 영양학자들은 이제 확실히 건강한 "식이요법"을 하기 위해서는 모든 사람들이 규칙적으로 매일 같이 영양 보충제를 먹어야 한다고 말하고 있다. 복합 비타민제의 형태로 말이다.

생화학 영양학자인 에일린 버포트 메이슨Aileen Burford Mason 박사는 『글로브 앤 메일』*Globe and Mail*의 기자인 피카드에게 다음과 같이 말했다. "단언할 수 있어요. 나는 '우리에게 필요한 모든 영양물질을 식품에서 얻을 수 있다'고 말하는 사람이 있으면, 이들에게 물어봅니다. 그것이 사실이라는 증거가 대체 어디에 있죠? 그 사실을 부정하는 증거가 늘어나고 있습니다."[30] 하버드 대학 공중보건 학교Harvard University School of Public Health의 원장인 월터 윌렛Walter Willett 박사는 매일 복합 비타민제를 복용하는 것이 "훌륭하면서도 값싼 보험 정책"이라는 점에 동의했다.[31]

안타깝게도 윌렛 박사의 값싼 보험 정책은 그가 믿는 것만큼 훌륭하지는 않은 것 같다. 우리는 익히 당황스러울 정도로 많은 종류의 복합비타민과 미네랄 정제가 색색의 요란스런 포장지에 싸여 약국 선반에 도열해있는 것을 보아왔다. 이 복합비타민와 미네랄 정제는 순수하고, 인위적으로 농축된 형태의 물질을 함유하고 있는데, 이것은 대규모 산업

공정을 통해 추출된 것이다. 하지만 인체는 대규모, 산업적인 방식으로 작동하지 못하는 것 같다. 휘트니와 롤페스는 다음과 같이 설명하고 있다.

> 일반적으로 인체는 흡수를 촉진시켜줄 수 있는 다른 물질들 사이에 영양물질들이 희석되어 넓게 퍼져있는 식품에서 영양물질을 가장 잘 흡수한다. 영양물질들은 순수하고, 농축된 형태로 흡수되기 때문에 다른 영양물질이나 동시에 섭취한 식품 속에 있는 영양물질의 흡수를 방해할 수도 있다. 이러한 효과는 특히 미네랄에서 폭넓게 나타난다. 아연은 구리와 칼슘의 흡수를 방해하고, 철분은 아연의 흡수를 방해하며, 칼슘은 마그네슘과 철분의 흡수를, 마그네슘은 칼슘과 철분의 흡수를 방해한다. 비슷한 방식으로 보충제에 들어있는 결합된 약제들은 미네랄의 흡수를 제한한다.
>
> 미네랄의 예가 가장 친숙하고 잘 정리되어 있기는 하지만, 보충제의 사용이 증가하면서 비타민 간의 방해도 확인되고 있다. 오랫동안 무독성이라고 생각해왔던 비타민 A 전구체 베타 카로틴은 식품 보충제로 장기간 복용했을 때 비타민 E의 신진대사를 방해한다. 반면 비타민 E는 비타민 K의 활동을 방해하기 때문에 혈액 응고 장애로 치료받고 있는 사람이 사용해서는 안된다. 영양물질을 가장 잘 흡수하여 효과를 보고 싶다면 영양물질의 밀도와 다양성을 기준으로 선택한 정상적인 식품을 이용하는 것이 좋다.[32]

2003년 5월 영국정부는 이 교과서 저자들보다 한발 더 나아가 영국의 소비자들에게 처방전 없이 구입할 수 있는 일부 비타민과 미네랄 보충제들은 많이 복용했을 때 실제로 건강을 위협할 수 있다고 준엄하게 경고했다. 영국 식품 표준청은 독립적인 과학 자문인들이 4년간 수행한 안전성 검토를 따라 "비타민 B6, 베타 카로틴, 니코틴산(니아신), 아연, 망간, 인 등 6가지 물질을 장기복용하면 돌이킬 수 없는 건강 장애가 유발될 수 있다"는 결론을 내렸다.[33]

식품청의 존 크렙스John Krebs 경에 따르면 "대부분의 경우 필요한 모든 영양물질은 균형 잡힌 식사를 통해 얻을 수 있지만, 많은 사람들이 보충제를 섭취하는 것을 택한다. 하지만 일부 보충제를 오랫동안 과다하게 복용하면 몸에 해로울 수 있다."[34]

영국 의학 잡지 『랜셋』*The Lancet*에 발표된 최근 한 연구는 심장질환을 막기 위해 비타민 E와 베타카로틴 보충제 알약을 정기적으로 섭취한 결과를 면밀하게 살펴보았다. 이 연구를 요약한 연합통신은 "비타민 E와 베타카로틴 알약은 주요한 심장 질환을 막는 데 소용이 없고, 비타민 A의 원천인 베타카로틴은 몸에 해로울 수도 있다"고 보도했다.[35]

〈클리블랜드 보건 재단〉Cleveland Clinic Foundation에 있는 연구원들은 약 22만 명의 사람들 — 이 숫자는 통계학적으로 필요한 적정수준보다 훨씬 더 많은 것이다 — 이 관련된 15가지 핵심적인 연구 결과들을 분석하여 비슷한 결론을 이끌어냈다. "공중보건의 관점에서 보았을 때 이러한 비타민제의 폭넓은 사용을 지지할만한 것이 사실상 아무것도 없었다,"고 아일랜드 트리니티 칼리지Trinity College의 이안 그래햄Ian Graham 박사가 말했다.[36]

연합통신에 따르면 "연구원들은 비타민 E가 심장혈관 혹은 여타 다른 이유로 발생한 사망을 줄이지 못했고 심장발작의 발생건수를 낮추지 못했다는 점을 밝혔다. 베타카로틴은 심장혈관으로 인한 사망의 위험을 0.3퍼센트 증가시켰고 다른 이유로 인한 사망의 위험을 0.4퍼센트 증가시켰다."

하지만 알약이 효과가 없다고 해서 비타민 E나 베타카로틴 그 자체가 질병을 막는 데 효과가 없다는 것을 의미하지는 않는다. 이것은 단지 이러한 물질들을 농축된 형태로 함유하고 있는 상업적으로 생산된 알약들이 도움이 되지 않을 수 있다는 것을 의미할 뿐이다. 연합통신에 따르면

> 항산화성 비타민들이 심장질환을 막아준다는 생각은 신빙성이 있는 것으로 나타났다. 시험관 연구는 항산화물질이 산소로 인한 해로운 영향을 막아줌으로써 심장의 동맥을 보호해준다는 점을 밝혔다. 동물[실험—옮긴이]의 경우 유사한 결과가 나왔는데, 이 연구는 비타민이 풍부한 식품을 섭취한 건강한 사람은 심장 질환에 적게 걸리는 경향이 있다는 점을 보여주고 있다.
> 하지만 전문가들은 아마도 항산화물질은 알약 형태가 아니라 식품 형태로 있을 때 제 역할을 하는 것으로 보인다고 말하고 있다.[37]

기업에서 생산되는 상업적인 식품들에서 영양물질이 점점 더 부족해지는 것을 상쇄해보려는 노력에서 인공적으로 농축된 오렌지 빛, 핑크빛, 혹은 파란색 비타민 정제를 한가득 삼키면 결국 문제가 더 나아지기보다는 더 악화될 수도 있다.

"식습관이 올바르지 못한 때는 언제든 식품에서 필요한 영양소를 얻어서 개선하려는 노력을 가장 먼저 해야 한다"고 휘트니와 롤프스는 말하고 있다.[38]

훌륭한 조언이지만, 슈퍼마켓에서 이용할 수 있는 식품에 영양소가 거의 없거나 완전히 없다면 이것을 어떻게 따르겠는가? 지난 50년간의 추이가 꾸준히 사실이었다면, 우리의 식품 공급 체계는 이제 지방, 소금,

설탕 같은 상대적으로 위험한 것들을 제외하고는 측정 가능한 영양물질을 거의 함유하지 않고 있는 “비식품”non-foods들로 구성된 식생활을 향해 냉혹하게 뻗어가고 있다고 보아야 할 것이다.

지금부터 향후 20여 년 간 이러한 추세가 중단되지 않으면 체인점에서 상업적으로 판매되는 “식품”은 매력적인 색을 띠고는 있지만 우리에게 먹는다는 환상을 줄 뿐 활력도 없고 달거나 짠 맛만 있는 물리적인 고체로 전락할 것이다. 그러는 한편 우리는 알약 더미를 가지고 조작하면서 진짜 영양물질을 섭취하려고 애쓰겠지만, 이것은 가망 없는 일인 것이다. “이봐, 잭, 추수감사절 식사를 하러 오게나. 우리는 로스트 비프 알약을 준비해놓았네. 육즙 없는 것으로 말일세!”

미래가 어떤 모습이 되든지 간에, 지난 50년간 영양물질들은 우리가 먹는 거의 모든 것에서 빠져나가버려서 상업적으로 생산된 비타민 정제로는 채울 수 없는 진공vacuum을 만들어놓았다.

그리고 속담처럼 “자연은 진공을 싫어한다.”

다른 것이 이미 이 진공을 채우고 있다.

3

약간의 과잉?

메리 워싱턴Mary Washington은 크고 순진해 보이는 눈을 가진 예쁘고 젊은 여성으로 그녀의 조용한 목소리는 상대방을 무장해제 시키는 힘이 있다. 사람들은 그녀가 누군가를 겁먹게 할 수 있다고는 생각하지 않을 테지만, 미시간의 신문인 『웨스트사이더』*Westsider*에 실린 그녀의 글은 확실히 사람들을 긴장하게 만들었다.

그녀는 소비자 문제를 다루면서 새로운 슈퍼마켓 현상을 검토했다. 그녀의 글은 다음과 같다.

> 고기를 사러 식품점에 가는 일은 아마 몇 년간 판에 박힌 일상과도 같은 일이었을 것이다. 여러분들이 좋아하는 돼지갈비, 닭고기, 스테이크 등을 사서 항상 하듯이 집에서 요리해보자. 그런데 이러한 일상이 당신의 목숨을 위협한다면?
>
> 고혈압, 심장질환 혹은 알레르기가 있는 사람은 이제 고기를 싼 포장지

에 붙어있는 라벨을 자세히 읽어보는 것이 좋을 것이다. 체인점에서 파는 식품에 대부분의 소비자가 잘 알지 못하는 새로운 것이 생겼기 때문이다.

나는 동네에 있는 두 곳의 식품점에 있는 육류코너에 가서 몇 가지를 쇼핑 했다. [그러다가—옮긴이] 육류, 특히 뼈 없는 돼지갈비와 뼈 없는 닭고기의 라벨에는 이제 '양념된' 이나 '기본양념이 된'이라는 표현이, 거의 보이지 않을 정도로 작게 프린트 되어 있는 것을 알게 되었다. 이 때문에 불안해진 나는 [첫 번째 가게의] 정육점 직원에게 가서 이 고기 안에 어떤 양념이 되어 있는 것인지 물어보았다.[1]

메리는 자신의 순수한 태도와 어울리는 침착한 어조로 글을 이어갔다.

정육점 직원은 나를 미친 사람 보듯 쳐다보더니 왜 그렇게 걱정하느냐고 물었다. 나는 그에게 어머니가 고혈압이시라 고기 안에 [어떤—옮긴이] 양념이 되어 있는지를 모르면 병이 날 수도 있다고 말해주었다. 일반 소금은 사실 염화나트륨인데, 고혈압이 있는 사람은 이 나트륨을 피해야 한다.

「가정 보건 및 의학 지침」*Family Health and Medical Guide*에 따르면 "고혈압이 있는 사람은 특히 나트륨 섭취를 줄이는 것이 중요하다." 왜 그럴까? "고혈압은 혈관을 손상시키고, 이 때문에 아테롬성 동맥경화가 발생하기 쉬워진다. 이것은 뇌졸중 발병의 주원인이기도 하다. 게다가 고혈압은 심장이 더 열심히 움직이게 만들기 때문에 심장이 비대해지고 기능은 저하되며 울혈성 심부전이 일어나게 된다. 고혈압은 눈과 신장에도 손상을 줄 수 있다." 그리고 나트륨은 고혈압을 더 악화시킨다.

이름이 명기되지 않은 고기 안의 다른 "양념"이 알레르기가 있는 사람에게 합병증을 일으킬 가능성은 차치하고라도 말이다.

나는 그 남자에게 내가 웨스트사이더의 기자라고 말했다. 이 말 때문에 그가 긴장하게 되었던 모양이다. 그의 이름표에는 "론"Ron이라고 적혀 있었지만, 그는 성은 알려주지 않겠다고 했다. 그는 자신이 하는 일은 고기를 포장해서 선반에 진열하는 것이 전부이므로 양념된 고기라고 부르는 것에 대해서는 아무것도 모른다고 했다.
가게 매니저인 멜빈Melvin도 성을 알려주지 않았고 공식적으로 말하는 것을 거부했다.[2]

하지만 메리는 집요하게 포기하지 않았다.

나는 왜 고기 진열대에 있는 포장된 고기의 4분의 1에 "양념된 고기"라는 라벨이 붙어있는지 물어보았다. 그는 그것은 그 안에 "맛이 들어있기" 때문이라고 했다. 나는 그에게 고혈압이 있는 사람들에 대해 상기시켜 주면서 맛을 내기 위해 나트륨을 쓰는 것이 최상의 선택인지 물어보았다.
멜빈은 특별한 필요가 있는 사람들의 경우 자신이 먹는 음식에 좀 더 많은 관심을 기울이고 식품점을 택할 때 선택을 더 잘해야 한다고 답했다. 그는 내가 갔으면 하고 바라는 눈치였다.
[그 옆 가게에서] 정육점 직원은 단호하게 "할 말 없어요!"라고 말했다. 그는 아예 이름표도 달지 않고 있었다. 가게 매니저는 바쁘니까 전화번호를 남기고 가면 나중에 전화하겠다고 했다. 하지만 나는 기다릴 수 있다고 말했다. 한 시간 후 그가 와서는 내 질문에 올바른 답을 하려면 일단 전화를 몇 통 해봐야 한다고 말했다. [하지만—옮긴이] 그는 내게 그 결과를 알려주지 않았다. 전화를 해서 메시지도 남겨보았지만 그는 무시했다.[3]

메리의 글을 읽고 나도 캐나다의 슈퍼마켓으로 몇 번 진출해보았다.

그리고 나 또한 똑같은 종류의 라벨을 발견했고, 점원들이 이 라벨에 대한 질문에 답하는 것을 똑같이 싫어한다는 것을 알게 되었다. 가장 일반적인 반응은 그냥 한번 어깨를 으쓱 하고는 모른다고 해버리는 것이었다. 가게 몇 곳에서는 대부분의 육류 라벨에 양념 "지침"이 적혀있는데, 이 지침에서는 구매자들에게 "후추와 갖은 향료(소금제외)로 양념하라"고 조언하고 있다.

왜 갑자기 우리는 저녁 식사 준비를 할 때 고기에 양념하는 방법에 대한 조언을 들어야 하게 된 것일까? 몇 세기 동안 이 문제에 대해 스스로 결정을 내렸는데 말이다. 그리고 왜 소금은 제외해야 하는 것일까?

나는 답을 얻어내겠다고 굳게 결심하고서 가게 점원에서부터 시작해서 육류 담당자, 소매점 육류 판매원, 매니토바 주의 정육업 소비자 서비스 대리점까지 이야기를 캐물으며 거슬러 올라갔다. 이들은 처음에는 "우리는 요즘 수분이 강화된 상품들을 많이 판매하고 있습니다. 이렇게 하면 돼지고기가 덜 질기고 더 부드러워지거든요. 수분 안에 소금이 약간 있어서 이것이 돼지고기 속에 같이 들어가게 되는 거죠 …… 그건 소금 용액 같은 거예요." 하지만 내가 고혈압이 있는 사람에게 소금이 미칠 수 있는 영향에 대해 언급하자 설명을 바꿔서 소금을 넣지 말라는 라벨이 붙은 이유는 "소금을 치면 고기가 질겨지기 때문일 뿐"이라고 주장했다. "고기에 소금을 치면 고기가 너무 질겨지거든요." 이런 설명은 더 의심스럽게 들렸다. 나는 50년 넘게 돼지 갈비에 소금을 넣었지만 질겨졌다고는 한 번도 느껴본 적이 없었다.

가게 점원들은 기자나 심지어는 일반 쇼핑객에게도 말하고 싶지 않았으리라. 소비자 서비스 직원도 소비자들에게 경고하고 싶지는 않았으리라. 하지만 인터넷은 모든 것을 알려준다. 구글 검색엔진을 클릭해서

"기본 양념된 고기"나 "수분 강화고기"라고 쳐 넣으면 진실이 분명하게 드러난다. 나도 그런 식으로 진실에 접근해갔다.

늘어나는 어떤 경향

버추얼 웨버 불렛Virtual Weber Bullet이라고 하는 웹사이트에서는 이 현상을 간명하게 설명하고 있었다.

> 미국에서는 [수분—옮긴이] 강화 고기가 점점 더 많은 인기를 누리고 있다. 이러한 경향은 돼지고기와 가금류에서는 이미 자리 잡았고 쇠고기 상품으로 확산되고 있다…….
> 강화고기는 소금, 탄산수, 산화방지제, 감미료 같은 것들이 포함되어 있는 여러 성분들을 물과 함께 용액으로 만들어 주입한, 신선하고 모두 근육으로만 되어 있는 고기로 정의할 수 있다. 일반고기는 그런 것들을 주입하지 않거나 마리네이트에 담그지 않은, 신선하고 모두 근육으로만 되어 있는 고기로 정의할 수 있다.
> 문제는 강화고기라는 개념 자체라기보다는 일반적인 형태의 신선한 육류 상품을 구입하는 것이 갈수록 어려워지고 있다는 점이다. 대부분의 바비큐 애호가들은 신선하고 자연적이며 전통적인 방식을 따르는 고기를 찾고 있는데도 말이다. 신선한 돼지고기는 이러한 경향을 보여주는 가장 좋은 예다. 일부 슈퍼마켓에서는 돼지갈비살, 뒤허리 갈비, 어깨살 등 대부분의 신선한 돼지고기 상품들은 강화된 돼지고기 상품으로만 이용가능하다. 똑같은 부위의 고기들이 일반적인 형태로는 제공되지 않고 있는 것이다.[4]

간단히 말해서 여러분들과 내게는 선택권이 없다. 우리를 위한 선택은 이미 내려져있다. 좋든 싫든 간에 우리는 정육업자와 슈퍼마켓 체인이 결정한 방식대로 우리가 먹는 고기의 맛을 내야 한다는 사실을 받아들여야 한다. 개인적인 취향은 무시된다. 백화점 할인코너에 걸려있는 옷들처럼 "한 치수밖에 없다." 우리는 이것을 사든가 안사든가 할 수 있을 뿐이다. 체인점에서 결정한 양보다 더 적은 후추나 소금이 들어간 고기를 먹고 싶다면 안타까울 따름이다. 빅 브라더는 [무엇이든—옮긴이] 제일 잘 알고 있고 있기 때문에 [우리는 차라리—옮긴이] 빅 브라더를 사랑하는 법을 배워야 하는 것이다.

그리고 만일 의사가 고혈압이나 심장병의 위험 때문에 저염 식단이나 아예 소금이 들어가지 않은 식단을 짜라고 했더라도 전혀 문제될 것은 없다. 기업형 체인점들은 여러분들이 소금을 먹지 않겠다면 고기도 함께 먹지 않도록 만들어 놓았다. 소금을 먹으면 건강을 망친다고 하니.

죽거나, 아니면 채식주의자가 되거나.

물론 채식주의자가 된다는 생각에는 몇 가지 장점이 있다. 인도에 있는 대부분의 힌두교 사람들은 몇 세기 동안 채식주의자였지만 그것 때문에 문제가 생긴 것 같지는 않다. 다른 식품원에서 단백질을 섭취하기 때문이다. 하지만 안타깝게도, 나는 그런 일들이 회계사와 광고업자들과 함께 중역 회의실에 앉아서 나 대신 나에 대한 결정을 내리는 일부 기업 간부들이 아니라 내 스스로 결정해야 할 문제라고 생각한다! 미국인과 캐나다인들도 잠시 멈춰서 생각해볼 여유만 가진다면 대부분 동의할 것이라고 장담할 수 있다.

사실 나는 돼지갈비를 좋아한다. 나는 돼지갈비를 다른 누군가의 취향이 아니라 내 취향대로 양념하고 싶다. 또한 예기치 않게 심장 질환이 나타난다 해도 그로 인해 돼지고기 먹는 것을 어쩔 수 없이 그만두고 싶지 않다. 그리고 "탄산수, 산화방지제, 향신료" 같은 다른 성분들은 어떤가? 내가 이중 하나에라도 알레르기가 있다면? 내게 경고해주는 포장 라벨에 이것이 목록으로 올라가기는 할까? 요즘의 슈퍼마켓 체제로 봤을 때는 그렇지 않을 것 같다.

그러면 무엇 때문에 정육업자와 슈퍼마켓 체인은 "강화" 고기로 바꾸고 있을까? 버추얼 웨버 불렛 사이트에서는 수많은 이유를 열거하고 있지만 (주입할 부위를 설치하고 압력을 조절하고, 여과기, 유연한 바늘살, 강화과정에서 사용된 주입바늘에 대해 별도의 중단 통제를 해야 하는 등의 복잡한 일들과 추가적인 비용을 고려했을 때) 그중에서 가장 설득력 있는 것은 "이윤 증가"인 것 같다.

> 육류 생산업자들은 강화를 통해 고기에 "가치를 증대" 시킴으로서 상품에 더 많은 가치를 부여하고 더 많은 이윤을 얻을 수 있다. 또한 강화고기는 색깔 보존과 정화 문제를 해결함으로써 케이스레디 육류case-ready meat — 육류 포장 공장에서 도축하고 포장해서 바로 소매점에 전시, 판매될 준비를 해놓은 육류 — 로 가는 추세를 촉진하고 있다. 케이스레디 육류는 육류 생산업자와 소매업자 모두에게 더 이익이 되며, 따라서 미국 육류의 미래를 대변하고 있다. 지역 정육업자의 종말이 시작된 것이다.[5]

소금이 문제가 되는 식품 생산물은 육류만이 아니다. 수십 년 간 맥도날드 같은 패스트푸드 소매업자들은 염화나트륨을 마음대로 섞어서 프렌치프라이를 판매했다. 하지만 최근에는 국제적인 체인점들이 새로운 입장을 취하면서 튀김용 기름을 포함한 영국 제품에서 많은 양의 소금을 줄이는 데 동의했다.[6] 햄버거, 케첩, 튀김 등 모든 제품들은 과거에 비해 최대 23퍼센트까지 소금을 더 적게 함유하게 될 것이다.

마녀의 비약

수분 강화 육류 제품과 기초 양념된 육류 제품들이 이윤논리에 의해 고압적인 방식으로 소비자의 독립성을 침해하며 각자의 미식가적 자율성을 중요하게 생각하는 사람들을 괴롭히고 있다고 볼 수도 있다. 하지만 다른 것들과 비교해보면 이것들의 경우는 상대적으로 양호하다.

말하자면, 소금 한 움큼에 불과하다.

오늘날의 대형시장 식품들은 훨씬 안 좋은 것들을 함유하고 있는데, 여기에는 식품 생산물이 더 많이 가공될수록 그 안에 더 많은 종류의 발음하기 어려운 합성물질이 포함된다는 일반 법칙이 적용된다. 실제로 우리가 "정상" 가격으로 받아들이도록 점점 더 많은 강요를 하고 있는 것에는 가마솥에서 "고난도 재앙도 두 배로 타올라라"[라는 주문을 외우며—옮긴이] 낄낄거리는 셰익스피어의 3인의 마녀들Weird Sisters도 질리게 만들어버릴 마녀의 비약이 포함되어 있다.

첨가제, 오염물질, 혼합물, 독극물의 목록은 매우 길고 또 여러 가지 다양한 이유들이 있기 때문에 이것들을 단 한 가지 방식으로 설명할 수도, 그 중요성을 평가할 수도 없다. 아무래도 가장 좋은 방법은 헐리웃에서 여러 명의 스타를 거명할 때 사용하는 알파벳순 방식이리라. 다음은 우리가 먹는 식품을 구성하는 물질 안에 들어있는 "스타" 성분 가운데 몇 가지다.

아크릴아미드 Acrylamide

접착제와 섬유를 만들기 위해 산업적으로 사용되는 아크릴산의 파생물(CH2=CHCOOH)인 유기 화학 혼합물 아크릴아미드는 2002년 4월까지만 해도 식품 문제로 인식되지 않았다. 2002년 작업 중에 이 혼합물에 우연히 노출된 터널 노동자 집단을 연구한 스웨덴 과학자들은 이 노동자 집단의 적혈구 세포 안에서 뿐만 아니라 노출된 적이 없는 사람들에게서도, 높은 아크릴아미드 수치가 나타났다고 밝혔다.[7]

[원인에 대한—옮긴이] 탐색은 그리 오래 걸리지 않았다. 아크릴아미드는 감자칩, 프렌치프라이, 크래커, 아침용 곡물식을 비롯한 여러 가공식품에서 다양한 수치로 나타났는데, 이러한 식품들은 가열, 특히 튀기거나 굽는 등의 과정을 거쳐 제조되었다. 과학자들은 이것이 가열과정에서 아미노 산 아스파라긴과 글루코스 당에 의해 만들어진 것이라고 추론했다.

갑자기 나타난 이 화학적 "스타"가 정말로 위험한 오염 물질인가? 과학계의 배심원단은 여전히 합의를 보지 못하고 있다. 아크릴아미드를 많이 섭취하면 쥐에게 유전적인 변이를 일으켜 암이 될 수도 있다는 것은 밝혀졌지만, 현재 평균적인 인체에 들어있는 화학물질의 수준은 실험실 쥐의 몸 안에 있는 것보다 더 낮다. 워싱턴 포스트의 보도에 따르면

> 공무원들은 지금까지 소비자들에게 어떤 식품군이나 특정 제품을 피하라고 권할 정도로 큰 아크릴아미드의 위험을 찾아내지 못했다고 말하고 있다. 이들은 사람들이 위험할 정도의 아크릴아미드를 식품을 통해 섭취하고 있는지, 또한 (실험실 동물에게 다량 투입했을 때 암을 유발하는) 양이 인간에게도 유사하게 위험한지는 불확실하다고 말한다. 하지만 〈식품 안전성과 응용 영양학을 위한 FDA센터〉FDA's Center for Food Safety

and Applied Nutrition의 테리 트록셀Terry C. Troxell 은 어제 많은 식품에서 아크릴아미드가 발견된 것은 큰 걱정거리이며 적극적으로 연구해보아야 할 필요가 있는 사안이라는 세계보건기구WHO의 결론에 대해 정부당국이 동의하고 있다고 아크릴아미드와 관련된 이틀간의 자문위원회에서 밝혔다…….
트록셀과 다른 연사들은…… 아크릴아미드의 존재는 심각하게 다뤄야 하는 문제…… 라고 강조했다.[8]

첨가제(일반) Addictive(Common)

아크릴아미드의 경우 의도하지 않게 (혹은 대부분의 경우 알지도 못한 상태에서) 식품 속에 들어갔지만, 우리가 먹는 것 중에는 이와는 다르게 고의로 들어간 화학물질들도 아주 많다. 또한 이러한 첨가물 전부가 그런 것은 아니지만 대부분은 합법적이다. 다시 말해서 식품 속에 첨가제를 넣는 제조업자들이 그렇게 한다고 해서 법을 어기는 것이 아니라는 말이다. 이러한 혼합물에는 식품이 부패하는 것을 막기 위해 넣는 산화억제제, 탈색을 막기 위해 넣는 킬레이트 시약, 물과 기름이 같이 섞이도록 하는 유화제, 농후제, 화학조미료 등이 포함된다. 이런 혼합물은 수백 가지가 있는데, 그 수가 너무 많아서 여기에서 다 언급할 수 없을 정도다. 또한 식품 제조업자들은 새로운 과정을 통해 꾸준히 실험하고 있기 때문에 매년 더 많은 수가 추가되고 있다.

미국에서는 식품의약국Food and Drug Administration이 첨가물을 규제하고 이런 첨가물이 위험하지 않다는 것을 확인하는 일을 맡고 있다. 하지만 안전성을 평가하는 검사과정은 물론이거니와, 식약청이 따르는 법과 규제 사항들 또한 허점투성이다. 예를 들어서 1938년의 〈식품, 의약품,

화장품 법〉Food, Drug and Cosmetic Act이 1958년에 개정되기 전까지는 식의약청이나 USDA가 안전하다고 간주하는 첨가물들은 규제에서 제외되었다.

즉, 1938년(일본이 진주만을 폭격하기 3년 전)에 이용할 수 있었던 사실과 검사 과정들을 가지고 연구하던 과학자들이 어떤 물질을 안전하다고 여기면, 그 물질은 현재의 연구가 그 물질에 대해 어떤 말을 하든지 간에 항상 안전하다고 인식되는 것이다. 이런 식으로 검사에서 제외된 품목에는 질산나트륨(아래를 보라)과 질산칼륨이 있는데, 이것은 콜드컷*과 도시락용 고기를 보존하기 위해 사용되던 것이다.

〈공익을 위한 과학센터〉Center for Science in the Public Interest(CSPI)는 화학물질 요리 웹사이트(www.cspinet.org/reports/chemcuisine.htm)에서 73가지 일반 첨가물 목록을 공개하고 이것을 안전성에 따라 등급을 매겼으며, 발생할 수 있는 부작용을 설명하고 있다. 우리가 먹는 식품의 안전성에 관심 있는 사람은 이 목록을 다운받아 인쇄하여 슈퍼마켓에 갈 때 들고 가면 된다. 일부 가공 식품 라벨에 대한 인쇄물을 슬쩍 들여다보기만 해도 충분히 알 수 있다. 선반에 얹힌 라벨들이 모든 성분들을 포괄하고 있지는 않지만, 최소한 거기에 무엇이 있는지 살펴보고 이것을 CSPI의 등급표와 비교해볼 수 있다.

예를 들어, 질산나트륨, 아질산나트륨 항목에서는 다음과 같은 서론을 볼 수 있다.

> 육류 가공업자들은 질산나트륨을 좋아하는데, 왜냐하면 질산나트륨은 저장고기의 붉은 색을 안정시켜주고(질산염이 없으면 핫도그와 베이컨

---

* cold cuts : 각종 얇게 저민 냉육과 치즈로 된 모듬 요리.

은 회색으로 보일 것이다) 특이한 향이 나게 해주기 때문이다. 질산나트륨은 질산염으로 서서히 붕괴되기 때문에 건조된 저장 육류에서 사용된다. 질산염을 식품에 첨가하면 암을 유발할 수 있는 독한 미량의 화학물질(니트로사민)이 형성될 수 있는데, 특히 튀긴 베이컨에서 그 가능성이 높다.

아이들과 임산부, 성인들이 저장 고기와 질산염을 섭취하는 것이 다양한 형태의 암과 어떤 연관성을 가지는지를 연구한 것들도 일부 있다. 이러한 연구들이 아직 베이컨과 소시지 햄 안에 있는 질산염을 먹는 것이 인간에게 암을 유발한다는 사실을 증명하지는 못했지만, 신중한 임산부라면 이러한 제품들을 피하는 것이 좋다.

육류 산업은 아질산염과 질산염을 사용하면 보툴리누스 중독을 유발하는 박테리아의 성장을 억제할 수 있다고 주장하면서 이것을 정당화한다. 이것은 사실이긴 하지만 냉동 및 냉장 보관 또한 같은 일을 할 수 있으며 USDA는 유산 생성 박테리아를 사용하는 안전한 방법을 개발하기도 했다.[9]

CSPI 웹사이트는 설탕 대체물인 아스파르테임, 분말 "개선용" 브롬화칼륨, 다양한 아황산염과 대부분의 인공 색소 및 인공 착향제에 대해 상당히 험한 말들을 하고 있다.

최근 몇 년간 뉴스 매체에 등장하게 된 다양한 식용색소 중에는 타트라진(E102)Tartrazine, 선셋 옐로(E110)Sunset Yellow, 폰서(E124)4R Ponceau 4R 같은 것들이 있는데, 이것은 치킨 티카 마살라chicken tikka masala 같은 인도 음식에 전형적인 적황색 빛을 내기 위해 전 세계 인도 탄두리 식당에서 사용되는 착색제다. 이 세 가지 색소를 장기간 섭취하면 천식, 암 같은 여러 심각한 질병들과, 아이들의 경우 과잉 행동장애에 영향을 미친다고 한다. 영국 『가디언』지는 다음과 같이 보도하고 있다.

서리Surrey에 있는 상거래 표준국Trading Standards 공무원들이 실시한 임의의 검사에 따르면 서리 주에 있는 인도 음식점의 57퍼센트가 소스에 특유의 적황색 빛을 내기 위해 "불법적이고 잠재적으로 위험한" 수준의 색소를 사용한다고 한다.
표본이 된 102개의 카레가게 중에서 44개만이 합법적인 범위 안에서 착색제를 사용하고 있었다.[10]

항생제 Antibiotics

우리들은 대부분 항생제(해로운 박테리아를 막아주거나 파괴하는 양성 미생물로 만들어진 생화학 물질)를 질병에 대한 최고의 방어물질 중 하나라고 생각한다. 알렉산더 플레밍Alexander Fleming이 1928년 최초로 페니실린(푸른곰팡이Penicillium으로 만들어진)을 추출하고 1941년 다른 과학자들이 이것을 항박테리아 약제로 사용하기 위해 개발한 이후, 항생제라는 단어는 "생명의 은인"과 거의 같은 말이 되었다.

하지만 이제 더 이상은 아니다. 대체로 현대 기업형 식품 산업 덕택에 항생제는 이제 인체를 공격하는 위험 물질 목록에 오르게 되었다. 이렇게 된 데에는 일종의 도덕 이야기가 연관되어 있다.

우리들 대부분이 고등학교 생물시간에 배우는 것처럼 박테리아는 아주 작고 어마어마하게 수가 많으며 [재생산활동을 왕성하게 하고 있다고 알려진—옮긴이] 토끼마저 무색할 정도로 엄청난 비율로 재생산 활동을 한다. 대장균Escherichia coli 박테리아 한 개는 24시간 내에 지구상의 인간 수보다 많은 자손을 증식시킬 수 있고 그 중 일부는 변이를 일으킨다.

모든 생명체는 돌연변이를 낳을 수 있다(유전자 하나의 특성에 혹은

DNA 분자에 있는 기본 쌍 배열에 변화가 일어나 이것이 후손에게 전달될 수 있는 것이다). 인간처럼 큰 동물의 경우 돌연변이는 그렇게 자주 일어나지 않지만, 수백억 개 씩 군집을 이루면서 엄청난 속도로 재생산을 하는 박테리아의 경우 "엄청나게 많은 변이가 일어나고" 각 변이는 몇시간 내에 수백만 개의 개체에 전달될 수 있다.

항생제는 다양한 방식으로 박테리아를 공격한다. 세포벽을 무너뜨리거나 박테리아의 신진대사에서 일부 핵심적인 단계에 개입하기도 한다. 하지만 항생제가 박테리아 군집을 공격할 때 항상 그 군집을 완전히 쓸어버리는 것은 아니다. 일부 박테리아는 살아남는데, 이미 항생제를 차단하는 유전적 특징(내성이라고 부르는)을 가지고 있기 때문일 수도 있고 아니면 공격을 받는 과정에서 이러한 성질을 발전시키게 되었기 때문일 수도 있다(후천적 내성). 이러한 내성을 가진 박테리아는 그러고 나면 꾸준히 내성이 있는 군집을 재생산하고 만들어낼 수 있다. 일반적으로 항생제가 약하게 공격할수록 더 많은 박테리아들이 생존하게 되고, 또한 내성을 가진 새로운 군집이 더 커지게 된다.

내성이 있는 해로운 박테리아 군집이 일부러 커지도록 하기 위해서는(우리가 정신이 나가서 이런 일을 하고 싶게 되었을 경우) 항생제를 조금씩 투여해서 그 박테리아 종을 약하게 여러 번 공격하는 것이 가장 좋은 방법일 것이다. 한번 공격할 때마다 내성을 가진 생존 박테리아들이 상당한 비율로 생기게 될 것이고, 이 공격이 충분하게 확산되면 내성이 있는 미생물들이 곳곳에서 빠르게 출현하게 될 것이다.

오늘날의 식품 생산 시스템은 바로 이와 같은 일을 하고 있다.

소, 돼지, 닭이 "감기에 걸리면", 즉 박테리아에 가볍게 감염이 되면, 자연적으로 감염과 싸우기 위해 에너지를 쓰게 되기 때문에 우유나 육류 생산이 약간 감소하게 된다. 상대적으로 적은 수의 가축들을 키우던 예전의 가족농업 시대에는 그 누구도 그 문제에 대해 크게 신경 쓰지 않았다. 하지만 오늘날의 기업형 공장제 농업 시스템은 그런 작은 감소도 참아내지 못한다. 이윤을 극대화하는 것이 최고의 목표이며 생산량을 감소시키는 그 무엇도 용납할 수 없기 때문이다. 사소한 수준의 감소에 불과하더라도 말이다.

동물이 "감기에 걸려" 우유 생산량이나 몸무게가 조금이라도 감소하는 일이 생기지 않도록 건강한 동물의 사료에 예방적 성격의 항생제가 투입된다. 감염의 가능성을 막기 위한 일종의 보험행위 같은 것이다. 물론 예방을 위해 투입하는 양은 아주 심하게 감염되었을 때 이를 치료하기 위해 투입하는 양보다는 적다. 이 적은 양은 "현상유지용" 투약이라고 불리는데 이것이 점점 더 일반적으로 사용되면서 사실상 내성 있는 박테리아 변종들이 곳곳에서 번창할 수 있게 보장해주는 꼴이 되고 말았다.

물론 문제의 원인은 가축을 키우는 현대적인 방식만이 아니다. 아픈 환자를 치료하는 의사들도 항생제를 과잉처방하면서 약물 내성을 키우는 데 일조했다. 최소한 의사들은 실제 병을 치료한다. 하지만 완벽하게 건강한 동물에게 "성장 촉진" 항생제를 먹이는 목축업자의 목적은 병을 치료하는 것이 아니다.

〈우려하는 과학자 동맹〉Union of Concerned Scientists의 마이클 쿠Michael Khoo의 최근 보고에 따르면

> 연간 [항생제] 1천 3백만 파운드 가량이 닭, 소, 돼지들을 더 빨리 키우거나 비위생적인 조건을 완화하기 위해 가축들에게 제공된다. 이것은 아

픈 사람을 치료하는 데 사용되는 것보다 약 4배 정도 많은 양이다. 동물에게 항생제를 사용하는 것이 왜 일반대중의 건강을 위협하는가? 공장형 농장에서 약물을 과다사용하게 되면 쉽사리 없어지지 않는 항생제 내성 박테리아가 만들어지기 때문이다. 이런 박테리아들은 식품 중독 사건들을 더 오래 지속시키고 수술에서 회복되는 것을 더욱 불확실하게 만든다. 박테리아의 내성이 더욱 커지고 있기 때문에 사람들은 더 이상 처방 받은 약물이 실제로 효과가 있을 것이라고 확신할 수 없게 된다.[11]

일부 미생물을 개별적으로 들여다보면 문제의 잠재적인 규모가 분명해진다. 예를 들어 폐구균Streptococcus pneumoniae 박테리아는 페니실린에 내성이 생겼고, 따라서

> 세균성 폐렴bacterial pneumonia(매년 미국에서 50만 건 정도 발생)의 가장 일반적인 원인이 되었으며, 세균성 수막염bacterial meningitis(매년 미국에서 6천 건 정도 발생)의 주원인이고, 귀에 발생하는 염증(매년 미국에서 6백만 건 정도 발생)의 약 3분의 1을 유발하며, 매년 미국에서 약 5만 5천 건의 균혈증bacteremia[혈액 속에 있는 박테리아, 혹은 "패혈증"]을 일으킨다.[12]

내성이 있는 박테리아 변종 중에서 가장 나쁜 것은 여러 가지 항생제에 내성이 있는 것들로, "슈퍼버그"superbugs라고 부른다. 황색 포도구균Staphylococcus aureus 박테리아의 90퍼센트 이상이 현재 페니실린에 대한 내성을 가지고 있고 이들 가운데 많은 것들이 메티실린methicillin, 나프실린nafcillin, 옥사실린oxacillin, 크록사실린cloxacillin을 비롯한 여러 항생제에 내성이 있다.[13] 황색 포도구균은 피부 및 상처 감염과 균혈증, 가벼

운 호흡기 감염의 원인 중에서 두 번째로 일반적인 것이다. 이 감염 중 40퍼센트 정도는 이제 여러 가지 내성을 가진 변종들 때문이다. 황색 포도구균으로 인한 균혈증은 "12시간 내에 생명에 지장을 줄 수 있다."[14]

식중독의 일반적인 원인인 살모넬라[15]와 미국에서 어린이 설사병의 주요한 원인인 대장균Escherichia coli도 여러 가지 내성을 가진 변종들이다. 대장균 감염의 심각한 사례에서는 "특히 치사율이 상당히 높아질 수 있는 어린아이들의 경우" 탈수가 일어날 수도 있다.[16]

최근에는 과학자들이 오래된 질병인 매독의 새로운 변종에 대해 보고하고 있다. 성관계를 통해 전달되는 이 질병은 치매, 마비, 사망을 불러 올 수 있는데, 매독균Treponema pallidum으로 불리는 미생물에 의해 유발되지만 최근까지는 항생제 아지쓰로마이신azithromycin을 몇 번 복용하는 것으로 쉽게 치유되었다. [그런데—옮긴이] 새로운 변종은 아지쓰로마이신에 내성이 있는데, 이것이 매독 환자들에게 급속하게 나타나고 있는 것이다. [이 때문에—옮긴이] 매독의 발병 자체가 2000년과 2003년 사이에 미국에서 19퍼센트 이상 증가했다.[17]

육류생산업자들은 농장에서, 가축사육장에서, 그리고 가축들을 도살장으로 운반하는 트럭 안에서 동물들에게 "치료보조적 성격"sub-therapeutic (즉, 실제 감염을 치료하는 데 필요한 것보다 적은 양의) 항생제를 꾸준히 투입하여 내성이 있는 수백만 가지의 박테리아들을 양산해내고 있으며, 이 군집은 대륙 곳곳에 퍼져있다. 약간의 잔여 항생제가 가게에서 판매되는 육류 안에 남아있을 수 있는데, 그렇게 되면 우리가 고기를 먹을 때는 남아 있는 항생제를 같이 복용하게 되고, 이로 인해 우리 몸 안에도 내성이 있는 박테리아가 발생하게 될 수 있다.

약물에 내성이 있는 박테리아 문제가 너무 심각하기 때문에 유럽연합에서는 1998년에 육류 및 우유 생산 시에 성장촉진 항생제를 사용하는 것을 금지했다. 〈미국 의학 협회〉American Medical Association와 세계보건기구 같은 영향력 있는 집단들도 북미에서 그러한 항생제의 사용을 크게 감소시켜야 한다고 주장해왔지만, 이 말에 귀 기울이는 생산자들은 거의 없다.

사실 맥도날드 패스트푸드 체인점이 엄청난 소비자 압력에 순응하여 2003년 6월 성장 촉진 항생제로 생산된 육류를 금지하자 기업의 공급자들로부터 거센 저항이 일어났다. 이들 가운데 일부는 치료용이 아닌 항생제 사용을 금지하면 "동물의 질병이 급속히 증가" 할 수 있다고 주장했다.[18] 다시 말해서 건강한 동물들에게 약을 주지 않으면 아플 수 있다는 것이다.

하지만 이런 관행을 지속시켰다면 최근 미국과학자들이 말한 "악몽 시나리오"로 이어졌을 것이다. 2002년 7월 통신사들의 보도에 따르면

> 의학 전문가들은 오랫동안 이것을 항생제 내성의 악몽 시나리오라고 표현해왔다. 인간에게 가장 보편적이면서 골치 아픈 감염 가운데 몇 가지를 유발하는 황색 포도상 구균Staphylococcus aureus이 항생제라는 무기 중에서 최후의 보루인 반코마이신vancomycin에도 내성이 생기게 되는 날이 바로 그 악몽이 실현되는 날인 것이다.
>
> 미국 질병통제센터Centers for Disease Control는 지난달 미시간 주의 한 남성에게서 반코마이신에 내성이 있는 황색 포도상 구균이 최초로 확인되었다고 밝혔다.
>
> "램프의 요정 지니가 램프 밖으로 나온 것이다" 토론토의 마운트 시나이 병원Mount Sinai Hospital에 있는 미생물학과장 도날드 로Donald Low 박사는 확인된 사실에 대해 이렇게 말했다. "이것은 불길한 징조다."[19]

로 박사는 어떤 항생제로도 황색 포도상 구균 같은 일반적인 감염을 치료할 수 없는 날이 곧 닥쳐 올 것이라고 걱정했다. 이것은 마치 페니실린을 발견하기 전과 같은 상황이다. "목숨을 구하기 위해 오늘날에는 일상적으로 행해지는 많은 외과 수술 과정들이 [그 당시에는—옮긴이] 감염의 위험 때문에 너무나도 위험한 일이었다."[20]

일부 과학자들은 이런 상황에 대해 이 사회가 너무 느리게 대응하고 있는 것을 보면서 대부분의 항생제가 곧 쓸모없게 될 것이며, 질병통제의 유일한 수단으로서 (서구에서) 상대적으로 검증되지 않은 살균 바이러스bacteriophages 혹은 화학적 약제의 사용에 대한 연구로 돌아가야 할 것이라고 믿고 있다. 이렇게 되면 단 몇 파운드의 우유나 육류를 더 생산하기 위해 큰 비용을 치러야 하고, 몇 센트의 금전적 이익을 남기기 위해 더 많은 돈을 지불해야 한다.

또한 식품에 남아있는 항생제가 어떤 사람들에게는 알레르기 반응을 일으킬 가능성도 있다. 2003년 〈유럽 호흡기 학회〉European Respiratory Society 연차 총회에 제출된 한 보고서에 따르면 생후 6개월 이전의 어린 아이에게 항생제를 주면 만 7세 이전에 천식에 걸릴 가능성이 두 배 이상으로 높아진다. 항생제를 먹은 어린 아이는 애완동물, 두드러기쑥ragweed, 잡초, 먼지진드기에 알레르기가 생길 가능성이 더 높다.[21]

최근 〈영국 토양 학회〉British Soil Association는 달걀을 많이 먹는 사람은 가금류를 키우는 농부들이 주로 사용하는 항생제인 라살로시드lasalocid 때문에 위험해질 수 있다고 보고했다.[22] 〈영국 수의약품 이사회〉Veterinary Medicines Directorate가 검사한 달걀 샘플 중 12퍼센트에 약품이 잔류해 있었다. 라살로시드가 인간에게 질병을 유발했다는 보고는 없었지만, "유사한 약품이 마비, 심박수와 호흡수의 증가, 그리고 소, 칠면조, 양 같은 가축들의 죽음 같은 심각한 질병을 유발했다는 보고가 있었다. 1977년부터 상업적으로 생산된 라살로시드는 뜻하지 않게 개들을 중독 시킨 적도 있었다.

미국 식의약청은 동물에게 약품을 주입하는 시기와 도축하는 시기 사이에 일정한 기간을 둘 것을 요구하고 있는데, 이렇게 하면 부작용이 발생할 가능성을 최소화할 수 있다는 것이다. 그렇지만 그 가능성은 여전히 남아있다.

비소 Arsenic

무기물 형태의 순수하고 치명적인 독극물로 알려진(루크레치아 보르지아Lucrezia Borgia가 속이 비어있는 반지 속에 감추고 있다가 아무도 안볼 때 희생자의 와인 속에 타 넣었다고 전해지는) 반금속성semimetallic 물질인 비소(As)는 독성이 적은 유기물의 형태로는 식품과 물, 그 외에 여러 환경에서 자연스럽게 나타난다. 인간의 몸은 소량의 유기물 형태는 견딜 수 있지만, "미국 환경보호청Environmental Protection Agency에 따르면," 장기간 너무 많은 양의 비소에 노출될 경우, "방광암, 폐암, 피부암, 신장암, 후두암, 간암, 전립선 암"이 유발된다.[23] 또한 "심장 혈관질환, 폐질환, 면역 계통 질환, 신경계 질환, 내분비샘 질환"도 발생한다.[24]

비소는 정부가 승인한 사료 보조물로, 가금류를 키우는 농부들은 닭이 기생충에 감염되는 것을 막기 위해 이것을 사용한다. USDA 연구원들에 따르면 어린 영계에서 발견된 비소의 양은 다른 가금류에게서 발견된 양보다 3배에서 4배 정도 더 높다. 닭고기에 얼마나 많은 양의 비소 잔여물이 남아있으면 인간이 섭취했을 때 문제를 일으킬 수 있을까?

이에 대한 대답은 아무도 정확히 모른다. 우리는 그저 그것을 먹을 뿐이다.

소 성장 호르몬 Bovine Growth Hormone(BGH)

소성장 호르몬BGH(유전자 재조합 소생장 호르몬recombinant bovine somatotropin 또는 r-BST라고도 알려진)은 소의 뇌하수체에서 자연적으로 생산된 호르몬으로, 소의 성장과 우유 생산을 촉진한다. 또한 과학자들은 농부들을 상대로 약품으로 판매하기 위해 상업적인 실험실에서 소성장 호르몬을 생산하는 박테리아를 유전적으로 변형할 수도 있다. 일반적으로 소성장 호르몬은 자연적으로 발생하는 것이고, 약간의 잔여물은 항상 고기와 우유 속에 존재해왔다. 따라서 인공적으로 생산하거나 관리하는 소성장 호르몬을 검사하거나 아니면 정상치 이상의 양을 식품 연쇄에 투입했을 때 어떤 일이 일어날지 검토할 필요성은 전혀 제기되지 않았다.

소성장 호르몬은 고기를 요리하거나 우유를 가공할 때 사용하는 열에 의해 성질이 변하기도 하며(즉, 그 기능이 바뀐다) 위장 안에 있는 효소에 의해 소화될 수도 있다. 이 때문에 과학자들은 우리가 섭취하는 식품 속에 이것이 들어가더라도 아무런 영향이 없다고 추정한다.

하지만 점점 더 많은 과학자와 소비자 활동가들은 그런 식의 안심이 무모하고 위험스러울 정도로 자기만족적이라고 믿는다.

이들이 이렇게 불편하게 느끼는 가장 분명한 이유는 소성장 호르몬이 인간과 소 모두에게서 발견되는 인슐린 유사 성장인자Insulin-like

Growth Factor(IGF-I)라고 하는 또 다른 호르몬에 위협적인 영향을 미칠 수 있기 때문이다. 인슐린 유사성장인자는 몸의 다양한 부위에 있는 다양한 여러 성장 호르몬에 대한 세포들의 반응을 결정하는 일종의 생화학적 조절자 혹은 매개자의 역할을 하는 것으로 보이기 때문에 대단히 중요하다. 인슐린 유사성장 인자가 비정상적으로 증가하거나 감소하면 인체가 인슐린 유사성장 인자 자체에 반응하는 방식뿐만 아니라 다른 호르몬에 대해 반응하는 방식을 바꿔놓을 수 있다.

인슐린 유사성장인자는 강력한 "미토겐"mitogen으로 세포 분열을 자극하고 성장을 촉진하는 물질이다. 안타까운 것은 여기에는 정상적이고 건강한 세포의 분열과 성장뿐만 아니라 암세포의 분열과 성장도 포함된다는 점이다. 식품 첨가물에 관한 세계보건기구/유엔식품농업기구 공동전문가 위원회Joint World Health Organization(WHO)/UN Food and Agriculture Organization(FAO) Expert Committee on Food Additives(JECFA)가 수행한 최근 연구에 따르면 인슐린 유사성장인자는 여러 가지 형태의 악성종양에 대해서 중요한 미토겐의 역할을 한다.[25]

세계보건기구/유엔식품농업기구 공동연구자들은 "인슐린 유사성장인자가 관련되어 있는 암의 대부분이 일반적으로 인슐린 유사성장인자가 성장과 관련된 중요한 역할을 수행하는 조직 안에서 발생한다는 것은 놀라운 일이 아니다. 이러한 조직에는 유방조직, 심혈관조직, 호흡기관, 신경조직, 뼈, 위장 등이 있다"라고 덧붙이고 있다.[26]

다시 말해서 인슐린 유사성장인자는 인체의 모든 곳에서 발생하는 잠재적으로 치명적인 암의 원인일 수 있지만, 특히 가슴, 결장, 평활근에서 그 가능성이 높다. 보고서에 따르면 "인슐린 유사성장인자는 유방암과 관련이 있는 것으로 보였다 …… 골격조직에서 인슐린 유사성장인자는 골육종osteosarcoma(골암)과 연관이 있었다. 종양은 가장 빠르게 성장하는 아이들의 뼈를 공격하는 것으로 보인다 …… 인슐린 유사성장인자는 폐암에도 관련되어 있다 …… 직장암 세포계 8개 가운데 5개가 인슐린 유사성장인자에 민감하게 반응했다."[27]

보고서 저자들에 따르면, "유전자 재조합 소생장 호르몬[소에 맞게 변형한 소성장 호르몬]을 사용하면 우유 안의 인슐린 유사성장인자 수치가 상당히 증가한다는 것을 보여주는 근거가 상당히 많다."[28] 또한 우유 안에 들어있는 이 인슐린 유사성장인자는 인간이 섭취해도 "소화되지 않고 살아남는다."[29]

암의 유발과 관련된 인슐린 유사성장인자가 우유와 유제품 안에 존재할 가능성을 소성장 호르몬이 높일 수 있다는 사실 때문에 유럽연합은 소성장 호르몬을 사용하는 국가에서 낙농업제품을 수입하는 것을 금지하고 유럽 낙농업자들이 이것을 사용하지 못하도록 했다. 캐나다 또한 유사한 정책을 갖고 있다. 부시행정부 하의 미국은 공격적인 위협 정책과 무역 압력을 행사하여 유럽연합과 캐나다가 소성장 호르몬이 함유된 제품을 받아들이도록 했지만 이 글을 쓰는 현재까지 유럽연합과 캐나다는 미국의 압력에 저항했다.

하지만 비판가들이 소성장 호르몬의 사용에 반대하는 것은 인슐린 유사성장인자에 미치는 영향 때문만이 아니다. 소성장호르몬을 정기적으로 복용하는 소들은 낙농업자들의 오래된 전염병 중 하나인 유선염에 더욱더 취약해지고 있기도 하다. 유선염은 소의 젖에 영향을 미치는 고통스러운 질병이다. 세계보건기구와 식량농업기구 보고서는 소성장호르몬으로 처리한 여러 소에서 유선염 발병이 50퍼센트에서 76퍼센트까지 다양한 비율로 증가했으며, 유전자 재조합 소생장 호르몬과 연관된 유선염 사례는 "'정상적인' 유선염 보다 치료하기가 더 어려운 것 같다"고 밝히고 있다.[30] 즉, 병에 걸린 소를 치료하기 위해서는 더 많은 양의 항생제가 필요하다는 것이다. 세계보건기구와 식량농업기구 보고서는 다음과 같이 밝히고 있다.

> 유선염의 발병이 증가하고 더 심하게 혹은 더 오래 지속되면 항생제를 더 많이 사용하게 될 수 있다. 버몬트Vermont 연구에서 …… 유전자 재조합 소생장 호르몬으로 처리된 소에서 발병한 유선염은 대조구[일반 소에서 발병한 유선염—옮긴이]보다 7배 이상 많았고, 평균적인 항생제 치료 기간은 거의 6배였다. 결국 유전자 재조합 소생장 호르몬으로 처리된 소를 항생제로 치료한 총 기간은 대조구와 비교했을 때 43배 더 길었다. 유전자 재조합 소생장 호르몬 처리가 된 소에서 유선염이 전체적으로 47퍼센트 증가했다는 점을 밝힌 15개의 상업적인 집단에 대한 연구에서, 유전자 재조합 소생장 호르몬으로 처리된 소에 대한 항생제 치료는 [그렇지 않은—옮긴이] 대조구에 비해 두 배로 늘었다.[31]

다시 말해서 거의 전염병에 가까운 (우유 생산을 늘리고 회계장부의 순이익을 부풀리고 싶어 하는 탐욕스런 기업형 낙농업 생산자들이 조장한) 유선염 때문에 낙농업자들이 훨씬 더 많은 양의 항생제를 투여하게 되었고, 이 항생제는 경악스러울 정도로 많은 수의 항생제 내성 박테리아 변종들을 잠재적으로 만들어낼 수 있다는 것이다. 그런데 이 항생제 내성 박테리아 변종들은 이제 유선염 뿐만 아니라 여러 가지 잠재적인 인간 질병과 소의 질병에 대해서도 내성을 갖게 되었다(위의 항생제 부분을 보라).

동시에 "일부 당국은 [항생제—옮긴이] 잔여물이 (알레르기 등) 부작용을 일으킬 수 있다고 보기도 하기 때문에"[32] 가축을 상대로 더 많은 항생제를 사용하는 것은 우려를 낳고 있다.

브롬산염과 브롬화 디페닐 에테르 Bromide and Brominated Diphenyl Ethers (BDEs)

화학 요소인 브롬(Br)은 브롬산염(HbrO, 브롬산의 소금이나 에스테르)과 브롬화 디페닐 에테르BDEs 같은 여러 가지 혼합물에 들어있다.

2004년 한 선도적인 음료 제조업체의 "생수"에서 불법적인 수치의 브롬산염이 검출되자 이 업체는 영국 시장에서 이 생수를 모두 회수하라는 명령을 받았다. 브롬산염은 암 발생 위험을 높인다는 연구 결과가 있었기 때문이다.[33] 50만 병 이상이 리콜된 지 얼마 지나지 않아 이 생수는 원래 켄트 지방에 있는 그 회사의 공장에서 일반 수돗물을 가지고 만든 것이었다는 사실이 밝혀졌다.

브롬화 디페닐 에테르BDEs는 보통 가구 쿠션으로 사용되는 발포제 안에서 화재 억제재로 쓰인다. 그런데 캐나다 환경부의 야생정보 서비스Canadian Wildlife Service(CWS) of Environment Canada에 따르면 2004년 5대호의 재갈매기 알에서 브롬화 디페닐 에테르가 점점 더 많이 검출되고 있다고 한다. 야생정보서비스에 따르면 1980년대 이후로 화학물질의 농축 정도는 3년마다 두 배로 늘고 있으며, 이것은 독성이 많아서 1970년대에 금지된 폴리염화비페닐PCBs만큼이나 위험할 수 있다. 토론토의 『글로브 앤 메일』은 다음과 같이 밝히고 있다.

> 브롬화 혼합물의 구조는 폴리 염화 비페닐의 구조와 상당히 유사하다. 이 때문에 과학자들은 이 두 가지가 비슷한 생물학적 영향을 가지고 있는 것이 아닌지 의심하고 있다. "이것이 폴리염화비페닐과 다르다고 믿

을만한 이유는 어디에도 없습니다." 연구 프로젝트에 참여했던 오타와 주 칼레톤Carleton 대학의 화학 조교수인 로스 니스트롬Ross Nystrom은 이렇게 말한다. "이 두 가지는 완전 똑같아 보입니다. 둘 다 똑같은 화학 물질들을 가지고 있고 지금까지 대부분의 연구는 이 두 가지가 똑같이 작동한다고 밝히고 있는 것으로 보이거든요."[34]

과거에는 폴리염화비페닐에 오염된 새들이 심각한 선천성 장애를 가진 새끼를 낳았다. "여기에는 다리나 날개가 더 있거나 눈과 부리가 비정상적인 모양으로 자라는 것 등이 포함된다. 아이들을 대상으로 한 연구결과는 폴리염화비페닐이 지능을 감소시킨다고 밝히고 있다."[35]

야생 갈매기에서 검출된 브롬화 디페닐 에테르는 집에서 키우는 가금류의 알이나 식품체인을 통해 인간에게 이를 수 있을까?

그것은 아무도 모른다.

다이옥신 Dioxin

수십 년에 걸친 미국의 베트남 공격이 남긴 유산 중 하나는 다우 케미컬Dow Chemical 회사의 제초제인 에이전트 오렌지Agent Orange가 베트남의 환경과 사람들, 그리고 그것에 우연히 노출된 미군들에게 미친 영향이다. 오늘날 베트남을 방문하는 사람들은 미국이 전국토의 숲과 작물을 은폐물로 여기고 이것을 화학적으로 파괴하여 베트콩 게릴라들이 숲과 농가에 숨지 못하도록 벌인 교전의 결과 심한 기형이 된 희생자들의 전시물을 박물관을 순회하면서 볼 수 있다. 수천 명의 기형 어린이와 처참하게 뒤틀린 태아들은 "[공산주의의—옮긴이] 도미노 효과"에 대한 공포로부터 "이곳을 구하기 위해 파괴하는" 노력[때문에 발생한 결과—옮긴에]의 일부였다. 하지만 당시 국방부 장관이었던 로버트 맥나마라Robert McNamara는 베트남전이 끝나고 난 뒤 이 도미노 효과는 비극적일만큼 과장되었고 오해에서 기인한 것이었다고 인정했다.

그렇게 많은 베트남 어린이들과 미국 노병들의 삶과 행복을 앗아간 물질이 최근 북미에서 공급되는 식품 속에서 나타나고 있다. 이것은 2,3,7,8-tetrachlorodibenzo-p-dioxin(TCDD)라고 알려진 생화학물질로 [간단히 ―옮긴이] 다이옥신이라고도 한다.

의학적으로 다이옥신은 "암을 유발하는 독성 화학물질"로 정의된다. "이 물질에 처음 노출되면 염소좌창chloracne[일반적으로 여드름이라고 하는], 간질환, 말초신경장애[근육 약화, 반사작용 장애, 저리고 찌르고 타는듯한 느낌]가 일어날 수 있다.[36] 이것은 심각한 선천성 결함의 원인으로 분류되어 왔다. 이 물질에 장기간 노출되면 인간의 면역체계가 약해지고 암과 같은 종양이 나타날 수 있다.[37]

물론 북미에는 그 악명 높은 에이전트 오렌지가 살포되지 않는다. 하지만 이곳에는 다이옥신의 포화가 끊이지 않고 있다. 수많은 산업제조공정의 부산물로 다이옥신이 만들어지고 있기 때문이다. 다이옥신은 한번 환경에 유출되고 나면 특정 식품들, 특히 육류와 달걀 같은 일부 동물성 제품에 집중되는 경향이 있다.

2002년 캐나다의 신문구독자들은 미국에서 수입해온 식품에서 국제적으로 인정되는 한계치보다 무려 18배보다 많은 양의 다이옥신이 검출되었다는 보도에 충격을 받았다(캐나다에서는 법적으로 판매되는 어떤 음식에도 [다이옥신이 ―옮긴이] 포함되어서는 안 된다). 보도에 따르면 "돼지고기, 쇠고기, 치즈 샘플 10개 중 8개에 다이옥신이라고 알려진 화학적 부산물이 함유되어 있었다. 캐나다의 법률은 캐나다에서 판매되는 모든 식품에 어떤 화학물질도 들어가서는 안 된다고 명시하고 있는데도 말이다."[38]

세계보건기구는 육류와 동물의 부산물 속에 들어있는 다이옥신 수치가 지방 1그램 당 3ppt(1조분의 3 비율)를 넘지 않아야 건강과 안전을 유지할 수 있다고 말한다. 하지만 캐나다 식품 조사국Canadian Food Inspection Agency(CFIA)에서 검사한 샘플의 경우, 미국에서 수입한 계란 꾸러미에서 90ppt가 넘는 다이옥신이 검출되었다. 세계보건기구에서 정한 한계보다 18배 이상 높은 것이다.

"이와 비교해서 캐나다의 계란 샘플에 들어있는 다이옥신의 양은 20ppt였다"[39] 캐나다 식품 조사국CFIA이 검사한 쇠고기에는 23ppt의 다이옥신이, 치즈 샘플에는 12ppt의 다이옥신이 들어있었다.

또한 다이옥신은 북미의 스포츠 낚시꾼들이 잡은 대부분의 물고기에서도 발견되는데, 특히 연어, 송어, 잉어, 메기 등의 지방 조직에 농축되어 있다. 이로 인한 위험은 상당히 심각해서 온타리오 주의 환경청Ontario Ministry of the Environment 같은 일부 정부기관에서는 낚시꾼들에게 심하게 오염된 지역을 피하라는 경고와 함께 여러 호수에서 잡힌 물고기를 어느 정도까지 먹어도 괜찮은지 추정해서 알려주는 안내서를 매년 발행하고 있다.[40] 또한 다이옥신은 양어장 연어에서도 점점 더 많이 검출되고 있는데, 최근 연구결과에 따르면 야생연어보다 양어장 연어가 더 많이 오염되고 있다고 한다.[41]

캐나다 식품조사국의 경악스러운 보고서가 발표된 지 몇 달 되지 않아서 〈미국 의학 연구소〉Institute of Medicine(IOM)는 북미 여성들에게 "다이옥신에 적게 노출되고자 한다면 붉은 고기와 가금류, 우유의 소비를 줄여야 한다"고 경고했다.[42] 이 경고에 따르면 다이옥신은 "체내에 축적되어 임신기간 동안 태아에 나쁜 영향을 미칠 수 있다."[43]

"식품에서 발견된 다이옥신으로 인한 위험에 대해서는 아직 확실한 것이 없지만, 이 위험을 분명하게 밝혀줄 자료가 수집되는 동안은 다이옥신에 노출되는 것을 줄여주는 간단하면서도 신중한 몇 가지 방법을 추천한다"고 존스 홉킨스 대학Johns Hopkins University의 공중보건대학school of public health 부학장이자 이 경고를 발표한 〈미국 의학 연구소〉 위원회 의장인 로버트 로렌스Robert Lawrence가 말했다.[44]

이 권고가 발표된 시기에 미국 환경청EPA은 2001년 미국의 대기에 150킬로그램의 다이옥신이 퍼져있는데, 이것은 2000년의 1백 킬로그램보다 늘어난 것이라고 발표했다.

간단히 말해서 이 치명적인 물질은 과거에는 베트남 사람들을 황폐하게 만들어 놓았고 이제는 미국과 캐나다의 식품에 다량으로 함유되어 있어서, 앞으로 아이를 갖고자 하는 여성들이 육류와 달걀, 유제품을 모두 피하라는 권고를 받는 상황에 놓이게 된 것이다.

유전물질(유전자 조작 식품) Genetic Material (GM Foods)

최초의 유전자조작음식물 제품이 시장에 출시되기 시작했을 때 회의적인 대중들은 곧바로 여기에 "프랑켄푸드"라는 낙인을 찍고 의심에 찬 저항을 했다. 기업의 식품 제조업자들은 이런 반응이 감정적이고 비과학적이라며 비웃었다. 하지만 [오히려—옮긴이] 유전자 조작식품의 열광적인 예찬자들이 늘어놓는 비현실적인 예언을 쉽게 인정하지 않는 것이 신중한 상식의 발로라고 보아야할 이유들이 충분히 많이 있다.

핵 발전 이후로 20세기에 가장 논쟁적인 과학적 진보는 유전 공학이었다. 모든 도서관에는 유전공학이라는 코너가 새롭게 만들어졌고, 21세기가 시작되자 논쟁은 더욱 격렬해져가고 있다.

유전 공학이라는 말은 실용적인 목적을 위해 DNAdeoxyribonucleic acid(디옥시리보 핵산) 같은 유전 물질을 조작하는 것을 말한다. 일반적으로 여기에는 다른 생물체의 유전자를 미생물에 투입함으로서 이 미생물의 유전 코드를 바꾸어 기본적인 성질을 변화시키는 것이 포함된다.

영국 과학자 프란시스 크릭Francis Crick과 미국의 왓슨J. D. Watson이 1953년에 최초로 모형화한 DNA 분자의 "이중나선"double helix구조는 살아있는 세포 핵 속에 들어있는 염색체의 기본 구성단위로, 그 안에는 생명체 대부분의 구조와 기능을 결정하는 유전 정보(암호)가 들어있다. 이러한 암호는 (여러분과 내 안에 있는) 머리색, 성별, 신체 구조 등과 같은 특정한 성질을 결정하는 DNA 조각들인 개별 유전자들로 구성되어 있다.

메리 셸리의 19세기 소설 『프랑켄슈타인』*Frankenstein, or the modern prometheus*을 읽거나 아니면 이 소설에 기초한 헐리웃 영화(내가 가장 좋아하는 것은 1931년 보리스 칼로프Boris Karloff 버전이다)를 본적이 있는 사람이라면 생명의 기본 물질을 가지고 장난치다가는 큰 혼란이 발생해서 그 조작자가 전혀 의도하지도, 예상하지도 못한 일이 일어날 수 있다는 사실을 알고 있을 것이다. 유전자는 모든 의미에서 생명의 기본 물질이다.

분명한 것은 유전자조작 기술이 어마어마한 약속을 하고 있다는 것인데, 특히 의학 분야에 있어서는 인간이 겪을 수 있는 최악의 정신적, 육체적 고통 중 몇 가지를 치료해줄 수도 있다고 약속하고 있다. 농업 부문에서도 [유전자조작 기술은—옮긴이] 비슷한 수준의 약속을 하고 있는

데, 이것은 끔찍하게 위험한 일이다. 이 위험은 1) 유전자 조작 식품이 인간의 건강에 미치는 영향, 그리고 2) 유전자 조작 작물이 주변 환경에 미치는 영향으로 정리할 수 있다.

자명한 사실 중 하나는 그 누구도 유전자 조작 식품이 어떤 영향을 미칠지 모르고 있다는 점이다. 지나칠 정도로 많은 기업 참여자들이 유전자 조작 작물과 그 응용제품들이 빠르게 벌어다 줄 수 있는 부에 대해서는 관심을 갖지만, 이런 문제점들에 대해서는 무심하다는 점 또한 자명하다. 마치 많은 사람들이 맹목적으로 우르르 몰려들었던 19세기의 골드러시처럼, 누군가가 유전자 조작 변종들에 대한 평가를 내리기 전에, 아직 의심을 사지 않고 있는 시장에서 유전자 조작 변종들을 우선적으로 추진하여 특허를 따내고 여기서 최대의 이윤을 뽑아내려고 이들은 무척 서두르고 있다. 이렇게 해야 (여러분들과 나, 그리고 우리 아이들이 결국 치르게 될) 장기적인 영향과는 관계없이 단기적으로 최대의 금전적 이익을 뽑아낼 수 있기 때문이다.

문제는 유전자조작 종들을 개발해야 하는가 말아야 하는가가 아니다. 그보다 진짜 문제는 [유전자 조작 기술이—옮긴이] 환경과 시장, 사회에 미치는 영향에 대한 적절한 사전 검사와 평가를 곁들여 책임 있게 개발되어야 하는가, 아니면 다음번 회계분기 이상의 더 긴 미래에 대한 관심이나, 탐욕스런 기업 최고경영자가 얻을 수 있는 금전적 이익 이외의 것들에 대한 고려 없이 대책 없고 부주의하게 도입되어야 하는가이다. 악명 높은 엔론Enron 스캔들과 이와 유사한 다른 사건들을 통해 이미 명백하게 드러났듯, 오늘날 기업 엘리트들의 1차적인 관심은 대중의 이익이 아니다.

유전자 조작 식품이 인간의 건강에 미칠 수 있는 영향에 대해서는 대체로 알려진 것이 없지만, 우리에게는 몇 가지 초기 지표들이 있다. 〈터닝 포인트 프로젝트〉Turning Point Project는 1999년 "표시도 안 되어 있고, 검사도 안 받았지만 …… 당신은 그것을 먹고 있습니다"라는 광고를 만들어 전국적으로 방영했는데, 이 광고는 "유전자 조작된 식품들이 인간에게 유해하다고 단정적으로 결론내릴 수 있는 검사는 현재까지 없었지만, 잠재적인 위험이 상당히 크기 때문에 슈퍼마켓에 출시되기 전에 장기간에 걸쳐 독립적인 검사를 해야 한다"고 주장했다.[45]

그 광고에서 열거한 우려 사항들은 다음과 같다.

독성 : 일부 식의약청 과학자들에 따르면, 유전자조작식품은 "자연적으로 발생하는, 이미 알려진 독성물질들의 증가, 이제까지 확인되지 않았던 새로운 독성물질들의 출현, 주위 환경에서 독성물질들이 농축될 가능성의 증가(즉, 살충제나 중금속), 영양물질 수치의 바람직하지 못한 변화 등과 같은 일부 좋지 못한 영향들을" 불러올 수 있다. 다시 말해서 식의약청 과학자들도 유전자조작 때문에 식품에 독성이 생길 수 있다고 의심하고 있는 것이다.

알레르기 반응 : 식의약청 과학자들은 또한 유전자조작 식품들이 "새로운 단백질 알레르기 항원을 양산해내"거나 "기존의 식물성 식품 알레르기 항원의 합성물을 강화"할 수 있다고 경고하고 있다. 또한 『뉴 잉글랜드 의학 저널』*New England Journal of Medicine*에 실린 최근의 한 연구는 브라질 견과에서 추출한 유전자를 콩에 이식하여 유전자를 조작했더니 견과류에 알레르기가 있는 사람들이 심각한 반응을 일으켰다는 사실을 보여주었다. 일부 식품에 알레르기가 있는 사람들은 표시가 되어 있지 않으면 자기가 먹는 음식 때문에 해를 입게 될지 어떨지를 알 수가 없다.

항생제 내성 : 많은 유전자조작식품들은 항생제에 내성이 있는 유전자들과 함께 변형된다. 다시 말해서 유전자조작식품을 먹는 사람들은 박테리아 감염에 더 취약해질 수 있다는 것이다. 〈영국 의학 협회〉British Medical Association는 이 문제에 대해 거론하면서 항생제 내성은 "21세기에 공중보건을 위협하는 주요한 사항 중 하나"라고 말했다.

암 : 유럽의 과학자들은 소성장호르몬 rBGH으로 처리한 동물로 만든 유제품에 전립선암과 대장암, 유방암의 위험을 증가시킬 수 있는 인슐린 유사성장인자가 들어있는 것을 발견하기도 했다.

면역 억제 : 22명의 선도적인 과학자들은 최근 유전자조작 식품과 면역억제를 연관시키는 동물실험 결과가 타당하다고 발표했다.[46]

2002년 영국에서의 한 실험을 통해, 유전자조작 작물로 변형되어 항생제에 내성이 생긴 유전자가, 그것을 먹은 인간의 내장에 들어가서 수막염, 결핵, 임질 같은 항생제 내성 질병이 발생하도록 자극할 수 있다는 공포가 현실화되었다. 일부 비판가들은 영국 식품 표준국UK Food Standards Agency에서 시행한 이 실험이 편향되었고 사실상 전이의 가능성을 최소화하도록 고안되었다고 비난했지만, 유전자조작 콩에서 추출한 DNA는 실험대상물의 작은 내장을 모두 통과하고 난 다음에도 살아남았다는 점이 밝혀졌다.

〈사회속의 과학 연구소〉Institute of Science in Society의 매완호Mae-Wan Ho 박사는 다음과 같은 글을 썼다. "유전자조작 DNA를 검출하는 데는 엄청난 한계가 있으며, 부정적인 결과가 나올 것을 예상하고 실험을 계획하였다. 그럼에도 불구하고 논박의 여지가 없는 긍정적인 증거들이 도출되었다…… 유전자변형 DNA의 수평적인 전이는 실제로 일어날 수 있고, 이미 일어나고 있으며, 유전자변형 작물이 계속해서 환경에 유통된다면, 이것을 통제할 수 없을 것이다. 이 같은 사실에 쐐기를 박는 마지막 증거가 최근에 발견되었을 뿐이다."[47]

항생제내성을 가진 유전자들은 꼬리표 혹은 표식으로 유전자변형 식물에 삽입된다. 그래서 유전공학자들은 자신들이 언제 새로운 유전형질을 어떤 식물 속에 성공적으로 삽입했는지를 알 수 있다. 이 식물이 환경에 퍼지기 전에 이 표식용 유전자를 제거하는 것이 가능하지만, 비판가들은 이러한 예방적 조치가 거의 이루어지지 않고 있다고 주장한다. 유전자변형 식물에 사용된 표식용 유전자에는 락탐 항생제도 포함되는데, 이로 인한 흉부 감염을 막기 위해 암피실린과 아목시실린 의약품을 첫 번째 방어물질로 사용한다.[48]

유전자변형 작물이 인체에 가하는 위협만큼이나 위험한 것은 그것을 어디서 도입하든지 간에 그 작물이 [그것을 도입하는—옮긴이] 물리적 환경에 초래할 수 있는 엄청난 피해의 가능성이다. 유전자변형 작물(본질적으로는 인간이 만든 돌연변이)은 자연 상태에서는 그것과 쌍을 이루는 상대물이 없다. 따라서 그 주위에 있는 생명 형태들과 균형을 이룰 수 있도록 다른 종들을 통제하는 자연적인 통제 및 방어수단들을 발달시킬 기회가 자연적으로 주어지지 않는다. 이런 새로운 유기체를 우리 환경에 도입할 경우에, 특히 그 안에 있는 유전 형질들이 해당 유전자조작식물과 동족관계에 있는 야생종이나 재배종에 전이되었을 경우 어떤 일이 발생할지 예상할 수 있는 사람은 아무도 없다. 예를 들어, 〈환경보호 기금〉Environmental Defense Fund의 레베카 골드버그Rebecca Goldburg에 따르면

1994년 12월 USDA는 애스그로 종자회사Asgrow Seed Company가 두 가지 식물 바이러스에 내성을 갖도록 유전자 조작된 호박을 팔도록 허용했는데 이것은 논쟁의 여지가 매우 많은 결정이었다. 유전자 조작된 호박은, 미국 남부가 원산지이며 남부에서는 잡초 취급을 받는 야생 호박 Cucurbita pepo에 이 두 가지 후천적인 바이러스 내성 유전자를 전이시킬 것이 자명하다. 만일 바이러스 내성 유전자가 확산되면 야생 호박은 더 질기고 더 무성한 잡초가 될 것이다.[49]

몇몇 대기업들은 유전자 조작을 통해 일부 작물에 제초제 내성이 생기도록 하고, 이로서 다른 식물성 경쟁자들을 죽이는 엄청난 독성 화학물질들을 투입해도 해당 작물은 전혀 해를 입지 않을 수 있도록 하는 전략을 택했다. 이러한 행보는 유전공학자들에게 부메랑이 되어 돌아올 수 있다. 유전자 조작된 제초제 내성 식물의 형질이 야생 상태에 있는 유사종에 전이될 수 있기 때문이다. 『식물, 유전자 그리고 농업』*Plants, Genes, and Agriculture* 이라는 교과서를 쓴 저자들은 그 결과에 대해 다음과 같이 경고하고 있다.

> 몇몇 작물 종들이 똑같은 제초제에 내성을 가지도록 조작한 뒤 이 작물 종들을 차례로 돌아가면서 사용할 경우 제일 처음에 심은 작물에서 "자발적으로 이탈한 일부"가 이후 심는 작물들 사이에서 잡초 역할을 할 위험이 상당히 크다. 이러한 현상은 이미 요즘에도 작은 규모로 일어나고 있으며, 제초제 내성 작물이 활성화되면 크게 악화될 것이다 …… 모든 작물들은 지구상 어딘가에 야생상태의 유사종이 있는데, 이 두 가지가 나란히 자라는 곳에서는 유전자조작 작물의 유전자 일부가 야생 유사종으로 흘러들어가는 일이 발생할 수 있다.[50]

유전자가 변형된 유기체를 환경으로 도입해서 발생할 수 있는 예기치 못한 결과 중에는 다음과 같은 예도 있다. 이 사례는 1999년에 작성된 것이다.

> 최신 연구에 따르면 해충에 저항을 가지도록 유전적으로 조작된 대중적인 신종 옥수수가 제왕나비Monarch butterfly에게 큰 타격을 줄 수도 있다고 한다.
> 옥수수에게 해로운 애벌레를 향해 치명적인 독성물질을 내뿜는 유전자 변형 옥수수는 1996년에 도입된 것으로 이제는 미국 옥수수 작물의 4분의 1 이상을 차지하고 있으며, 이 옥수수가 자라는 많은 곳들은 제왕나비가 매년 이동하는 경로에 위치해있다.
> 이 식물의 꽃가루는 주변에 있는 유액 식물milkweed plants로 날아가 떨어질 수 있는데, 이 유액식물은 제왕나비의 어린 유충이 주로 먹는 음식이기 때문에 호랑이 줄무늬가 있는 애벌레들이 이 꽃가루를 먹을 수가 있다.
> 코넬 대학에서 수행한 실험실 연구에서는 유전자 조작된 꽃가루 때문에 제왕나비의 어린 유충들의 거의 절반이 되는 숫자가 북미에서 친숙한 밝은 오렌지색과 검은색, 흰색이 뒤섞인 나비로 탈바꿈하기 전에 죽었다.
> 만일 이 새로운 연구 결과가 옳다면, (이미 생태적 압력에 직면해 있지만 지금까지 굳건히 버텨온) 제왕나비가 곧 위기종 목록에 올라갈 수 있다는 우려를 어제 몇몇 과학자들은 표명했다. 다른 나비들도 마찬가지로 위험해질 수 있다.[51]

유전자변형 작물을 옹호하는 사람들이 나비가 없고, 제초제 내성이 있으며, 통제되지 않는 슈퍼잡초로 가득한 세상을 의도하지는 않았을 것이다. 그러나 유전자변형 작물들이 무책임하게 도입된다면 그렇게 될 가능성이 있다. 적절한 규제가 부재한 상태에서 이와 유사한 미래상은 거의 피할 수 없다고 봐야 할 것이다.

"광우"병(소해면상뇌증) "Mad Cow" Disease (Bovine Spongiform Encephalopathy, or BSE)

산업이 스스로 자초한 질병의 완벽한 예라 할 수 있는 소위 광우병(소해면상뇌증)은 영국에서 최초로 그 불길한 존재가 알려졌다. 북미에서와 마찬가지로 당시 영국의 목축업자들은 비용을 절감할 수 있는 새로운 방식을 생각해냈다. 이들은 소에게 전통적인 사료(신선한 목포와 건초)를 먹이는 대신에 죽은 소의 몸통을 갈아서 사료에 섞어 단백질을 추가하기로 한 것이다. 탐욕스런 목축업자들은 초식 동물을 자기 종을 먹는 육식 동물로 전환시키는 이 부자연스러운 과정이 예기치 못한 결과를 가져오리라는 생각을 전혀 하지 못했던 것이다.

하지만 이로 인한 결과는 엄청났고, 지금까지도 세계 곳곳에 그 여파가 남아있다.

소에게 소를 먹인 결과 소해면상뇌증이 확산되고 있는데, 이것은 "소의 중추신경계에 영향을 미치는 치명적인 병"이다.[52] 이 병은 대체로 병에 걸린 동물의 뇌와 척추에서 발견되는 프리온이라고 하는 감염물질을 통해 확산되는 것으로 나타나고 있다. 이 프리온은 동물의 뇌에 구멍을 뚫으며(그래서 해면[스펀지—옮긴이]이라는 용어가 들어간 것이다) 항상 치명적이다. 게다가 "크로이츠펠트 야콥병Creutzfeldt-Jakob Disease(CJD)이라고 하는 유사한 질병이 감염된 소로 만든 쇠고기를 먹은 사람들에게서 나타난다."[53] 불행하게도 이 병에 걸린 사람에게는 [근육의] 간대성[발작적] 경련, 사지 기능장애[근육 조절 결함], 실어증[언어기능 장애], 시각장애, 마비 등을 동반한…… 급속한 치매 같은 증세들이 발달한다.[54]

"치료방법이 없으므로 이 병은 죽음을 부른다."[55]

1990년대 초반에 영국과 유럽에서 크로이츠펠트 야콥병이 100건 이상 발병하고, 이것이 광우병에 감염된 영국 소 때문이라고 확인되자, 영국산 쇠고기는 세계 대부분의 지역에서 금지되었다. 영국의 축산업은 거의 치사수준의 타격을 받았고, 영국 축산업이 회복하는 데는 수년이 걸렸다. 이런 재앙이 발생하자 유럽 연합은 동물 조직을 동물의 사료로 사용하는 것을 금지시켰다. 소의 뇌를 인간의 음식으로 판매하는 것도 즉각 금지되었다.

캐나다와 미국에서도 유사한 금지령이 내려졌지만, 상당한 허점이 있었다. 소, 양, 염소, 사슴에게는 동족 동물의 단백질이 함유된 먹이를 공급해서는 안 되지만, 이 동물들의 몸을 닭, 돼지, 기타 애완동물의 사료로 만드는 것은 여전히 가능하다. 또한 미국에서는 닭과 돼지를 다시 소에게 먹이는 것이 가능하고, 소의 피를 송아지에게 먹이기도 한다. 그 결과 미국과 캐나다의 소들이 소해면상뇌증에 감염된 물질을 먹게 될 가능성이 여전히 있는 것이다.

2002년 미국의 일반회계국General Accounting Office의 한 신랄한 보고서에서는 미국 식의약청이 소 사료와 관련된 법안을 이행하는 데 매우 불충분했고, 제조업자들은 꾸준히 자신들의 소사료에 금지된 단백질(즉 뇌와 신경조직의 단백질)을 넣고 있다고 밝혔다.[56]

더욱 안타까운 것은 약간의 척수를 포함하고 있을 수도 있는 등뼈에서 바로 벗겨낸 티본T-bone 스테이크 같은 고기 조각과 소의 뇌가 미국에서 소비자들에게 판매되고 있다는 점이다. 미국 육류 포장 공장들은 수압이 높은 물과 공기 아니면 다른 제거 기법을 사용해서 소뼈에서 고기조각을 제거하기도 한다. 이렇게 모은 고기 조각들은 핫도그나 저질 햄버거를 만드는 데 들어간다. "USDA의 한 연구는 작년에 이런 식의 고기가 포함된 제품의 3분의 1이상에 중추신경조직세포가 일부 함유되어 있다고 밝혔다."[57]

2003년 캐나다의 알버타 주에 있는 소 한 마리가 소해면상뇌증에 걸린 것이 확인되었는데, 뒤이은 조사에 따르면 이 소는 원래 미국에서 온 것일 수도 있었다. 그 즉시 (미국을 포함한) 전 세계 각국은 캐나다산 쇠고기 수입을 금지했고, 이에 캐나다의 쇠고기 산업은 하루아침에 문을 닫게 되었다. 이 금지조치로 인해 캐나다인들은 판매하지 못한 소에 대해 매일 2천만 달러에 가까운 돈을 허비하게 되었고, 몇 주 후 캐나다 쇠고기 산업이 붕괴할 위기에 놓였다.

이로 인해 소비자 신뢰도 위기가 촉발되어 캐나다 축산업자들은 "축산업의 종말"을 거론하게 되었나.

캐나다의 연방 보건당국Health Canada에 있는 과학자들은 2001년에 이 같은 위험성에 대해 이미 거론했던 사실을 언급하며 이 당시에 "내가 그렇게 말했잖소"라고 말하기도 했다. 2001년의 보고서에서 마가렛 헤이던Margaret Haydon 박사는 "인간이 직접 이 질병을 확산시키고 영속시키고 있다. 왜냐하면 우리가 동물들에게 다시 동물을 먹이고 있기 때문"이라고 지적했다. 그녀의 동료인 쉬브 초프라Shiv Chopra는 다음과 같이 주장했다. "왜 위험을 감수하고 있는가? 이건 아주 간단한 일이다. 소에게 동물을 먹이지 않으면 이 병은 중단될 것이다. 확산되지는 않는다는 말이다. 그만큼 간단한 일이다. 그런데 왜 이들은 말을 들으려하지 않는 것일까?"[58]

북미에 있는 대부분의 사람들은 이 글에 귀를 기울이지 않았다. 그 결과 위험이 남아있다.

식품 산업의 다른 부분에 영향을 미치는 위협도 시작되었다. 2004년 1월 시애틀에 있는 〈코모 텔레비전〉KOMO TV은 "이미 미국산 쇠고기를 금지했던 일부 아시아 시장들은 이제 (프렌치프라이 같은 일부 감자 제품을 미리 튀길 때 사용하는) 소기름이 광우병 공포 때문에 안전하지 않다고 생각해서 감자 제품의 운송을 유보하거나 거부하고 있다"고 보도했다.[59]

소해면상뇌증과 유사한 새로운 질병이 나타날 수도 있다는 최근의 보도는 훨씬 더 소름끼친다. 맨체스터의 『가디언』지에 실린 한 기사에 따르면

> 5일에서 6일간 다리의 병을 앓다가 마비된 뒤 사망한 3세 미만의 암소에 대한 검사 결과, 소해면상뇌증을 비롯하여 [현대의학에서 —옮긴이] 알려진 질병 중에는 사망원인으로 볼 수 있는 병이 없었다. 이 소가 약 두 달 전에 사망한 이유는 소의 뇌에 있는 흰색 물질을 손상시키는 바이러스에 의한 감염 때문이라고 추정할 수 있을 뿐이다.
>
> 이 소는 처음에는 보툴리누스 중독으로 죽은 것으로 보였다. 보툴리누스 중독은 감염된 우유와 음식을 통해 사람들에게 잠재적으로 해를 끼치고 유사한 증세를 야기하는 병이다.
>
> 하지만 영국인들이 오늘날도 두려워하는 모기매개 열병인 웨스트 나일 바이러스, 양에서 발견되는 진드기매개 질병인 도약병louping-ill을 비롯하여 그 외 여러 알려진 질병들에 대한 검사결과처럼 이 [보툴리누스 중독 —옮긴이] 검사결과는 음성이었다.

수의학 연구청Veterinary laboratories Agency 대변인은 어젯밤 "공중보건에 미치는 장기적인 영향에 대해서는 알려진 것이 없다"고 말했다.[60]

(중)금속 Metals(Heavy)

인간의 몸이 제대로 기능하기 위해서는 철과 구리 같은 약간의 금속이 필요하다. 하지만 소위 "중금속"이라고 하는 다른 금속은 신체 기능을 심각하게 방해할 수 있다. 이런 중금속들은 이로운 금속들을 대체, 즉 화학적으로 "밀쳐놓음"으로서 원래 금속들이 자기 일을 하지 못하게 한다. 예를 들어, **납**은 혈액 속에 있는 철을 대체하지만, 철과는 다르게 산소를 운반하지 못한다. 납이 철을 대체할 때는 혈액에 공급되는 산소의 양이 줄어든다.

이것들이 중금속이라고 불리는 이유는 원자의 무게(측정된 질량)가 다른 금속보다 상대적으로 더 크기 때문인데, 식품 속에 들어있는 가장 위험한 오염물질이기도 하다.

예를 들어, **수은**(원자의 무게가 55.847인 "가벼운" 철에 비해 수은은 원자의 무게가 200.59에 달한다)은 치명적인 미나마타병의 원인인데, 이 병 때문에 1950년대와 60년대 일본 미나마타 시에서는 수십 명이 죽고 일부는 눈이 멀거나, 귀가 멀거나, 마비되거나, 아니면 뇌 손상을 입게 되면서 도시가 황폐해졌다. 일본의 희생자들은 미나마타 만에서 잡은 물고기와 조개류를 먹고 중독되었는데, 지역의 제조업 공장에서 나온 폐수가 바다에 버려지면서 이 바다가 메틸수은에 오염되었기 때문이다.

일본에서 사고가 발생한지 얼마 되지 않아 북미에서도 질병이 발생했는데, 특히 수은이 들어있는 폐수를 방류하는 제재소들이 많이 자리하고 있는 북부의 강에서 잡은 물고기를 먹은 원주민 인디언들의 피해가 컸다. 이 사건이 워낙 떠들썩해지자 결국 정부는 산업을 규제하고 많은 제조공정에서 수은을 조금씩 제거하게 되었다. 1970년대 후반까지 대부분의 산업적인 수은 공급자들은 일을 중단했지만, 잔여물로 남은 금속은 특히 5대강 지역에서 어류의 주요한 오염원으로 인식되고 있다.

수은과 납의 배출을 줄이기 위한 지난 30년간의 노력(납이 들어있지 않은 가솔린을 도입하게 된 것이 이 부문에서 중대한 진전이었다)에 안심하게 된 일반 대중들은 이제 중금속 오염을 지난 문제로 여기게 되었다. 하지만 불행하게도 이러한 인식은 아주 잘못된 것일 수 있다.

2003년 5월 캐나다 환경보호국Environmental Defence Canada은 연방의 〈정보공개법〉Freedom-of-Information Law에 의한 요청을 통해 입수한 캐나다 보건당국의 비공개 자료에 기초하여 작성한 한 보고서를 발표했다. 그 보고서의 내용에 따르면 이러한 금속들이 많은 음식들에 상당히 높은 수치로 함유되어 있기 때문에 북미의 대중들은 납과 **카드뮴**에 만성적으로 과잉노출 되어 있다는 것이다. 토론토의 『글로브 앤 메일』에 있는 마틴 미텔스태드Martin Mittelstaedt는 다음과 같은 글을 썼다.

> 이 보고서에 따르면 건강에 좋다는 칭찬을 별로 들어본 적이 없는 감자칩이나 프렌치프라이 같은 품목들뿐만 아니라 채소와 곡물식처럼 일반적으로 균형 잡힌 식단에 필수적이라고 인식되는 식품에서도 카드뮴 수치가 높아진 것이 확인되었다. 납이 가장 많이 농축되어 있는 것은 냉동식품과 새우버거였지만 그 외에도 건포도, 머핀, 복숭아, 갈아놓은 쇠고기, 와인이 상위권에 올랐다.[61]

카드뮴은 신장에 손상을 일으키기도 하는 발암물질로 의심받고 있다. 납은 뇌에 심각한 손상을 일으킬 수 있고, 아주 적은 양이라도 "특히 어린 아이들의 지능을 감퇴시킬 수 있다."[62] 『영양의 이해』의 저자에 따르면

> 납은 여러 신체부위를 손상시키는데, 특히 취약한 곳은 신경계와 신장, 그리고 골수다. 납은 호르몬 활동을 방해하여 성장 같은 정상적인 활동을 저해하며 쥐의 경우 치아 발달을 방해하고 충치를 일으킨다. 사람의 경우에도 납은 충치를 확산시키는 역할을 하는 것으로 확인되었다. 간단히 말해서, 납이 사람의 몸과 상호작용을 하게 되면 심각한 부작용이 뒤따른다.[63]

수은 오염의 경우 이것은 지나간 시절에 대한 역사학적 호기심으로 다뤄질 사안이 아니라 지금도 우리와 함께, 특히 어류 속에 존재하는 현실이다. 『그리스트』*Grist* 지의 앤 하딩Ann Harding의 기사에 따르면, 수은은 참치(특히 날개다랑어albacore tuna)처럼 상업적으로 중요한 어류에 들어있으며, 인간에게 안전한 소비 수준이 어느 정도인가에 관해서는 상당한 논쟁이 있다.[64]

중금속은 현재까지도 식품 오염의 주원인인 것이다.

육류 혼합제품 Meat Mixes

건강을 생각하는 많은 사람들은 스테로이드처럼 유해한 물질을 섭취하거나 지방을 너무 많이 먹게 될까봐 걱정하며 일부 고기의 섭취량을 제한하려고 한다. 예를 들어, 어떤 사람들은 붉은 고기를 절대 먹지 않거나 아니면 살코기와 어류, 가금류만 먹기도 하고 어떤 경우에는 동

물의 특정 부위만 먹기도 한다. 유대교나 이슬람교도 같은 소비자들은 종교적인 이유 때문에 돼지고기를 먹지 않고 율법에 맞는 식용육만을 먹기도 한다.

자신이 먹는 고기의 종류를 스스로 조절하려고 하는 사람들에게는 불행하게도 오늘날의 기업형 식품산업 일각에서 이런 노력과 취향을 무색하게 만드는 결정이 내려졌다.

대부분의 소비자들은 소시지, 핫도그, 여러 가지 점심식사용 육류와 저민 냉육 등의 육류제품에는, 아주 비싸게 팔리는 제품이 아니고서는 순수한 쇠고기가 들어있지 않다는 사실을 이미 알고 있다. 중저가에 팔리는 가공육 제품 대부분에는 여러 가지 고기들이 섞여 들어가는데, 그래서 일반적으로 포장용 라벨에는 "닭고기, 돼지고기, 쇠고기 혹은 기타 부산물들이 포함되어 있을 수 있다"고 적혀있다. 이런 경우에는 최소한 구매자들이 포장용 라벨에 인쇄된 글자를 주의 깊게 읽어보기만 한다면 자신들이 구입하는 품목에 대한 경고 메시지를 충분히 전달받을 수 있다.

하지만 최근에 육류업자들은 "피부, 가죽, 뼈처럼 식품으로 사용할 수 없는 동물(소와 돼지)의 부위들이나 늙은 동물을 화학적으로 가수분해하여 추출한 가수분해 돼지 단백질을 사용하여 닭의 부피가 커지게 만들기" 시작했다. "닭에 물을 주입하면 마치 미용 콜라겐을 주입할 때처럼 이 단백질들 때문에 닭의 살이 부풀어 오르고 수분을 머금게 된다."[65] 여러 보도에 따르면 이러한 관행은 이미 유럽에 확산되어 있으며 북미에서도 사용되고 있는 것으로 보인다. 한 신문에 따르면

네덜란드에서는 브라질과 태국에서 수입하는 닭에 단백질과 물을 주입

하는 수백만 파운드짜리 기술을 개발했다. 이 산업은 성장하면서 소금에 절인 일부 수입육에 대해서는 관세를 면제해주는 유럽연합의 조세상의 허점을 이용하게 되었다. 고기에 물을 주입하면 소금의 농도가 희석되면서 고기의 맛이 좋아지고, 가공업자의 입장에서는 세금을 내지 않아도 될 뿐 아니라 엄청난 돈을 받고 물까지 팔수 있게 되는 것이다. 어떤 경우에는 추가로 주입된 물이 고기 무게의 40퍼센트를 차지하기도 한다.

쇠고기를 먹지 않는 힌두교도들과 돼지고기를 먹지 않는 이슬람교도들은 이런 관행을 아주 싫어하지만, 이 고기에 라벨이 제대로 달려있기만 하면 불법이 아니다. 이렇게 다른 것들을 주입한 닭고기는 주로 소수인종 식당과 도매업자들에게 판매된다. 업계의 정보원에 따르면, 이 닭고기는 연회업자들과 술집, 클럽으로도 유통되고 가공육 제품 제조업자들도 이것을 사용한다.[66]

영국 정부 대변인은 다음과 같이 말했다. "종교나 도덕 혹은 안전성 때문에 닭고기만 먹겠다는 결정을 한 것인지도 모르는 소비자들에게 쇠고기나 돼지고기가 함유된 닭을 판매하는 것은 아주 부정직한 일이다."[67]

우유 단백질 농축물 Milk Protein Concentrates(MPCs)

우유 단백질 농축물MPCs과 카세인(치즈의 주성분인 우유단백질)은 주요한 미국 유제품 가공회사들이 이것을 수입하여 다양한 우유 및 치즈 제품을 만들기 시작했던 21세기 초엽부터 논쟁거리로 떠올랐다. 현재 미국에서는 주로 경제적인 이유 때문에 우유 단백질 농축물(이것은 유장단백질농축물Whey Protein Concentrates, WPCs과는 다른 것이다)과 카세인을 제조하지 않는다.

또한 미국 식의약청이 우유 단백질 농축물을 합법적으로 허용된 식품 첨가물로 공식 인정한 적도 없다(논쟁의 근원은 여기에 있다). [따라서—옮긴이] 미국의 제조업자들이 MPC를 사용하는 것은 최소한 기술적으로는 불법이다. 우유 단백질 농축물은 수년씩 걸리는 식의약청의 GRAS generally recognized as safe (일반적으로 안전하다고 승인된) 식품 성분 인증과정을 거치지도 않았고 법적인 식품 표시 기준을 충족시키지도 않고 있는 듯하다. 이것이 소비자들에게 어떤 신체적 위험을 준다는 사실이 과학적으로 증명된 적은 없지만, (GRAS 인증을 거치지 않기 때문에) 반대자들이 지적하는 것처럼 위험을 주지 않는다고 주장할 수 있을 만한 확실한 근거도 없다.

핵심을 말하자면, 북미 대륙의 낙농업자들에게 있어 우유 단백질 농축물들이 전유全乳, whole milk 시장의 상당 부분을 가져가고 있다는 점이다. 과거에는 전유 시장이 오늘날 우유 단백질 농축물로 제조되는 여러 제품들이 생산되는 근거지였다. 전유는 우유 단백질 농축물보다 더 비용이 많이 들고, 따라서 제조업자들의 간접비용이 더 높다는 의미가 된다.

우유 단백질 농축물에는 두 가지 종류가 있다. 1) MPC 0404.90은 소위 "저가" MPC로, 42퍼센트의 단백질을 함유하는 유제품 혼합물질이다. 그리고 2) MPC 3501은 소위 "고가" 상품으로, 단백질을 80퍼센트까지 함유하고 있다. 일반적으로 "고가의" MPC로 만든 제품들은 "저가의" MPC로 만든 제품보다 가격대비 영양학적 가치가 더 높다고 하지만, 안타깝게도 슈퍼마켓의 유제품 칸에 진열되어 있는 제품에는 저가인지, 고가인지를 알려주는 표시가 전혀 되어 있지 않다.

이 글을 쓰는 지금도 MPC의 법적 지위가 정해지지 않은 상태다.

잡다한 화학물질/약품 세트(수프) Miscellaneous Chemical/Drug Arrays(Soups)

[환경—옮긴이]오염과 식품오염에 대해 걱정하는 연구원들은 전통적으로 한 번에 한 가지 질병 유기체나 화학물질, 혹은 화학 집단에 초점을 맞추고, 이로 인한 특정한 영향을 분리시켜 내려고 했다. 하지만 최근 연구들은 전체적인 세트 혹은 "수프"soups(한 개 씩 존재할 때보다 함께 섞였을 때 더 위험해질 수 있는 많은 화학물질과 오염물질들의 혼합물질)를 관찰하기 시작했다.

[이에 대한 연구 결과, —옮긴이] 나타나고 있는 결과들은 충격적이다.

예를 들어, 2003년에 뉴욕의 〈시나이산 의학 센터〉Mt. Sinai Medical Center와 〈환경 연구 집단〉Environmental Working Group(EWG), 〈커먼윌〉Commonweal이 공동연구 결과물을 발표했다. 이 연구에서는 건강한 일군의 사람들을 대상으로 체내에 210가지 화학 및 산업물질 잔여물이 있는지 확인했는데, 〈환경 연구 집단〉의 빌 워커Bill Walker는 다음과 같이 이야기했다.

> 독립적인 두 연구실의 연구자들은 자원자 9명의 혈액과 소변 속에 평균 91가지의 산업적 화학물질, 오염물질, 살충제 등의 화학물질이 있는 것을 발견했다. [연구대상—옮긴이] 집단 전체에서 총 167가지의 화학물질이 검출되었다. 우리 대부분이 그렇듯 검사 대상이었던 사람들은 화학물질을 다루는 일을 하지 않고 산업 시설 근처에 사는 것도 아니었다. 우리가 검출한 167가지 화학물질 중에서 76가지는 인간이나 동물에게 암을 유발하고 94가지는 뇌와 신경계에 중독을 일으키며, 79가지는 선천적 장애나 기형적인 성장을 일으킨다. 여기서 검출된 화학물질들은 …… 수천 가지 소비자 제품에 사용되어 공기, 식품, 물, 토양에 오염물질로 잔류하게 된 산업적 화학물질에 일생동안 노출된 결과다.[68]

같은 해, 미국의 질병통제예방센터Centers for Disease Control and Prevention가 발간한 『인체의 환경 화학물질 노출에 대한 두 번째 국가보고서』*National Report on Human Exposure to Environmental Chemicals*는 이보다 더 큰 규모의 연구로, 그 결과는 똑같이 우울했다. 질병통제예방센터는 2천 5백 명의 미국인을 대상으로 피와 소변에서 116가지의 화학물질을 검사했다. "현재까지 이 보고서는 미국인들의 주변 화학물질에 대한 노출과 관련된 평가 중에서 가장 광범위한 평가보고서"라고 질병통제예방센터의 공중보건 부책임자인 데이빗 플레밍David Fleming 박사가 말했다.[69] 이 보고서는 인위적인 화학물질 수십 가지가 어른과 아이의 몸에 남아있는데, "아이들에게서 일반적으로 더 높은 수치가 나타난다"고 기록하고 있다.[70]

〈환경 연구 집단〉과 〈샌프란시스코 의학 협회〉, 그리고 그 외 참가자들은 이 연구 결과를 발표하는 기자회견에서 아직 그 영향이 알려지지 않은 혼합 화학물질이라는 "체내 축적 유해물질"body burden이 인체 안에 쌓이고 있는 사실에 대해 경고했다. 이들은 "유기염소계 살충제의 화학물질에 노출되는 것과 아이들의 젠더 특정적인 행위 간에 존재하는 연관관계"를 상세하게 설명한 네덜란드의 보고서를 비롯하여 몇 가지 심란한 보고서들을 인용했다. [이 네덜란드의 보고서 내용에 따르면—옮긴이] "상대적으로 폴리염화비페닐PCB에 많이 노출된 남자아이들은 남자아이들에게 전형적으로 나타나는 놀이 행위를 잘 하지 않는 경향이 있었고, 반면 여자 아이들은 남자아이들에게 전형적인 놀이행위를 더 하는 경향을 나타냈다."[71]

〈커먼윌〉의 창립자인 마이클 러너Michael Lerner는 기자회견에 참석해서 다음과 같이 말했다.

나는 얼마나 많은 미국 가족들이 장애와 암, 천식, 파킨슨 병, 자폐증, 면역 장애, 선천성 장애 등에 대해 공부하고 있는지 궁금하다. 환경적인 요인들 때문에 이 모든 병들이 증가하고 있으며, 화학물질에 노출된 것이 문제의 일부일 것이라는 점을 보여주는 혹은 제기하는 자료들이 있다. 유방암을 비롯한 많은 만성적인 질병들이 이 나라에서는 전염병처럼 번지고 있다. 그렇다면 우리 모두가 감내하고 있는 이 병은 무엇 때문인가?[72]

우리에게 공급되는 물을 오염시키는 약품(현대의 산업농업과 목축양식 때문에 도입된 항생제 같은 것)이 그렇듯, 식품 안에 있는 오염물질은 이러한 현상의 일부일 뿐이다. 예를 들어서 최근의 캐나다 연방 환경부 보고서에 따르면 캐나다의 강과 지류들은 "진통제, 소염제를 비롯해서 간질과 혈액의 콜레스테롤을 치료하는 데 사용되는 처방약" 등 "인간과 야생동물들에게 아직 그 위험이 알려지지 않은 폭넓은 조제약들로" 오염되어 있다.[73] 우리에게 공급되는 물에서 발견된 것 중에는 항생제와 프로작Prozac 같은 항우울증제, 심지어는 산아제한 약에 들어가는 약품들도 있었다.

이 모든 다양한 화학물질과 약물들에 노출된 사람들의 몸 안에서 이 물질들이 서로 어떤 상호작용을 일으킬지, 또한 이 불경한 혼합약이 장단기적인 미래에 어떤 영향을 미칠지에 대해서는 알려진 것이 아무 것도 없다.

하지만 이로 인한 영향이 이롭지는 않을 것이라는 사실만은 확실한 듯하다.

나노조각과 원자변형유기체

Nanoparticles(Buckyballs) and Atomically Modified Organisms(AMOs)

"나노"라는 말은 나노초nanosecond에서처럼 10억 분의 1을 의미하는 접두사다. 나노기술이 태동하던 1980년대 후반에는 기술적인 정교함이 새로운 수준에 이르렀다. [당시에는—옮긴이] 현미경으로 봐야 할 정도의 제품을 만드는 것이 주요한 연구 과제였고 그 이후로 과학은 급속히 성장했다. 웹스터 온라인 사전에 따르면, 나노 기술이라는 것은 다음과 같다.

> 개별 원자나 분자의 특성을 파악하고 배치하여 사물을 고안하고 만드는, 혹은 최소한 한 차원이 나노미터의 규모인 가공기술.[74]

간단히 말해서 나노 기술은 정말로 작아서 때로는 육안으로 식별할 수 없을 정도인 물건을 만드는 데 중점을 두는 기술이다. 과거에 기술의 1인자였던 일본은 이 분야에 집중하여, 특히 컴퓨터 부품 영역에서 빠르게 성장하고 있다. 다른 나노 사이즈의 물건을 조립하는 데 사용할 수 있는 나노 사이즈의 로봇 혹은 "마이크로봇"을 만들 수 있는 극소 로봇 기술을 개발하는 것이 연구의 초점이었다. 나노 수준에서 쌓을 수 있는 기초 단위는 개별원자나 분자(결합된 원자들의 집합)이기 때문에, 이론적으로 제조를 위한 원재료는 어디서든 얻을 수 있다. 이 주제에 대해 다루고 있는 한 웹사이트에 따르면

> 생산된 제품은 원자로 만들어진다. 이 제품들의 속성은 이 원자들이 어떤 식으로 배열되는가에 따라 달라진다. 만일 우리가 석탄의 원자를 재

배열하면 다이아몬드를 만들 수 있다. 또한 모래의 원자를 재배열 하면 (그리고 몇 가지 미량의 요소들을 추가하면) 컴퓨터 칩을 만들 수 있다. 먼지와 물, 공기의 원자들을 재배열하면 토마토를 만들 수도 있다.[75]

최소한 이론적으로 우리는 〈스타 트렉〉Star Trek의 승무원들이 먹는 식품을 만드는 데 사용되는 가상의 물질들과 유사한 "복제품"replicators을 만들어낼 수 있다. 이들이 먹는 식품의 재료가 되는 가상의 물질은 무엇에서든(잡동사니, 토탄덩어리, 오래된 차량 부품) 원자를 취해서 원하는 어떤 제품으로든 만들 수 있는 것이다. 그 잠재력은 어마어마하다. 벌써 많은 기업들의 최고경영자의 머릿속에는 금전 등록기가 울리는 소리가 들릴 것이다. 하지만 과거에 있었던 수많은 "과학의 기적"에는 보이지 않는 [어두운—옮긴이] 면이 있었다. 핵발전의 "경이로움"은 히로시마, 체르노빌, 쓰리마일 섬의 공포가 되었다. 나노기술의 결과는 이보다 더 심각할 수 있다.

예를 들어서 "버키볼"buckyballs 혹은 "풀러린"fullerines을 보자. 이것은 인위적으로 만들어진 축구공 모양의 탄소분자들로, 연구자들은 이것을 사용해서 의약품과 화장품, 연료 전지 등을 만들 때 다양하게 나노응용을 하고 싶어 한다. 일본에서는 이미 많은 양을 제조하고 있다. [하지만—옮긴이] 안타깝게도, 이 "기적의 분자들"은 전혀 온순하지 않다. 〈미국 화학 협회〉American Chemical Society의 최근 모임에서 에바 오버도스터Eva Oberdorster 박사는 버키볼이 물고기를 비롯한 여러 수생 생물에 미치는 영향에 대해 발표했다.

[오버도스터]는 버키볼이 500ppb로 농축되어 있는 물에 9마리의 큰입농

어를 풀어놓자 어떤 일이 일어났는지를 설명했다. 연구자들은 불과 48시간만에 "지질 과산화수소화"lipid peroxidation 형태로 농어들의 뇌조직에 "심각한" 손상이 생기는 것을 발견했다. 이것은 세포막 파괴로 이어지는 현상으로, 인간의 경우 알츠하이머병 같은 질병과 관계가 있는 것이다. 연구자들은 간에 염증을 나타내는 화학적 표시들이 있는 것을 발견하기도 했는데, 이것은 버키볼에 온몸이 노출되었을 때의 반응을 암시해주는 것이었다.[76]

오버도스터는 버키볼에 오염된 물이 물벼룩 같은 수생 갑각류에게 치명적이라는 점도 알아냈다. 그녀가 검사한 벼룩의 절반이 [버키볼에—옮긴이] 노출 된지 이틀 만에 죽었다.

나노 분자의 문제는 이 기술이 매우 새롭기 때문에, 그리고 이로 인해 발생할 수 있는 부작용에 대한 연구가 거의 없었기 때문에, 이것이 환경(인간을 포함해서)에 미치는 영향이 무엇인지 알지 못한다는 점이다.

[하지만—옮긴이] 태국 연구원들은 이런 결과들 때문에 고급 자스민 쌀 같은 쌀 종자들을 개량하기 위해 나노생물공학 프로젝트에 착수하는 것을 포기하지는 않았다. 연구자들은 분자 광선을 사용해서 쌀의 세포에 나노크기의 구멍을 뚫은 후 질소 원자를 주입한다. 질소 원자는 식물에 새로운 특성들을 촉발하는 쌀 DNA의 변화(인위적인 변이)를 자극한다.[77] 치앙마이 대학Chaing Mai University의 과학자들은 나노기술을 사용해서 카오캄Khao Kam 쌀의 잎과 줄기 색깔을 보라색에서 녹색으로 바꿨다.

유명한 상표들을 포함한 200개의 초국적인 식품 회사들이 나노 기술에 투자하고 있다고 한다. 이들이 상업적인 시장에 내놓기 위해 만들어낸 돌연변이 동식물이 세상에 출시되면 환경에 어떤 영향을 미칠까? 나노기술로 만들어진 식품이나 나노분자를 함유하고 있는 식품은 어류와 갑각류뿐만 아니라 인체와 소화기에 어떤 영향을 미칠까? 변이된 종들이 출시된 후 한 차례 더 변이하여 농장의 울타리에서 벗어나게 되면 어떤 일이 일어날까?

다시 말하지만, 아무도 모른다. 캐나다 보건국의 한 연구원이 논평한 것처럼 "이것 때문에 나는 바보처럼 겁이 난다."

유기오염물질 (부패물, 똥, 병원균 등)

Organic Contaminants (A.K.A. Rot, shit, and disease germs)

1970년대에 캐나다 퀘벡지방에서 "썩은 고기 사건"le scandale de la charogne이라고 언론에 알려진 큰 소동이 일어났다. 조사자들은 이곳의 수많은 육류업자들이 상한 고기를 포장해서 파는 것을 적발했다. 보도에 따르면 조직적인 범죄가 연루되어 있었고, 썩은 고기는 온타리오 등 다른 지방이나 아마 미국에도 트럭으로 운반되었던 것으로 나타났다.[78] 이 이야기는 몇 주 동안 신문의 머리기사를 장식했고 이후 정부 조사과정에서도 주목받았다. 사람들은 체포되고 공장은 문을 닫았다. 그래서 모든 사람들은 이 문제가 해결되었다고 생각했다.

이 때문에 많은 캐나다 사람들은 2003년에 다시 한 번 상한 고기에 대한 신문기사를 읽으며 강한 기시감을 느꼈던 것이다. 이번에는 온타리오 주의 에일머Aylmer였는데, 이곳에 있는 한 공장이 인간이 먹기에 안전하지 않은 고기를 운송했다는 의혹을 샀다.[79] 이 공장은 두주동안 폐쇄되었고 제품은 리콜되었다. 하지만 에일머의 신문 머리기사 잉크가 채 마르기도 전에 또 다른 이야기가 터져 나왔다. 이번에는 온타리오 주의 킹스턴Kingston에 있는 한 포장 공장으로, 이곳은 최소한의 보안만 유지되는 피스버그 시설Pittsburgh Institution 출신의 죄수들로 사실상 운영이 되다가, "의심 가는" 육류검사 관행과 연루되었다는 이유로 폐쇄된 것이다.[80] 수감 시설에 있는 다른 수감자들이 먹는 제품들을 주로 생산하는 이 공장은 조사 중에는 면허가 중지되었다.

이 사건들은 지역 선거의 쟁점이 되었고, 온타리오 주에서는 식품 안전성에 대한 공식적인 사법적 재심리가 이어졌다. 이 재심의 결과는 2004년에 559쪽짜리 보고서로 발표되었는데, 이 보고서에서는 "온타리오에서는 식품에 의한 질병이 중대한 공중보건 문제"라고 명기하고 있다.[81] 이 문장이 강조하고 있는 것처럼 2004년 8월에는 캐나다 식품 조사국Canadian Food Inspection Agency이 대장균에 오염된 것으로 추정되는 쇠고기분쇄육ground beef을 리콜 하라는 명령을 내렸는데, 이것은 기록된 것 중에서 가장 큰 규모의 리콜이었다. [이로 인해—옮긴이] 최소한 7개 지방과 6개 식품 체인이 영향을 받았다.[82]

멀리 서쪽에서는 캐나다 해안 지방인 브리티시 컬럼비아British Columbia 주에서 연속살인을 벌인 한 양돈업자가 인간 희생자의 살을 돼지고기에 섞었을지도 모른다는 보건당국의 발표가 나오자 대중은 훨씬 더 큰 충격에 휩싸였다. 지방 보건 공무원인 페리 켄달Perry Kendall은 "윤리적인" 이유 때문에 이 뉴스를 발표해야한다는 압박을 느꼈다고 말했다.[83]

이런 일은 캐나다에서만 일어나는 일이라고 생각하고 싶은 미국사람들이 있다면, 1997년에 출간된 니콜스 폭스Nicols Fox의 조사서 『엉망이 된 식품체인에 대한 위험한 진실』*Spoiled : The Dangerous Truth about a Food Chain Gone Haywire*에서 드러난 충격적인 사실들을 참조해보는 것이 좋을 것이다.[84] 저자는 미국의 오염된 식품과 이 식품들이 이것을 먹은 사람들의 생명과 건강에 미친 파괴적인 영향에 대한 이야기를 하나하나 열거하고 있다. 좀 더 최근에는 『패스트푸드의 제국』*을 쓴 베스트셀러 작가 에릭 슐로서Eric Schlosser가 독자들에게 다음과 같이 경고했다.

> 1996년 USDA가 발표한 전국적인 규모의 연구에 따르면 가공공장에서 채취한 쇠고기분쇄육ground beef 샘플 가운데 7.5퍼센트는 살모넬라에, 11.7퍼센트는 리스테리아 모노사이토제네스Listeria monocytogenes에, 30퍼센트는 황색포도상구균Staphylococcus aureus에, 그리고 53.3퍼센트는 가스괴저균Clostridium perfringens에 오염되어 있었다. 이 모든 병원균들은 사람을 병들게 할 수 있다. 리스테리아에 의한 식중독에 걸리면 입원치료를 받아야 하고, 5명 중 1명은 사망에 이를 수 있다. USDA 연구에서 쇠고기분쇄육의 78.6퍼센트는 주로 대변에 들어있는 물질을 통해 확산되는 미생물들을 함유하고 있었다. 식중독의 원인에 대한 의학문헌에는 완곡한 표현과 건조한 과학 용어(대장균 수치, 호기성 평판계수법aerobic plate counts, 소르비톨sorbitol, 맥콘키 한천MacConkey agar 등)가 넘쳐난다. 어째서 햄버거를 먹으면 우리가 심각한 병에 걸릴 수 있는가를 이런 말들보다 더 간단하게 한마디로 설명해주는 말이 있다. 고기 속에 똥이 들어 있기 때문이다.[85]

이것이 있는 그대로의 진실이다. 육류업자들은 문자 그대로 우리에게 똥을 먹이고 있는 것이다(이것에 대해서는 뒷장에서 더 자세히 다루도록 하겠다). 고기가 유일한 위험원은 아니다. 캐나다인들이 쇠고기분쇄육 대량 리콜 사태에 대한 소식을 접하고 있을 때 미국인들은 신선한 농작물이 "식품을 통해 전달되는 질병 예방의 새로운 영역"이라는 경고

---

* 에릭 슐러소, 『패스트푸드의 제국』, 김은령 옮김, 에코리브르, 2001.

를 듣고 있었다. 살모넬라 식중독이 발생해서 5개 주의 3백 명 이상이 병을 앓았는데, 로마 토마토가 오염원으로 추정되었다.[86] 미국 질병통제 예방센터에 따르면 7천 6백만 명의 미국인들이 매년 식품을 통해 전달되는 질병에 걸린다고 한다. 이 중에서 32만 5천 명 정도가 입원하고 5천 명이 죽는다.[87]

살충제 Pesticides

"살인"homicide에 있는 접미사 "-cide"가 나타내는 것처럼 살충제 pesticides라는 말은 무언가를 죽이기 위해 일부러 고안된 물질이다. 그 외의 목적은 없다. 물론 애초의 목적은 "해충"만 죽이는 것이었다. 이때 해충이라고 하는 것은 일반적으로 곤충 같은 생명체로서 인간의 이해관계와 공존할 수 없는 것을 말한다. 하지만 안타깝게도 벌레를 죽이는 화학물질은 많은 경우에 인간과 동물에게도 치명적이다. 해충을 대상으로 살포한 것도 문제지만, 이것이 시간이 지나면서 인간 같은 의도하지 않은 비대상종들의 몸에 농축되기 때문이다. 이것이 의도하지 않은 그런 대상들에게 반드시 죽음에 이를 정도로 치명적이지는 않더라도 해를 입히거나 쇠약하게 만들거나 불구로 만들 수도 있다.

2002년에 미국의 〈환경 연구 집단〉EWG은 유기농산물을 먹으면 살충제(성장 중인 유기체의 뇌와 신경계를 손상시키는 유기인산군organopho-sphorus group에 속해있는 살충제들 등)에 대한 노출 정도가 감소하는지를 확인해 보기 위해서 시애틀에 있는 두 집단의 미취학 아동들을 검사해 보았다. 검사 결과 일반적인 방식으로 자란 식품을 먹은 아이들이 유기농 식품을 먹은 아이들보다 "6배에서 9배 더 많은" 잔류 살충제를 축적하고 있다는 사실이 드러났다. 이 연구의 연구원들이 지적하는 것처럼 많은 양의 유기인산 살충제에 노출된 아이들은 골암과 뇌암, 소아백혈병에 걸릴 위험이 높다.[88]

"금지된 과일"Forbidden Fruit이라는 이름으로 시행된 〈환경 연구 집단〉의 또 다른 연구에서는 미국 FDA 기록에 올라 있는 샘플들을 분석하여 유기농이 아닌 식품 샘플에서 발견된 오염물질의 절반 가까이가 사실상 법적으로 금지된 살충제라는 점을 확인했다. "가장 오염된 열 가지 식품은 딸기, 피망, 시금치, 체리, 복숭아, 캔털롭[멜론의 일종—옮긴이], 셀러리, 사과, 블랙베리, 청완두였다."[89]

따라서 유기농이 아닌 관행농 식품을 먹는 아이들과 어른들은 치명적인 암과 다른 병에 걸릴 확률이 상당히 더 높은 것이다.

트랜스 지방산 Trans-Fatty Acids

트랜스 지방산 혹은 트랜스 지방은 금속 촉매제와 수소가 포함된 식물성 액체 기름을 가열하여 인공적으로 만들어진 고체 지방이다. 이것은 식물성 기름을 쇼트닝과 마가린으로 굳히기 위해 상업적으로 대량 생산된다. 하버드대 영양학과Harvard University Department of Nutrition에 따르면

> 식품제조자들은 식물성 기름 일부를 수소로 처리해서 리놀렌 산linolenic acid 같은 지방산을 파괴하기도 한다. 이 지방산은 시간이 지날수록 산화되면서 역한 냄새가 나기 때문이다. 프렌치프라이와 여러 패스트푸드를 만들 때 사용하는 기름도 일반적으로는 바로 이 부분적으로 수소 처리된 기름으로, 트랜스지방을 함유하고 있다. 상업적으로 판매되는 구운

제품들에는 [기름이 — 옮긴이] 변질되는 것을 막아주는 트랜스 지방이 들어있다.[90]

식품 제조회사 입장에서 트랜스 지방은 수많은 장점을 가지고 있다. 가공된 식품이 선반에서 버틸 수 있는 시간을 연장시켜줄 수도 있고 감자와 도넛에 더 많은 맛을 첨가해줄 수도 있으며 크래커와 쿠키가 더욱 바삭거리고 사각거리게 만들 수도 있다. 트랜스지방은 식품의 겉모습을 향상시키고 값싸게 만들어주기도 한다.

트랜스 지방을 점점 더 많이 소비하고 있는 인간들에게는 안타깝게도 트랜스지방에는 부정적인 속성들도 많이 있다. 2003년에 토론토의 『글로브 앤 메일』은 이것을 자신들의 웹사이트에 다음과 같이 요약해놓았다.

> 안 좋은 소식은 이 제품(트랜스지방산)이 심장질환에 걸릴 위험을 증가시킨다는 사실이다. 트랜스지방이 지방 퇴적물로 혈관을 막을 수 있는 저밀도 지방단백질을 증가시키고, 다른 퇴적물들을 청소해주는 고밀도 지방단백질 수치를 낮춘다는 점이 밝혀졌다. 14년에 걸친 미국의 한 연구는 34세와 59세 사이에 있는 8만 명의 여성 간호사들을 대상으로 무엇을 먹고 있는지 정기적으로 보고하게 하여 이 정보를 심장병을 일으킨 사람들의 정보와 비교했다. [이를 통해 밝혀진 — 옮긴이] 한 가지 결론은 트랜스지방이 포화지방보다 심장혈관 계통에는 두 배나 더 안 좋다는 것이었다. 또한 트랜스지방 소비가 2퍼센트 증가할 때마다 심장병이 발생할 상대적인 위험이 두 배가 되었다……."
> 산업계에서는 포화지방의 높은 (팜유와 코코넛유에 들어있는) 콜레스테롤 섭취로 인한 위험성에 대한 경고 때문에 소비자들이 정당하게도 식단에 들어있는 포화지방에 대해 경계하게 되자 트랜스지방을 특히 [많이 — 옮긴이] 사용하게 되었다. 기업들은 자신들의 제품을 콜레스테롤이

없다거나 포화지방이 적다라는 식으로 광고했지만 트랜스지방이 많은지 적은지에 대해서는 전혀 언급하지 않았다.[91]

트랜스지방은 심장병뿐 아니라 당뇨병과 알츠하이머병의 위험이 증가하는 것과도 관련되어 있다. 하버드대 영양학과 웹사이트에 따르면 "매년 발생하는 약 3만 건의 조기 심장병 사망은 트랜스지방산 소비 때문인 것으로 추정된다."[92]

이미 알려진 바와 같이 우리 식품 속에 들어있는 "스타" 성분들의 목록은 완성된 것도, 하나도 빠짐없이 작성된 것도 아니다. 다만 우리가 섭취했을 때 "내부물질"이 될 수 있는 "외부물질" 몇 가지를 간단하게 설명했을 뿐이다. 만일 일반 슈퍼마켓 고객이 이 목록을 보고 취약하다고 느낀다면, 이 감정은 이용할 수 있는 정보에 대한 건전하면서도 정신적으로 건강한 반응일 것이다.

이러한 상황이 **무엇 때문에** 나타나게 되었는가를 묻는 것도 정상적인 반응이다.

4

엑스파일

앞장에서 보여준 바와 같이 북미의 식품 속에 들어있는 영양물질들은 최소한 지난 50년 동안, 어쩌면 더 오랫동안 꾸준히 줄어들었다. 그러는 동안 같은 음식물 안에서 독성이 있거나 있다고 추정되는 오염물질들의 양은 최근 몇 년 동안 늘어나고 있다.

수백 가지 음식물과 그 안에 있는 수백 가지 영양 물질들을 수학에서 하는 것처럼 그래프 하나에 도표로 그리는 것은 불가능하지는 않아도 골치 아픈 일이다. 하지만 이것을 할 수 있다면 그 추이는 X자 모양으로 나타날 것이며, 두 선이 교차하는 지점, 즉 X자의 중앙은 수확이 없는 지점이 될 것이다. 다시 말해서 이 지점 이후부터 음식물은 최소한의 영양학적 가치만을 가지고 독극물의 역할을 하게 된다. 말 그대로 **음식의 종말** 지점인 것이다.

우리는 그 교차 지점에 빠르게 다가가고 있다. 어쩌면 우리가 지구

온난화의 부정적인 영향(이 시대의 또 다른 거대한 환경적 위협)을 느끼게 되기도 전에 이 지점에 이르게 될지도 모른다.

그 이유가 무엇일까? 무엇이 이런 일을 일으키고 있는 것일까?

북미에서는 이러한 경향에 관심을 기울이는 사람들이 거의 없기 때문에 그 원인에 대해서 관심을 갖는 사람은 더 없다. 대체로 소위 "유기" 농업을 옹호하는, 눈물겨울 정도로 적은 수의 독립적인 연구원들이 시범적으로 진출[해서 연구—옮긴이]하기는 했지만 대부분의 경우 이 주제는 무시당했다.

북미가 아닌 다른 지역에서는 그렇지 않다. 많은 과학적 연구와 보고서들이 분명하고 정확하게 일상적으로는 "공장형 농업"이라고 일컫는 기업/산업적 농업의 지배적인 시스템을 지목하여 비난하고 있는 것이다. 텔레비전 드라마 〈엑스 파일〉의 스컬리와 멀더가 지적하는 것처럼 "진실은 저 멀리" 즉, 북미의 주류 언론과 대체로 기업의 연구비로 지원을 받는 과학 기관들 밖에 있는 것이다. 진실을 찾기 위해서는 미국이나 캐나다의 경계를 넘어서, 산업의 사금을 지원받는 과학이 [우리가 현실을 제대로 보지 못하게 하기 위해—옮긴이] 가려놓은 구역들을 넘어서 발을 내딛어야 한다.

과학적 증거를 들여다보기 전에 어떻게 산업농업 시스템이 현재에 이르게 되었는지, 그리고 그것이 무엇을 대신하여 들어서게 되었는지에 대한 최소한 대략적인 이해가 있는 것이 좋을 것이다. 오늘날 북미에 살고 있는 사람들 중에는 (농촌세계에 직접적으로 매여 있는 극소수의 사람들을 제외하고는) 이 이야기를 알고 있는 사람들이 많지 않다. 그러므로 이 이야기는 최소한 간단하게라도 반복해서 이야기할 가치가 있다.

아메리카 대륙이 불안정해진 이유

헨리 데이빗 소로Henry David Thoreau가 『월든』*Walden*을 집필하던 1850년대 초반에는 미국과 캐나다에 있는 과반수의 사람들이 농업에 종사했다.

1993년에 이르면 그 수는 2퍼센트에 미치지 못하게 된다.[1]

농부이자 사회비평가인 웬델 베리Wendell Berry는 그 사이, 그 중에서도 특히 2차 세계대전 이후의 시기를 "아메리카가 불안정해진 시기"the unsettling of America라고 부른다.[2] 이 당시에는 도시로 많은 인구가 집단적으로 이동하면서 농업공동체의 인구가 연이어 줄어들게 되었다. 이것은 어떤 부분에서는 기술적 유인에 의한 대이동이었고, 어떤 부분에서는 경제적인 대이동이었으며, 다른 부분에서는 오도된 것이긴 하지만 고의적인 "사회적 조작"social engineering(여기에 대해서는 뒷장에서 더 자세히 다루도록 하겠다)의 결과물이었다.

기술적인 유인에는 기술화를 비롯해서 일련의 집약적인 "투입물 중심"high-input 경작 방식이 포함된다. 이런 자본집약적인 전후의 경작 방식은 북미와 서유럽에서 처음으로 성숙되었는데, 이곳에서는 중장비에 연료를 공급할 때 필요한 석유 제품들이 상대적으로 저렴했고, 필요한 비료, 살충제, 제초제를 만드는 화학 기업들이 몰려있었기 때문이다. 이로 인해 곧 풍년이 들고 옥수수, 밀 등 여러 상품들의 잉여가 많이 창출되면서 "즉석에서 히트"를 쳤기 때문에 대부분의 대학 농학과 교수진과 정부의 공개 강좌서비스에서는 이것을 급속하게 규범으로 받아들였다. 1950년대 후반과 1960년대 초반에 소위 녹색혁명에 착수한 과학적 식물 재배자들은 이것을 기본적인 모델이라고 생각했고, 녹색혁명은 산업농 모델을 전 세계에 전수했다. 일부 사례에서는 산업농업을 제3세계 정부에 원조 조건으로 강요하기도 했다.

이런 이야기에 익숙하지 않은 사람들을 위해 설명하자면, 녹색혁명은 과학을 개도국의 식품문제에 적용할 목적으로 공적인 자금을 받아 연구하는 노력으로 시작된 것이었다. 필리핀에 있는 〈국제 쌀 연구소〉International Rice Research Institute(IRRI)와 멕시코에 있는 〈옥수수와 밀 개량을 위한 국제 연구소〉International Center for Maize and Wheat Improvement (CIMMYT)의 과학 연구원들이 힘을 합쳐 공동으로 진행한 연구에서, 특히 미국의 노르만 볼로그Norman Borlaug는 빠르게 성장하는 인구의 수요를 충족시키기 위해 강력한 비료를 정기적으로 공급해주고 치명적인 살충제와 제초제를 잘 피하기만 하면 높은 산출을 낼 수 있는 새로운 식물종을 개발하는 데 주력을 쏟았다.[3] 아주 제한적인 관점에서 볼 때 초기의 결과는 상당히 긍정적이었지만, 한정된 경제, 사회, 환경 요인들 이상의 것들을 고려하지 않았다.

몇 년 후 고든 콘웨이Gordon Conway와 쥴즈 프리티Jules Pretty는 간과된 몇 가지 요소들을 살펴보고 그 상황을 다음과 같이 요약했다.

> 산업활동은 항상 오염으로 귀결됐다. 하지만 대부분의 역사에서 농업은 환경친화적이었다. 산업 기술이 영향을 미치기 시작했던 18세기와 19세기에도 농업은 꾸준히 자연적이고 생태적인 과정에 의존했다. 남은 작물은 흙 속에 들어가거나 아니면 가축들에게 사료로 먹여졌고, 거름은 흡수되고 이용될 수 있는 양만큼 땅으로 돌아갔다. 전통적인 혼합농업은 폐쇄되고 안정적이며 지속가능한 생태계 시스템이기 때문에 외부효과는 거의 발생하지 않았다.
>
> 제2차 세계대전 이후로 이 시스템은 붕괴되었다. 선진산업국의 농장 규

모는 점점 더 커지고 그 수는 적어졌으며, [농경 작업은—옮긴이] 고도로 기계화되고 합성 비료와 살충제에 의존하게 되었다. 지금은 더욱 전문화되어 곡물사업과 가축사업이 지리적으로 분리되어 있다. 잔여 곡물과 가축 배설물은 과거에는 재순환되었지만, 이제는 농부들이 처리방법을 두고 골머리를 앓는 폐기물이 되었다. 지푸라기는 태워버린다. 이것이 가장 값싸고 빠른 처리방법이기 때문이다. 가축은 대부분 농장의 사료를 먹이면서 실내에서 키우는데, 이 농장에 있는 경작할 수 있는 땅은 가축의 배설물을 [자연적으로—옮긴이] 흡수하기에 충분하지 않다.[4]

가족단위에서 감당하는 일이었던 농업은 비개인적인 대규모 산업 모델로 재조직되었다. 유기적이고 지역적이며 농업집약적이고 가족중심적이며 다각적인 "혼합 농법"에 의존하여 여러 가지 작물들이 돌아가면서 자라고 다양한 가축들이 같은 농장에서 사육되던 전통적인 시스템은 천천히 사라졌다.

반면에 산업 농업은 비전통적이고 비유기적이며 국제적, 자본집약적이며 시장지향적이고 획일성을 기초로 하는 시스템이다. 이제 더 이상 식품은 재배하는 것이 아니라 고도로 전문화된 공정을 거치는 강철이나 자동차 부품처럼 제조하는 것이다. 야외의 공장에서.

과거에 전통적인 농장에서는 한 해 옥수수를 키우면 그 다음 해에는 콩이나 알팔파를 키우는 식으로 다양한 작물들을 돌아가면서 키웠다. 땅의 영양 물질을 꾸준히 갱신시켜주고, 각각의 밭에 있는 미세환경을 꾸준히 변화시킴으로써 질병과 해충들이 재생산되는 것을 막기 위한 것이었다. [하지만—옮긴이] 이제는 "단일한 작물을 꾸준히 경작하는 방식"이 지배적이다. 다시 말해서 교배종 옥수수처럼 바로 이익을 낼 수 있는 똑같은 작물이 똑같은 밭에서 해가 지나도 바뀌지 않고 재배된다는 것이다. 새로운 작물을 심는다면 [작물재배 과정에서 소실된—옮긴이] 흙의 영양물질들이 복원되겠지만, 이런 경작방식 때문에 꾸준히 빠져나가게 되는 것이다.

예를 들어서 옥수수는 "중질소"heavy nitrogen 작물로 성장할 때 많은 양의 토양 질소를 필요로 한다. [따라서—옮긴이] 1년 동안 옥수수를 키우고 나면 그 밭의 질소 저장량은 심각하게 떨어진다. 콩이나 완두콩 같은 콩과 식물들은 질소를 뿌리에 집중시켜서 다시 한 번 토양에서 이용할 수 있게 만들어주는 식으로 질소를 "고정"시킨다. 전통 농업의 농부들은 옥수수 농사를 짓고 나면 콩 농사를 짓곤 했다. 하지만 산업농의 목적은 매년 단일 작물의 생산을 극대화하는 것이다. 약간이라도 이윤이 낮은 다른 작물을 1년 아니 한 계절이라도 심는 것은 "있을 수 없는" 일이다. 그 대신 유실된 질소는 자본집약적이고 천연 가스 및 석유 연료 집약적인 다양한 기법으로 비유기 농축제품을 제조하는 공장에서 구입한 화학비료로 즉시 대체한다. 한때는 콩농사로 충분했던 [토질—옮긴이]보충작업을 이제는 값비싼 비유기 화학물질을 몇 포대씩 들여서 수입을 근근이 유지하며 하고 있는 것이다. 시간은 돈이기 때문에 공장형 농장에서 일하는 임금노동자들은 최대한 빠르게 이 비료포대를 부려놓아야 하는데, 그러다보니 이 비료포대는 종종 [내용물이—옮긴이] 절반 정도 남은 상태에서 국소 하천과 배수 도랑에 버려져 지역의 수로를 오염시키기도 한다.

산업농은 이 화학적인 복원에 드는 비용을 지불하기 위해서 당장에 가장 높은 재정적 이윤을 가져다주는 작물만 꾸준히 심어야 한다. 화학비료에만 비용이 들어가는 것이 아니다. 매년 단작 시스템이 해충과 질병 유기물에게 바치는 부자연스러울 정도로 풍요로운 잔칫상을 관리하기 위해서는 살충제와 제초제가 절대적으로 필요하다. 예전에는 농부가 밭에 다른 작물을 심으면 해충의 생명 사이클이 파괴될 수 있었지만, 이제는 매년 속속들이 좋아하는 먹잇감이 갖춰져 있어서 사실상 천국과도 같은 곳에서 이 벌레는 꾸준히 향연을 벌이고 재생산할 수 있게 된 것이다! 물론 곤충이 엄청나게 번창하는 것을 막을 수 있는 유일한 방법은 (유전적 조작이 출현할 때까지는) 점점 더 치명적이고 점점 더 비싸지는 화학적 살충제를 사용하는 것이었다.

기업/산업농의 표어는 소위 시카고 경제학파의 경제 이론에 근거한 "효율성"이라는 말이다. 하지만 이것은 매우 근시안적인 한계를 가진 효율성이다. (설명의 편의를 위해 일부러 과장해서 말하자면) 이것은 다음과 같은 상황을 낳는다.

만일 아이오와 주 같은 곳의 토양과 날씨가 켄터키나 다른 주보다 옥수수를 재배하는 데 더 도움이 되면 미국의 모든 옥수수는 아이오와에서 재배하고 켄터키 주는 옥수수 사업에서 손을 떼야 한다. 다른 모든 주들도 마찬가지다. 또한 아이오와 주는 콩이 아닌 다른 작물을 재배해서는 안 된다. 또한 서스캐처원Saskatchewan에서 밀을 재배하는 조건이 캐나다의 다른 지방보다 더 좋다면 오직 서스캐처원만 밀을 재배하고 다른 지방은 이를 시도해서는 안 된다. 서스캐처원도 밀이 아닌 다른 작물을 재배하려고 애쓰느라 시간을 낭비해서는 안 된다. 해가 갈수록 아이오와 주의 곳곳에는 교배종 옥수수만 자라게 되고, 서스캐처원에서는 밀만 무성하게 자라게 된다. 값비싼 화학적 "투입물"이라는 점에서 이렇게 부자연스러운 시스템을 유지하기 위해 무엇이 필요하던지 간에 그것은 정당화된다. 오늘날의 사업부문에서 장부의 손익점에 눈이 가있는 기업 회계사들에게 있어서 이것은 모두 "효율성"을 위한 것이다.

현실세계에서 이것은 미친 짓이다. 기업형 농장이라 해도 이렇게 극단까지는 가지 않는다. 하지만 이것이 회계사들이 지향하는 모델에 가까운 것은 사실이다.

또한 우리가 식료품점에서 공급받는 식품들의 실제 내용물은 이러한 사고의 결과를 보여주고 있다. 이미 언급했던 것처럼 북미에서 과학적인 증거를 찾는 것은 쉽지 않지만, 다른 곳에서는 가능하다.

비중있는 증거

이 증거에 관심 있는 사람들에게 좋은 출발점이 될 수 있는 것은 스위스 취리히의 〈스위스 연방 기술연구소〉Swiss Federal Institute of Technology의 농경학자이자 토양과학자인 아흐마드 모자파Ahmad Mozafar 박사가 1994년에 영어로 출간한 책이다. 그는 이 책에 『식물 비타민 : 농경학적, 생리학적, 영양학적 측면들』*Plant Vitamins : Agronomic, Physiological and Nutritional Aspects*이라는 지루하고 교과서적인 제목을 붙였다. 412페이지에 달하는 이 책은 여름날 토요일에 해변에 가져가서 읽을 만한 종류의 책은 아니다.

하지만 (먹어야 살고 건강을 유지하고 싶어 하는) 우리는 이 사람에게 빚을 지고 있다. 그는 현대적인 경작 방식이 우리의 저녁 식탁에 오르는 식품의 질에 어떻게 영향을 미치고 있는가에 대해 1994년 당시 가장 완벽하고 철저하게 과학적으로 연구·조사하여 이를 집대성하는 엄청난 노력을 했던 것이다. 이것은 상당히 비중이 있는 증거자료다. 그가 이 책을 통해 수백 가지의 연구를 영어로 인용하고 요약하기 전까지는 관련된 연구들이 여기저기 산만하게 흩어져있고 미국이나 캐나다 사람들은 거의 읽지 못하는 언어를 사용하는 나라에서 발행되는, 눈에 잘 띄지 않는 학술 저널에 숨어있었다. 모자파가 책의 서문에서 밝히고 있는 것처럼

> 식물 비타민에 미치는 요소들에 대한 문헌들이 비영어(독어, 러시아어 등) 저널에서는 상대적으로 많이 발표되었기 때문에 영어권 과학자들은 대부분 이를 인식하지 못했다. 그래서 "시대"에 관계없이 수집할 수 있는 모든 문헌을 인용하기로 결심했는데 이것은 a) 이용할 수 있는 다른 문헌들이 없었기 때문이거나, b) 가능한 한 많은 내용을 포괄하고 싶었기 때문이다…… 표나 그래프 형태로 되어 있는 자료 샘플도 포함시키기로 결심했는데 …… 그 중 일부는 전세계 대부분의 도서관에서 비치되지 않은 저널에 등재되었던 것들이다.[5]

모자파의 선구적인 작업에 뒤이어 1997년 터프츠 대의 영양과학 및 영양정책 대학School of Nutrition Science and Policy at Tufts University의 지원을 받아 "농업 생산과 영양"이라는 주제로 보스턴에서 국제회의가 열렸다. 이 회의에서는 수많은 선구적 논문들이 제출되었는데, 여기에는 2장에서 언급되었던 영국의 앤마리 메이어의 보고서를 비롯해서 독일, 스웨덴, 리투아니아, 인도, 가나 등지의 나라 출신 과학자들이 작성한 논문들이 있었다. 이것은 나중에 『농업 생산과 영양 : 국제회의 자료집』*Agricultural Production and Nutrition : Proceedings of an International Conference*이라는 제목으로 출판되었다.[6]

2002년에는 이 주제에 초점을 맞춘 또 다른 과학적 회의가 캐나다 토론토에서 열렸는데, 여기 제출되었던 자료들이 『발채소 생산의 생태적으로 건전한 비옥화 전략을 향하여』*Toward Ecologically Sound Fertilization*

*Strategies for Field Vegetable Production*이라는 제목으로 출간되었다.[7] 이 세 가지 주요한 선집들 외에 영어로 되어 있는 것은 산발적인 개인 연구들뿐인데, 산타크루즈 캘리포니아 대학에 있는 일본 과학자인 조지 무라모토Joji Muramoto 박사가 엽채소에 들어있는 질소에 대해 연구한 것이 여기에 해당된다(아래를 보라).

북미에서는 찾기가 그렇게 어려운 이 연구들이 우리에게 말하고 있는 것은 무엇인가? 우리가 오늘날 지배적인 산업농의 경작 방식을 유지하면 곤란해질 것이라고 말하고 있다.

다시 말해서 그런 결론을 도출하기 위한 폭넓은 근거들을 제공해주고 있는 것이다. 산업농 시스템이 어떤 예외도 없이 모든 경우에 우리 먹거리를 파괴하고 있다는 것을 보여주는 (상상할 수 있는 가장 예외적인 환경에서조차 가능한 모든 단서들을 뛰어넘는) 절대적이고 아주 분명한 연구는 존재하지 않는다. 과학은 그런 식으로 돌아가지 않는다. 과학은 절대적인 것은 다루는 것이 아니기 때문이다.

물론 방어할 수 없는 것을 방어하고자 하는 많은 사람들은 우리가 그렇게 생각하기를 바란다. 담배산업에 종사하는 "연구원들"은 수십 년 동안 수많은 독립적인 연구에도 굽히지 않고 "흡연과 암" 혹은 흡연과 심장병 등의 "사이에는 아무런 관계가 없다"고 주장했다. 이들은 가능성 있는 다른 원인이 없는 상태에서, 20년간 담배에 중독된 존 스미스 씨가 정확히 21만 6천 번째의 담배를 피워서 이것이 유일하고 결정적인 원인으로 작용하여 그의 몸에 폐암을 유발했다는 사실을 증명하지 못한다면, 아무리 억지를 피우더라도 이 둘[흡연과 암—옮긴이]을 연결시키는 "과학적인" 근거가 전혀 없는 것이라고 주장했다. 이것은 홍보 전략으로서는 놀랄 만큼 오랫동안 효과가 있었지만, 결국 이 담배 강매자들은 집단 법률 소송에서 신체적 피해에 대해 수십억 달러를 물어줘야 했다. 지금 북미에서 뉴스거리가 되고 있는 정크푸드와 비만 논쟁[8]이나 핵산업이 인체에 저준위 방사능이 미치는 영향에 대해 오랫동안 부정해왔던 것도[9] 언젠가는 비슷한 결과로 이어질 수 있을 것이다.

산업적인 농업 때문에 발생할 수 있는 결과가 어떤 모습으로 나타날지는 그렇게 분명하지는 않다. 이 체제를 옹호하는 많은 사람들은 (빛나는 원형적 모델인 노르만 볼로그Norman Borlaug처럼) 완벽하게 존경할만하고 신망 있는 과학자로 수년간 자신들의 주장을 받쳐줄 수 있는 확실한 자료들을 축적해 놓았다. 이들은 담배 회사들의 사이비 과학적인 홍보캠페인과는 하늘과 땅 차이만큼 벌어져있다. 또한 이들의 동기는 부정할 수 없을 정도로 숭고할 때가 종종 있다. 바로 굶주리는 사람들을 먹이고 질병을 줄이는 것이다. 식품 산업의 최고경영자들이 어떤 음모와 계획을 세우던 간에 이들을 받쳐주고 있는 과학자들은 그렇게 만만하게 상대할 수 있는 악당이 아니다.

하지만, 이들은 찾아내기 어렵고 영어로는 이해할 수 없는 증거에 대해 알고 있을까? 이들은 프랑스어와 독일어, 러시아어, 불가리아어, 일본어, 이란어로 된 문헌을 읽어보았을까? 신뢰할만하고 타당한 농업 연구가 반드시 위스콘신 대학이나 텍사스 A&M, 데이비스 캘리포니아 대학, 영국 레딩대학, 캐나다 겔프대학에서만 진행되었던 것은 아니다. 최고의 과학자들은 때로 기대하지 않았던 장소에서 나타나기도 한다.

예를 들어 모자파가 요약해서 보여준 몇 가지 연구들을 살펴보자. 몇몇 연구는 인공적으로 생산된 비유기성 질소 비료를 자연적으로 생산된 유기(즉, 탄소 혼합물을 기본으로 하는) 질소 비료와 비교하면서 이것이 식물에 미치는 영향을 다루고 있다.

고등학교 화학 수업을 열심히 듣지 않았던 사람들은 질소(화학기호는 N)를 자연적으로는 지구의 대기에서 기체 형태로 나타나며(공기의 78퍼센트는 질소가 차지한다) 대부분의 생명체가 목숨을 유지하는 데 필요한 기본적인 물질중 하나로만 알고 있을 것이다. 어떤 생명체는 우리처럼 질소를 호흡하면서 들이마시지만 어떤 생명체는 다른 방식으로 질소를 얻어야 한다. 식물은 뿌리를 통해 질소를 흡수하는데, 이때 식물이 흡수하는 질소는 순수한 형태는 아니다. 질소가 식물을 통해 흡수되기 위해서는 먼저 다른 화학물질들과 함께 식물이 흡수할 수 있는 혼합물로 변환되어야 한다. 콩이나 완두 같은 콩과科 식물들을 심으면 뿌리에 집중되어 있는 유익한 박테리아가 질소를 흡수해서 식물이 사용할 수 있는 형태로 바꾼다. 동물의 배설물도 토양에 섞여서 자연적으로 분해되어 식물이 이용할 수 있는 질소를 함유하고 있다.

유럽 연구자들은 1884년에 대기 중의 질소를 수소와 공업적으로 결합시켜 암모니아(NH3)라고 하는 혼합물질을 만드는 이론적 기초를 발견했는데, 이 암모니아는 오늘날 대부분의 비유기적인 비료를 제조하기 위한 최초의 원료로 사용되고 있는 혼합물질이다. 평방 인치당 2천 2백 파운드 이상의 압력과 4백에서 5백도에 이르는 온도를 가하면 3H2+N2(고온과 고압) = 2NH3라는 반응식에 따라 두 요소들이 결합된다.[10] 이 결과 만들어진 암모니아는 약 82퍼센트가 질소이며, 압축하면 액체가 되어서 물에 40퍼센트까지 흡수될 수 있다.

『서부 비료 핸드북』*Western Fertilizer Handbook*은 다음과 같은 추가사항을 덧붙이고 있다. "공기를 통해 공급되는 질소는 사실상 무제한적이긴 하지만, 수소원은 제한되어 있다. 미국에서는 거의 모든 현대적 암모니아 생산 시설들이 수소원으로 천연가스를 사용하고 있다. 암모니아

일 톤을 만들기 위해서는 여기에 들어가는 수소를 공급하기 위해 3만 3천 입방 피트의 천연가스가 필요하다. 석유에서 정제되어 수소가 풍부한 탄화수소인 나프타 같은 대안적인 원료가 해외 공장에서 빈번하게 사용되기도 한다."[11]

간단히 말해서 이것은 엄청난 양의 재생할 수 없는 자원을 사용하는 중공업적인 과정이다. 그리고 질소 암모니아 같은 단일 영양물질 비료에서부터 다양한 양의 인과 칼륨을 질소와 섞은 복합 영양물질 비료에 이르기까지 여러 가지 비료를 만들 때 암모니아를 혼합물질로 활용하는 뒤이은 과정들도 마찬가지로 중공업적인 과정이다.

공업적으로 제조된 여러 가지 비유기성 질소 비료들은 농축된 상태로 땅에 뿌렸을 때 퇴비나 콩 작물 같은 유기성 질소원과는 아주 다른 방식으로 작물 및 토양에 반응할 수 있다. 이것은 비유기성 물질들과 함께 자라는 식물의 영양소에 영향을 미칠 수 있다. 모자파 박사의 412쪽짜리 이야기 중에서 훌륭한 부분은 바로 이 대목이다. 그의 문헌연구 중 5장에서 그는 다음과 같이 적고 있다.

> [무기성] 질소 비료를 많이 사용하게 되면서 중요한 두 종류의 채소인 토마토와 감자에 들어있는 아스코르브산[비타민 C]이 감소하고 있다는 것을 보여주는 보고서들이 많이 있다. 감자와 토마토는 인간이 영양소를 섭취하는 데 있어서 비타민 C의 주요한 공급원이기 때문에 이러한 작물들을 생산할 때 질소 비료를 많이 사용하면 장기적으로 어떤 결과가 나타날지에 대한 연구가 필요하다.
> 질소 비료는 여러 가지 브라시카 종Brassica species(브뤼셀 스프라우츠brussels sprouts, 콜리플라워, 양배추), 근대, 시금치 같은 엽채소에 들어있는 아스코르브산의 농도를 낮출 수도 있다.[12]

질소비료의 양이 증가하면서 해당 채소의 물리적인 크기와 함께 산출량(에이커 혹은 헥타르 당 생산된 작물의 양)이 증가하곤 한다. 물론 이 때문에 생산자들은 순 판매량의 관점에서 "더 많은 현금을 끌어 모으게"되어 행복해할 것이다(코미디언 데이빗 레터맨David Letterman이 좋아하는 "양量, 양, 양. 이게 게임의 이름이라고!"라는 대사처럼). 하지만 양과 질이 항상 함께 하는 것은 아니다. 모자파의 글에 따르면 "헥타르당 질소를 600킬로그램 뿌리게 되면 양배추 결구의 무게는 거의 세배 증가(결구당 535.6그램 대 1836.5그램)하지만 아스코르브산 함량이 34퍼센트 가량 줄어들었다(질소를 추가하지 않은 곳은 1백 그램 당 71.0밀리그램[의 아스코르브산—옮긴이]이고, 600킬로그램의 질소를 추가한 곳에는 46.8밀리그램이었다)고 소렌센Sorensen은 밝혔다."[13]

양배추가 더 커지기는 하지만, 비타민 C의 양이 훨씬 더 적어지는 것이다.

모자파는 질소를 많이 사용했을 때 나타날 수 있는 또 다른 예기치 못한 결과에 대해 지적하고 있다.

> 질소 비료 사용과 식물이 자라고 있는 땅의 종류는 과일과 채소가 수확된 지 한참 지난 후, 즉 이것들이 저장되거나 가공되는 과정에서도 그 안에 들어있는 아스코르브산의 양에 영향을 미칠 수 있다 …… 사과의 경우 요소尿素[(NH2)2CO, 질소를 가장 많이 농축하고 있는(46퍼센트) 고체 질소 비료]를 잎에 뿌리면 신선한 과일 상태에서는 비타민 C의 양에 영향을 미치지 않았지만, 수확한 뒤에 요소 처리된 나무의 과일들은 요소처리를 하지 않은 나무의 과일들보다 더 빠른 속도로 비타민 C를 잃어갔다.[14]

더욱 불길한 것은 모자파가 인용한 연구에서 "식물에 질소 비료를 많이 사용하면 비타민 C의 양이 감소할 뿐 아니라 사람이 먹는 부분에 있는 NO3[질산염]의 농도가 때로 위험한 수준까지 증가할 수 있다"고 밝히고 있다는 점이다.[15] 그는 "질소비료를 많이 사용하면 과일과 채소의 영양학적 질에 이중적인 부정적 영향을 미치는 것으로 보이는데, 질산염의 양이 증가하면서 동시에 아스코르브산의 양이 낮아지고 있기 때문이다"[16]라고 덧붙이고 있다. 앞장의 내용을 통해 떠오르겠지만, 질산염은 아질산염으로 분해될 수 있는데, 이 아질산염은 충분히 농축되면 인체에서 잠재적으로 암을 유발하는 니트로사민으로 전환될 수 있다.

질소 외에 가장 평범한 무기 비료의 두 가지 성분인 인과 칼륨에 대해서 모자파의 조사 자료는 다음과 같이 밝히고 있다. "토마토를 재배할 때 질소를 넣지 않고 인을 조금만 넣었더니 가장 많은 양의 아스코르브산을 함유하게 되었다고 카네시로Kanesiro 등이 보고했다."[17] 반면에 "칼륨 비료를 사용하면 여러 가지 많은 식물의 아스코르브산 함량이 증가하지만, 너무 많거나 너무 적은 [칼륨]비료를 사용한 식물은 적정량을 공급받은 것보다 더 적은 양의 아스코르브산을 함유하게 될 수 있다."[18]

뒷장에서 모자파는 무기(비유기성) 비료와 유기(자연적인, 탄소에 기초한) 비료의 사용에 대해 비교한 후 결과의 차이에 대해 살피고 있다. 모자파에 따르면

> 여러 가지 식물 보호용 화학물질과 함께 비유기성 비료만을 너무 많이 사용하는 것이 관행농의 특징이다. 하지만 "대안적인" 방법은 비료의 재료로 똥거름이나 퇴비, 뼈 가루 같은 혼합물질만을, 혹은 그것들을 주로 사용하고 살충제, 제초제, 살균제 같은 보호용 화학물질은 적게 사용하

거나 전혀 사용하지 않는 것이다. 이를 통해 만들어진 농작물들은 인공 보존물질이나 염색제를 사용하지 않은 채로 공급된다 …… 여기서 우리는 관행농과 유기농이 식물의 비타민 함량에 미치는 영향에 대해 주목하고 있다.[19]

수많은 연구를 언급하면서 그는 먼저 "유기 비료를 사용하면 대부분의 식물 비타민 농도에 영향을 미치지 않지만, 예외적으로 티아민만 비유기성 비료 대신 유기 비료로 재배된 식물에서 더 높게 나타나는 것 같다"고 말했다. "하지만 현재까지 수행된 연구의 수는 상대적으로 적기 때문에 분명한 결론을 도출하기는 어렵다."

다시 말해서 비유기성 질소를 비롯한 여러 비료를 많이 사용하면 이로운 비타민 C가 감소하고 몸에 해로울 수 있는 질산염이 증가할 수 있지만, 유기원의 질소를 사용한다고 해서 일반적인 수확의 증가나 티아민(비타민 B1)이 증가할지도 모르는 가능성을 제외하고는 즉각적인 영향이 나타나지 않을 수 있다.[20] 하지만 주목할 만한 예도 몇 가지 있는데, 예를 들어 "유기 비료로 재배한 시금치와 저장용 비트Spinacia oleracea L. var. circla는 수확량이 적었지만 비유기성 비료로 재배한 것보다 질산염이 더 적고 더 많은 아스코르브산이 함유되어 있었다고 슈델Schudel 등은 밝혔다."[21]

모자파의 연구에는 인용되지 않았지만, 캘리포니아에서 수행한 최근의 연구에서도 비슷한 결과가 나왔다. 조지 무라모토 박사는 캘리포니아 주의 유기농장과 비유기농장에서 채취한 엽채소의 질산염 함량을 비교하여 "관행농으로 재배한 시금치는 유기농으로 재배한 샘플보다 상당히 높은 수치의 질산염을 함유하고 있었다"는 것을 알아냈다.[22] 채취한 샘플 중에서 비유기성으로 관행농에서 재배된 시금치 샘플의 83퍼센트가 유럽연합에서 법으로 정한 질산염 기준치를 초과했다.

식물 비타민에 미칠 수 있는 영향은 무시하더라도 "유기 비료로 재배한 식물과 무기 비료로 재배한 식물 간의 가장 일관된 차이중 하나는 유기비료로 재배한 식물의 질산염 함량이 더 낮다는 점이었다"고 모자파는 강조한다.

다시 한 번 말하자면 모자파는 수확량으로 측정되는 식물에 대한 즉각적인 결과뿐만 아니라 수확 후에도 장기적으로 이어지는 화학물질의 영향에 대해서도 지적하고 있다.

> 유기 비료로 재배한 채소는 **일정한 저장 기간이 지난 후에** 원래보다 더 많은 양의 아스코르브산을 보유하게 되는 것처럼 보였다. 또한 시금치는 비유기성 비료가 아닌 유기성 비료로 재배되면 저장기간 동안에 원래보다 더 많은 양의 비타민 C를 함유하게 되고 (혹은 더 적은 양을 유실하게 되고) 질산염은 더 적게 쌓였다.[23]

미량영양소와 다량영양소

인공적으로 생산되는 대부분의 비료에 들어있는 친숙한 성분인 질소, 인, 칼륨은 식물의 생장에 필요한 영양물질 전체 중에서 극히 일부에 불과하며 이 세 가지는 식물을 수확할 때 식물조직 안에 함유되어 있다는 점을 인식해야 한다. 식물학자들은 식물 안에는 들어있는 최소한 60가지 화학 성분들을 확인했는데, "금, 은, 납, 수은, 비소, 우라늄" 같은 것들도 여기에 포함된다.[24] 하지만 이것들 모두가 (스폭 씨Mr. Spock 가 말하는 것처럼) 식물이 "오래 살고 번성하는데" 꼭 필요한 것은 아니다. 과학자들은 수년간의 실험을 시행한 후 "정상적인 식물의 생장과 발달을 위해" 절대적으로 필요한 요소는 17가지라고 결론 내렸다.[25]

이것은 미량(건조한 상태의 물질 100mg/kg 이하)만 있으면 되는 여덟 가지의 소위 "미량영양소"와 많은 양이 필요한(건조한 상태의 물질 1000mg/kg 이상) 아홉 가지의 "다량영양소"로 나뉜다.

미량영양소

몰리브덴 (Mo) molybedenum
니켈 (Ni) nickel
구리 (Cu) copper
아연 (Zu) zinc
망간 (Mn) manganese
붕소 (B) boron
철 (Fe) iron
염소 (Cl) chlorine

다량영양소

황 (S) sulfur
인 (P) phosphorus
마그네슘 (Mg) magnesium
칼슘 (Ca) calcium
칼륨 (K) potassium
질소 (N) nitrogen
산소 (O) oxygen
탄소 (C) carbon
수소 (H) hydrogen

물론 이미 언급한대로 과학은 절대적인 것을 다루는 일이 아니다. 미래 어느 날 식물학자들이 18번째 혹은 19번째 요소를 덧붙여 이 목록을 개정하는 것도 충분히 있을 수 있는 일이다. 하지만 지금 당장은 총 17가지다. 또한 상업적으로 제조된 비유기성 비료 대다수는 질소(한 가지 요소)만 함유하거나 질소, 인, 칼륨(친숙한 NPK 삼총사) 세 가지를 함유하고 있다.

필수적인 17가지 성분 중에서 세 가지인 것이다.

상업 비료에는 세 가지 숫자로 구성된 번호가 매겨지는데, 이것은 비료의 “등급”을 일컫는 것으로 비료 안에 들어있는 질소N와 인산염 P_2O_5, 잿물K_2O의 무게 비율을 나타내는 것이다. 예를 들어 무수성 암모니아에 ”82-0-0“라고 되어 있으면 이것은 질소가 82퍼센트 함유되어 있고, 인이나 칼륨은 들어있지 않다는 의미가 된다.

만일 질소, 인, 칼륨을 제외한 나머지 14가지 필수 요소들이 제조된 상업 비료에 들어있지 않고, 이미 지속적인 단작과 독한 살충제와 제초제의 꾸준한 사용 때문에 토양의 영양물질들이 고갈된 상태라면 식물은 이것들을 어디에서 얻을 수 있을까?

음 …… 글쎄, 어험 …….

주로 기업을 통해 연구지원기금을 받는 토양과학자나 농경제학자와 이야기를 나눠보면, 여타의 모든 필수 요소들은 토양 안에 풍부하게 들어있기 때문에 비료로 보충해줄 필요가 없다는 말을 듣게 될 것이다. 계속 질소만 퍼부어주면 더욱더 많은 산출량이 나오고 더 큰 토마토가 열리면서 작물 스스로 자기 일을 알아서 한다. 결국 자연은 자동적으로 다른 요소들을 공급해준다[는 것이 그들의 논리다—옮긴이].

그렇다. 바로 그것이다.

하지만 2장에서 언급했던 식품 표를 들여다보자. 정말로 그런가?

모자파도 이 주제에 대해 할 말이 있는 사람이다. 그는 발표된 연구가 상대적으로 적다는 사실을 언급하면서 현재 존재하는 증거들을 통해 드러나는 점은 "대부분의 기타 [미량 및 다량] 영양소의 공급을 늘리면 여러 작물과 여러 실험 조건 하에서 아스코르브산의 농도가 늘어나는 것 같다는 점"이라고 밝히고 있다.[26] 예를 들어 그는 칼슘을 가지고 진행한 몇 가지 실험을 인용했는데, 이 실험들에 따르면 "칼슘 공급을 늘리면 우리가 알고 있는 모든 경우에서 몇 가지 작물의 아스코르브산 함량이 높아지는 것으로 보인다."[27]

실험들은 영양물질들이 늘어나면 식물의 비타민 C가 늘어난다는 것을 보여줄 뿐 아니라, 그 반대, 즉 영양물질의 공급을 줄이면 비타민 C에 부정적인 영향이 미친다는 사실을 보여주기도 한다.

> 어떤 미량영양소가 결핍되면 일부 식물에서 아스코르브산의 함량이 줄어드는 것으로 알려져 있다. 예를 들어, 플로리다의 감귤류의 경우 아연, 마그네슘, 망간 혹은 구리가 부족할 때 이것을 사질토양에 넣어주면 과일의 아스코르브산 함량이 늘어나는 것으로 보고되었다.[28]

비타민 C가 아닌 다른 비타민들의 경우 "수집한 정보가 제한적이라는 전제 하에, 다양한 무기질 영양물질들을 식물에 사용하면 대부분의 기타 연구대상 비타민들의 농도에 긍정적인 영향이 나타난다."[29]

결국 이것은 간단한 상식의 문제인 듯하다. 식물이 생장하기 위해서 17가지의 영양물질들이 필요한데 한 가지(질소), 혹은 세 가지(질소, 인,

칼륨)만 넣어주는 것이 최선의 전략일 수는 없을 것이다. 이렇게 해서 작물의 순크기와 부피가 늘어날 수 있을지는 몰라도 이 작물을 진정으로 건강하고 영양소가 풍부하며 비타민과 무기질이 다량 함유되어 있는 식품으로 만들기에는 충분하지 않으리라는 점은 자명하다.

하지만 1장에서 언급한 것처럼 산업적인 영농 생산에 있어서 최고의 목표는 식품점 선반에 올라가는 식품의 부피와 물리적인 외양(크기가 중요하다!)이다. 영양분이라는 것은 목록에 올라가지도 않는다.

1997년 터프츠 대학 회의에서 발표된 논문들은 모자파의 연구 결과를 지지해주고 있다. 예를 들어 독일 과학자인 요하힘 라우프Joachim Raupp는 다름슈타트Darmstadt에 있는 〈생명 역학 연구소〉Institute for Biodynamic Research에서 17년이라는 상당히 긴 기간 동안 수행한 한 연구에 대해 보고했는데, 이것은 유기비료와 비유기비료가 몇 가지 작물의 수확량과 품질에 미치는 영향에 대한 것이었다. "모든 채소의 경우 무기질 비료를 사용했을 때보다 퇴비를 사용했을 때 질산염의 함량이 상당히 줄어들었다. [퇴비를 사용하면] 무기질[비유기, 미네랄 비료]을 사용했을 때에 비해 질산염의 함량이 당근은 약 57퍼센트, 비트는 74퍼센트, 감자는 60퍼센트 줄어들게 된다는 것이 지난 4년간 밝혀졌다"고 라우프는 보고했다.[30]

그는 또한 여러 가지 비료들이 수확된 식물의 저장능력에 미치는 영향에 대해서도 언급했다.

> 감자, 당근, 비트를 절반으로 자르거나 아니면 얇게 썰어서 비닐봉지나 보존용기 속에 담아 실온에서 3주에서 5주 동안 보관하면 차이가 명확하게 나타나는데, 대부분의 경우 퇴비로 기른 것에서 좋은 결과들이 나왔다. 무기질 비료를 특히 중간 이상으로 투입해서 기른 채소들은 썩거

나 부분적으로 분해되어 미끈거리거나 아니면 흰 곰팡이가 생기면서 갈변했다. [하지만—옮긴이] 일반적으로 퇴비로 생산한 작물들은 거의 약간만 변하고 곰팡이가 적게 슬었다. 아벨Abele(1987)은 인상적인 그림들과 함께 이런 관찰결과를 기록해두었다 …… 대부분의 미네랄 비료 샘플들은 비위가 심하게 상했다.[31]

가나 출신의 연구자들은 아프리카의 토양 종류에 초점을 맞춘 논문을 발표하면서 다음과 같이 요약했다. "사람과 동물이 먹는 음식은 이들의 건강 상태를 크게 좌우한다. 토양에 어떤 영양물질이 부족하면 식물 또한 부족하게 될 것이고, 궁극적으로는 인간과 동물에게도 부족하게 될 것이다."[32]

2002년 토론토에서 있었던 원예학대회 참가자들도 비슷한 결론을 도출했다. 특히 일본과학자들은 두 가지 대중적인 동양의 엽채소들을 가지고 유기비료를 사용했을 때와 화학 비료를 사용했을 때 나타나는 결과를 비교했다.[33] 일본과학자들의 결과는 다음과 같았다.

유기비료를 사용한 결과 엽채소의 품질이 향상되었는데, 즉, 질산염의 농도가 떨어지고 당분과 비타민 C의 농도가 높아졌다. 유기비료로 재배한 채소와 화학비료로 재배한 채소들 간의 품질의 차이는 비타민 C와 질산염의 농도비율로 더욱 명확하게 나타났다.[34]

여러 가지 변수들

비료 원료의 선정과 그 농도만이 질감, 맛 혹은 영양소 등과 같은 채소의 최종 품질에 영향을 미치는 것은 아니다. 일군의 여러 변수들이 관련되어 있는데, 여기에는 대부분의 농부와 경작자들이 어떻게 해볼 수 없는 기본적인 토양의 종류, 장기적인 지역 기후, 경작하는 곳의 단기적인 국지 기상 같은 것들도 포함된다. 이들로 인한 영향에서 어느 정도 자유로울 수 있는 것은 온실재배자 뿐이다.

재배자들이 통제할 수 있는 변수들 중에는 재배할 작물의 종류 선택(1장에서 간단히 토마토 문제를 다루었다), 정확히 언제 작물을 따거나 수확할지에 대한 선택, 작물을 수확하는 방식, (가능한 경우) 관개 방식, 저장 및 가공 방식에 대한 선택 등이 있다. 이러한 요소들 각각은 영양학적 품질의 측면에서 작물을 잘 만들어 내거나 망치게 할 수 있고, 각 요소들이 결합하면 서로 상호작용을 일으켜 다양한 승수효과를 낼 수 있다.

북미에서는 이런 변수들 가운데 어떤 것에 대해서도 별다른 연구가 이루어지지 않았다. 하지만 최소한 일부 사람들은 수확방식이 작물의 품질에 미치는 영향에 대해 살펴보았다. 그리고 [여전히 — 옮긴이] 토마토 같은 작물에 관해서는 맛이나 영양소가 전혀 중심적인 문제가 되지 않았다.

캘리포니아에서는 채소와 과일의 수확 시기와 식물종에 대한 선택은 부분적으로는 노동관계 아니 어쩌면 노동 착취를 할 수 있는 잠재력에 따라 좌우되었다. 수십 년간 스페인어로 로스 브라쎄로스los braceros라고 하는 멕시코이주농장 노동자들은 수확기의 캘리포니아 재배자들에게 필수적인 존재였다. 멕시코 남성, 여성, 어린 아이들로 구성된 가족 전체가 엄격하게 일시적이라고 규정된 미국 입국허가를 받아서 상대적으로 적은 일당을 받으며 뜨거운 태양 아래서 뼈가 바스러질 정도로 힘든 노동을 수행하며 들판에서 일했다. 의료보장도, 연금도, 지주의 채찍에 시달리지 않을 수 있는 방어물도 없는 상태였다. 이들 덕분에 캘리포니아의 재배자들은 더 많은 임금과 더 나은 노동조건을 요구했을 것이 분명한 미국 태생의 농장 노동자들과 협상할 필요가 없었다. 이 계절노동자들을 손쉽게 착취할 수 있었기 때문에 캘리포니아의 재배자들은 손으로 따기에 적합한 종들을 선택할 수 있었던 것이다.[35]

그러다가 세자르 차베스Cesar Chavez와 함께 그가 조직한 〈전국 농장 노동자 조합〉United Farm Workers Union이 등장하게 되었다. 1960년대에는 캘리포니아 재배자들의 노예나 다름없었던 고된 노동을 하던 농장노동자들이 갑작스레 공평한 임금과 더 나은 노동조건을 요구하면서 맞서 싸우기 시작했다. 이주민들은 1930년대와 40년대에 미국 노동자들에게 적용되었던 규정들이 자신들에게도 적용되어야 할 때가 되었다고 마음을 굳혔던 것이다.

그 결과 큰 격돌이 일어났고, 이것이 진행되는 동안 일부 재배자들은 농장노동자조합과 협상하여 노동자들의 임금과 노동조건을 향상시켜 주었지만, 어떤 재배자들은 멕시코인늘이 군말 없이 노예 같은 조건을 이어가야 한다고 주장하면서 멕시코인들의 요구에 단호하게 맞섰다.

파업과 심지어는 전국적인 농산물 보이콧이 일상적인 일이 되었다. 착취를 멈추라는 압력이 정부에 계속 쌓여갔는데, 값싼 외국 노동력과 미국출신 노동자들 간의 경쟁에 막을 내리고 싶었던 미국 노동조합 또한 이 압력집단의 일부였다. 1964년 12월 미국 정부는 계절제이주노동자 프로그램을 공식적으로 폐지하였고 이로서 재배자가 착취할 수 있었던 값싼 멕시코 노동력의 공급이 중단되었다.

싸움이 한창 진행 중이었을 때, 전국농장노동자조합이 물러서지 않을 것이 분명해보이자 이들에게 생계임금을 지불하고 공정하게 대우해주는 것과 수확기에 [계절제이민—옮긴이]노동자들을 아예 받아들이지 않는 것 사이에서 선택해야 할 입장에 놓인 재배자들은 후자의 선택사항을 놓고 고민하기 시작했다. [이로써—옮긴이] 계절제이민노동자들을 대체할 수 있는 수확기계를 개발하려는 노력이 촉발된 것이다. 데이비스 캘리포니아대에 있는 연구원인 한나G.C.Hanna는 1950년대에 이러한 상황을 예견하고 수확기계가 거칠게 다루어도 견딜 수 있는, 벽이 두껍고 단단하며 고무 같은 토마토 종(줄여서 빨간 테니스 공) 개발에 착수하기 시작했다. 1961년에 그는 이미 이런 일을 해낼 수 있는 최소한 두 가지 종(VF 145A와 VF145B)을 개발했다. 그 뒤를 이은 식물 육종업자들 또한 "비타민이 약간 적긴" 하지만 질기고 단단한 종을 꾸준히 개발했을 것이다.[36] 그와 거의 동시에 캘리포니아 대학에 있는 한나의 동료들은 재배자들로부터 자금을 지원받아 성공적인 토마토 수확기계를 고안해냈다.

이민자 반대 웹사이트에 올라있는 한 글은 외국인 혐오증의 색채를 살짝 띠고는 있지만 이것과 관련된 이야기를 상세하게 전해주고 있다.

> 나는 데이비스 캘리포니아대에서 동력과 기계학을 전공하고 있기 때문에 포도, 복숭아, 토마토 같은 작물을 수확하는 기계를 개발하고 있는 사람들과 접촉할 일이 있었다. 토마토 프로젝트는 특히 흥미 있었다. 여러 사람들이 다양한 방식으로, 이를 테면 기계 처리를 견딜 수 있는 종을 개발하는 일에 참여하는 등으로 기여하고 있었다. 하지만 수확기계의 핵심적인 요소는 파악하기 어려운 상태였다. 1956년 헝가리 혁명을 피해 망명한 난민이었던 스티븐 슬루카Steven Sluka(이민자 중 일부는 쓸모가 있다!)는 땅에 늘어져 있는 줄기를 잘라서 들어 올린 후, 이 줄기에서 토마토를 털어낸다는 생각을 착안했는데, 이들의 생각은 결국 슬루

카의 착안에 이르게 되었다. 슬루카의 기법은 최초로 성공한 토마토 수확기계에 기초가 되었다.

캘리포니아의 재배자들은 작물을 손으로 수확해주던 노동자들을 더 이상 고용할 수 없는 상황에 직면했다. 정치인들과 노동계는 한 팀이 되어 계절제 노동자 프로그램을 중단시켰고, 그 결과 국내 노동자들에게 지불되는 임금이 올라갈 수 있었다. 하지만 데이비스 캘리포니아대의 연구자들은 재배자들로부터 자금을 지원받아 토마토 수확기계에 대한 테스트를 연속적으로 [원문 그대로임] 시행했다. 계절노동자들이 농장에서 걸어 나오자 수확기계들이 굴러들어가게 된 것이다.[37]

이 글을 쓴 사람의 마지막 문장은 "미국 농촌은 외국인들로 가득하다"는 탄식이다. 하지만 그는 (원래 거주하고 있던 원주민들First Nations Indian*을 몰아내고) 캘리포니아에 정착한 최초의 유럽인들이 스페인인들이었으며, 캘리포니아는 원래 멕시코의 영토였다는 점, 그러므로 스페인계가 아닌 캘리포니아인들이 진정한 "외국인들"이라는 점을 완전히 모르고 있는 듯하다.

오늘날 캘리포니아에서 재배되는 모든 가공 토마토는 기계로 수확하고 있다. 이로 인한 사회적인 결과는 무엇일까?

1962년에 수확기계가 도입되기 전 약 4천 명의 농부들이 캘리포니아에서 토마토를 생산했다. 하지만 9년이 지나자 이 재배자 중 6백 명 만 토마토를 생산하게 되었다. 새로운 기계가 도입되기 전에는 대부분 멕시코의 이주 노동자인 5만 명의 농장노동자들이 캘리포니아에서 토마토

* "First Nations"는 1970년대 이후 캐나다에서 원주민을 지칭하기 위해 "Indian"대신 사용되는 표현이다. First Nations는 캐나다의 원주민 중에서 Inuit나 Metis를 제외한 원주민을 통칭한다.

따는 일에 고용되었다. 그런데 1152대의 기계(기계 한 대당 약 8만 달러 정도다)가 이들을 대체하게 되었다.[38]

신선품 토마토 산업에 비슷한 결과를 가져올 수 있는 토마토 종에 대한 연구 또한 지속되고 있다. 여기서 곤란한 점은 신선품 시장에 출시되는 토마토를 기계로 수확하면 "선반에서 버틸 수 있는 수명이 줄어든다"는 점인 듯싶다. 왜냐하면 "기계 수확 때문에 발생하는 손상은 저장잠재력을 감소시키기 때문이다."[39] 오늘날의 기계적인 수확기가 작동되는 방식에 대한 묘사를 보면 문제가 잘 드러난다.

[기계 수확방식의 '대강 훑기' 원칙을 가지고 식물 전체를 잘라 수확기로 운반하고, 이 수확기에서 과실을 제거 한다 …… 수확기는 지표에서 혹은 지표보다 약간 낮은 곳에서 줄기를 자른다. 줄기는 땅에 떨어질 것처럼 늘어진 과실과 함께 반대방향으로 회전하는 픽업 원반과 복잡한 벨트에 의해 기계의 공급 컨베이어에 모이게 된다 …… 그 동안 과실을 매단 줄기는 공급벨트에서 왕복기계장치로 이동하게 되는데, 이 왕복기계장치가 흔들기 운동을 하여 과실이 가지에서 떨어져 나가게 한다. 과실이 분리되면 이것은 흔들기 장치 바로 아래 놓여있는 컨베이어로 옮겨진다. 과실은 이 아래쪽 컨베이어에서부터 길을 따라 분리벨트로 나누어진다.[40]

가공토마토들은 상대적으로 짧은 거리를 이동하기 때문에 이것들을 으깨고 퓨레*로 만들거나 혹은 액체로 만들어 토마토 페이스트, 케첩, 파스타 소스 같은 것들로 바로 만드는 공장들에게는 저장잠재력과 물리

* puree : 채소와 고기를 데쳐서 거른 것으로 만든 수프.

적 외양이 그렇게 중요하지 않다. 따라서 컨베이어 벨트를 지나며 자르고 흔들고 튀어 다니면서 생기는 상처는 그렇게 큰 문제가 아닌 것이다.

하지만 신선품 시장 산업이 캘리포니아와 플로리다에 집중되어 있기 때문에 슈퍼마켓에서 (토마토 제품이 아닌 손상되지 않은 완전한 토마토로) 직판할 것을 겨냥한 신선한 토마토들은 가공 토마토보다 더 먼 거리를 이동해야 하고 선반에서 더 오래 버텨야 하며, 판매지에 도착했을 때도 훌륭한 겉모습을 유지하고 있어야 한다. 마인즈Mines는 소비자들은 "겉으로 드러나는 완벽함을 요구한다"고 상기시켜준다.[41] 그래서 여전히 손으로 수확할 필요가 있는 것이다. 하지만 기업적으로 운영되는 들판에서 토마토를 수확한 뒤 트럭에 싣고서, 이제 더 이상 토마토를 기르지 않는 멀리 떨어진 주와 지방에 있는 슈퍼마켓까지 수백 마일을 달려가야 하기 때문에 여전히 더 단단한 종이 필요하다.

기계에 의한 수확과 장거리 운송 때문에 다른 방식으로 종자를 선택할 필요가 있다. 수확을 기계로 하게 되면 "재배자는 수확이 진행되는 동안 덜 익은 과실을 골라낼 수 없다. 그래서 토마토 밭의 85퍼센트 이상이 동시에 익지 않으면 재배자가 작물의 많은 부분을 희생시켜야 한다."[42] 따라서 똑같은 모양과 크기로 동시에 익거나 장거리 트럭운반을 견뎌낼 수 있을 정도로 충분히 두꺼운 종류이거나, 혹은 이 두 가지 조건을 모두 다 갖춘 종류만이 고려의 대상이 될 수 있다. 과거에 손으로 따는 방식으로 재배되었던 비타민이 풍부하고 맛있는 수백 가지 헤어룸heirloom 종류는 이제 더 이상 재배되지 않고 있으며 조만간 폐기될 것이 틀림없다.

전반적인 메시지는 멕시코인들이든 미국인들이든 농장 노동자들에게 생계 임금을 지불하는 것보다는 소비자들이 결국 질기고 맛없고 비타민이 적으며 종류도 점점 적어지고 있는 토마토에 익숙해지는 것이 더 좋은 일이라는 것이다. 산업계에서 이런 것들을 만들어낼 수만 있다면 말이다.

기업형 토마토 재배자들과 이들의 하청 공급업자들에게 진실인 것이면 대부분의 다른 과일과 채소 작물들을 대규모로 재배하는 업자들에게도 진실이다. 살아남는 종이 무엇인지를 결정하는 것은 맛이나 영양학적 가치가 아니라 "효율적인" 대량 생산방식이다.

익은 것과 덜 익은 것

정확히 언제 작물을 수확하고 어떻게 익게 할지 선택하는 것 또한 식품, 특히 과일과 채소의 영양학적 구성에 영향을 미친다. 또한 여기서 다시 소비자보다는 산업의 요구가 우위를 점하는 것으로 나타난다.

가지에서 익은 상태로 수확한 (대륙을 가로질러 수백 심지어 수천 마일을 이동한 뒤 하루 이틀 정도 슈퍼마켓 선반에서 전시되는) 과일은 쇼핑객이 그것을 보게 될 때쯤이면 상하거나 썩기 십상이기 때문에 산업적으로 재배하는 사람들은 과일이나 채소가 자연적으로 익을 때까지 기다렸다가 수확할 여유가 없다. "옛날 옛적에" 지역 재래시장에서 판매하던 신선한 농산물들은 근처에 있는 재배자의 농장에서 트럭에 실어 짧은 거리만 이동하여 그날 판매하면 되었기 때문에 문제가 없었다. 하지만 지구적/대륙적 범위로 움직이는 집중된 전지구적 산업에서는 문제가 있다.

기업형 재배자들과 이들의 하청 공급업자들은 소위 "숙성된 녹색 혹은 단절" 단계에서 토마토 같은 과일을 수확함으로써 문제를 해결했다.

이 단계에서 빨간색은 농산물에서 희미하게만 드러나기 시작한다. 모자파의 설명처럼 과일은 "에틸렌 가스의 도움을 받아 목적지 시장에서나 이동하는 과정에서 '인공적으로' 익게 된다."[43] 이 단계까지도 기다리지 않고 식물이 아직 밭에 있을 때 여러 가지 용도의 살충제와 식물생장 조절제인 에테폰ethephon으로 처리하는 일도 종종 있다.

여기에는 몇 가지 배경 설명이 필요하다.

에틸렌C_2H_4은 냄새와 색깔이 없는 기체로 식물생장의 숙성단계에서 식물에 의해 자연적으로 만들어진다. 숙성중인 식물이 만들어낸 기체가 그 주위에 있는 대기에 갇혀서 유지되면 숙성과정의 속도를 배가시킨다. 에틸렌은 인공적으로 만들어질 수도 있다. 어떤 상업적인 제조자는 다음과 같이 설명한다.

> "죽음" 혹은 "숙성 호르몬"이라고도 알려져 있는 에틸렌은 식물의 생장, 발육 그리고 궁극적으로는 죽음과 같은 많은 과정을 통제하는 역할을 한다. 과일, 채소, 꽃은 자유롭게 움직이는 대기의 에틸렌 분자들을 흡수하는 포집 장소의 역할을 하는 수용기관들을 가지고 있다. 숙성을 촉진하기 위해 토마토, 아보카도, 바나나 등을 종이 봉지에 넣는 일상적인 행동은 농작물에 있는 에틸렌의 활동[을 촉진시키는—옮긴이] 한 예다. 종이봉지 안에서 농작물 자체가 방출하는 에틸렌의 함량이 높아지면 더 많은 에틸렌 발생을 촉발하기 위해 [일부가—옮긴이] 재흡수되고 [나머지는—옮긴이] 자극제 역할을 한다. 전반적인 효과는 숙성과 노화, 궁극적으로는 변질을 촉진하는 것이다.[44]

물론 대규모 식품산업에서는 그 누구도 과일을 숙성시키기 위해 종이봉투 같은 원시적인 방법을 사용하려 하지 않는다. 상업적인 공정들은 고도로 정교하고 값비싸며 온도와 습도가 통제되는 "숙성실"을 이용한다. 온도 통제기와 유량계로 모니터 되는 이 방들에서는 가장 일반적으로 에틸렌 발생기가 이용되는데, 이 에틸렌 발생기는 에탄올(알콜의 한 형태)과 여러 가지 촉매로 구성된 액체 화학물질을 가열하여 필요한 가스를 만들어낸다.

식물이 자연적으로 배출하는 소량의 에틸렌은 해가 없지만 이것이 산업적인 조건 하에 농축되면 매우 위협적일 수 있다. 에틸렌 가스와 공기를 섞어서 에틸렌 부피가 3.1퍼센트 초과하면 폭발이 일어날 수 있다. 숨이 막히는 듯한, 달콤한 냄새가 나는 이 기체는 마취제이자 질식제다. "증기의 농도가 높아지면 질식 때문에 갑자기 의식을 잃거나 사망할 수도 있다"고 수확 이후의 기술에 대한 선도적인 교과서 저자들은 경고한다.[45] 이들은 "사람이 아직 숨을 쉴 수 있을 때 신선한 공기로 환기시켜주면 일반적으로 의식을 빠르게 회복할 수 있다"고 안심시켜주는 말을 덧붙이고 있다. 액체 형태로 다루어지는 에틸렌은 피부나 눈에 화상을 일으킬 수도 있다. 숙성실 기술과 관련된 위험과 비용 때문에 일부 생산자들은 밭에서 에테폰을 사용하는 것을 더 선호하기도 한다.

에테폰2-Chloroethylphosphoric acid은 인위적으로 만들어진 화학물질로서, 약산성(pH5 이상)인 수용액과 혼합되면 즉시 물과 반응하여 에틸렌을 방출한다. 여러 가지 다양한 상표명으로 판매되는 이 화학물질은 색이 알맞게 든 과일의 비율을 극대화하기 위해서 수확하기 몇 주 전에 작물에 살포된다.

에테폰 또한 그렇게 안심할만한 물질은 아니다. 코넬 대학Cornell University의 〈독성학 공개강좌 네트워크〉Extension Toxicology Network 웹사이트에 따르면 이 혼합물질은 "현재 미국에서 사과, 보리, 블랙베리, 브로멜리아드*, 멜론, 체리, 커피, 면, 오이, 포도, 구아바, 마카다미아 열매, 관상용 작물들, 후추, 파인애플, 호밀, 호박, 사탕수수, 담배, 토마토, 호두, 밀 등에 대한 용도로 등록되어 있다."[46] 검사 결과 이것은 물고기뿐만 아니라 "메추라기와 청둥오리가 섭취했을 때 아급성 질환을 일으키는 약간의 독성이 있을" 수 있다. 통제된 실험에서 에테폰을 투약한 인간 피실험자에게는 "갑작스럽게 설사를 하거나 장운동에 문제가 생길 수 있으며 위경련, 가스, 소변의 긴박함이나 빈도의 증가, 그리고 식욕 감퇴 혹은 증가" 같은 일들이 일어났다는 보고가 있다. 연구자들은 동물과 인간 실험 대상자의 혈장에서 콜린에스테라아제의 활동에 변화가 일어났음을 보고하기도 했다.[47]

에테폰과 에틸렌이 더 명백한 문제를 가지고 있다고 해도 이것들의 가장 중요한 장점은 재배자들이 숙성을 통제할 수 있게 해준다는 점이다. 이는 기계를 통한 수확과 장거리 수송을 가능하게 해주기 때문이다.

소비자들에게 가장 중요한 두 가지 요소인 영양학적 가치와 맛에 이것들이 미치는 영향은 무엇인가?

다시 토마토를 예로 들어보자. 모자파의 조사에 따르면 수많은 연구들이 "줄기에서 익은 과일은 인공적으로 숙성된 과일들보다 아스코르브산[비타민 C]이 더 많다"는 것을 보여준다 ……." 인공적으로 숙성된 토마토보다 줄기에서 익은 토마토에 아스코르브산이 상대적으로 더 많이 함유되어 있는 이유는 서로 다르게 익어가는 과일들 안에 있는 아스코르브산의 합성(혹은 축적) 비율에 차이가 있기 때문인 듯하다."[48]

맛과 관련해서는 "완전하게 아니면 부분적으로 녹색일 때 혹은 단절 단계에서 수확되어 섭씨 20도에서 인공적으로 익은 토마토들은 익을 때

* 중남미에서 자라는 꽃

까지 줄기에 달린 채 내버려둔 토마토보다 덜 달고 더 시며, 더 많은 향이 쉽게 날아가고 토마토 맛이 더 적게 난다."[49]

인공적인 숙성은 두 가지 면에서 모두 실패작인 것이다.

물의 위험

특히 캘리포니아와 같은 주에서는 관개가 산업농업의 또 다른 핵심이다. "캘리포니아 전역에서는 9백만 에이커에 달하는 농장이 관개용수에 의존하고 있다 …… 이 주에서 개발된 물의 80퍼센트가 농업에 사용된다"고 『캘리포니아의 물 입문』*Introduction to Water in California*이라는 안내서에서 데이빗 칼David Carle이 밝히고 있다.[50] 산출량에 있어서 캘리포니아는 미국 농업에서 1위의 농업 주로서 국가 전체 농업 생산의 55퍼센트를 생산한다. 집약적인 관개시설이 없었다면 캘리포니아의 농업은 붕괴했을 것이라고 보는 것이 타당할 것이다.

아이러니하게도 캘리포니아 주가 북미 식량생산의 토대가 된 이유(토양, 특히 기후)는 이곳에 관개시설이 필요한 이유와도 일치한다. 캘리포니아는 기후학자들이 "지중해성" 기후라고 부르는 기후로서, 남부 이탈리아나 프랑스의 유명한 리비에라Riviera의 기후와 유사하다. 약 75퍼센트 정도 되는 대부분의 비는 겨울에 오고 여름은 가뭄이 자주 들 정도로 덥고 건조한 편이다. 가을에 남부 캘리포니아에는 덥고 건조한 산타 아나Santa Ana 바람이 불어오며, 이 지역에서 악명 높은 초원 화재가 일어난다.[51] 캘리포니아 주의 여러 곳들은 마치 임페리얼 밸리Imperial Valley와 모하비 사막처럼 완전히 건조하다.

전반적으로 온화한 날씨 때문에 연중 작물생산이 가능하지만, 가장 더운 몇 달 동안은 식량을 생산하려면 관개시설이 필요하다. 진짜 건조한 지역에서는 관개시설 없이는 아무것도 생산할 수 없다.

[그러면—옮긴이] 집약적인 관개는 작물의 영양학적 질에 어떻게 영향을 미칠까?

이 주제에 대한 문헌은 드물긴 하지만, 모자파의 연구는 물이 많이 사용될 경우에 특히 관개가 작물의 영양학적 질에 악영향을 미칠 것이라는 점을 밝혀주는 근거들을 충분히 제시했다. 그는 강우성 기후가 순무의 어린잎, 로즈힙, 양파, 페이조아feijoa* 열매, 건포도에 들어있는 비타민 C를 감소시킨다는 것을 보여주는 많은 연구들을 인용하고 있다. 그는 "통제된 조건 하에서 수행된 연구들은, 식물에 물을 더 많이 공급하면 양배추, 콜리플라워, 셀러리, 오이, 머스크멜론, 무, 강낭콩, 토마토의 아스코르브산 농도가 낮아질 수 있다는 점을 보여준다"고 덧붙이고 있다.[52]

물론 그렇다고 해서 식물에 물을 주는 것이 해로운 일이라는 의미는 아니며, 그보다 물에는 적정량이라는 것이 있어서 적정량보다 더 많은 양의 물을 주게 되면 영양소가 줄어들 수 있다는 것을 의미한다. 하지만 안타깝게도 상업적인 재배자들은 에이커 당 수확량을 유지하고 다양한 채소와 과일들의 물리적 크기를 관리하기 위해서 이 최적량을 넘겨야 할 수도 있다. 모자파는 이것을 다음과 같이 요약하고 있다.

> 그러므로 만일 관개 때문에 어떤 식물의 비타민이 줄어들게 되면 수확량과 맛, 그리고 비타민 함량 간에 거래가 일어나게 된다. 예를 들어 토마토의 경우 이 사실은 상대적으로 분명한데, 토마토는 건조한 환경에

---

* 남미산 상록수.

> 서 재배되면 수확량이 줄어들 수도 있지만 비타민C 함량과 맛이 동시에 향상되기 때문이다. 집에서 취미로 재배하는 사람들의 경우 토마토를 기를 때 물을 적게 주는 것을 고려해볼 수 있지만, 상업농부들의 경우 물이 적어서 토마토의 수확량이 적어졌을 때 발생할 수 있는 경제적 파급효과에 대해 고려하지 않으면 안 된다.[53]

관개의 또 다른 결과는 토양의 염도문제다. 토양에는 다양한 종류의 무기질 소금들이 함유되어 있는데, 그 중 일부가 토양수에 용해된다. 작물이 땅에서 습기를 받아들일 때 이 소금에서 물을 분리시켜 소금은 토양 속에 농축된다. 만일 토양이 이미 약간 염분을 머금고 있는 경우 여기에 관개를 하고 난 뒤 씨를 뿌리면 소금이 지표면으로 올라와 농축될 수 있다. 이 지역의 기후가 더우면 물의 증발작용 때문에 문제가 더 악화될 수 있다.

캘리포니아의 산 호아킨 밸리San Joaquin Valley의 남부에 있는 토양은 원래 자연적으로 염분을 띠고 있던 해양 퇴적층에서 만들어진 것이었고, 이 지역의 날씨가 더워서 증발작용이 많이 일어난다. 그 결과 염분은 이 계곡의 서부에서 특히 끊임없는 골칫거리다. 칼Carle에 따르면

> 염분이 증가해서 어떤 식물도 살 수 없는 지경이 되는 것을 막기 위해서는 농부들이 작물에 필요한 것보다 더 많은 물을 사용해야만 한다. 남는 물은 소금을 아래층에 있는 지하수로 쓸어내린다. [하지만—옮긴이] 토양 속에 불투과성 층이 있는 경우가 많다보니, 남는 물과 소금이 잘 빠져나가지 못하게 된다. 이것이 축적되어 다시 식물의 뿌리 부근에 이르게 되면 경작이 불가능해질 수도 있다. 중동의 비옥한 초승달지대를 포함해서 전 세계 곳곳에서 염분은 관개 농업의 역사적인 해악이었다

…… [산 호아킨 밸리의] 서부 급수지역Westlands Water District에는 캘리포니아에서 가장 심한 염분 문제가 있다.[54]

모자파에 따르면 "염분이 식물의 비타민 함량에 미치는 영향에 대한 정보는 아주 제한적이다." 하지만 염분은 "땅콩과 양배추의 잎, 그리고 토마토와 오크라*의 과실에 있는 아스코르브산 함량을 줄이는 것으로 나타났다."[55] 게다가 염화나트륨(소금)은 "무, 양배추, 상추, 토마토 잎사귀에 있는 카로틴의 농도를 낮추는 것으로 보고되었다."[56]

대규모 산업적인 작물 생산의 경우 이 사실은 명확하게 밝혀지지 않았다. 하지만 최소한 이 조합, 즉, 농축된 비유기성 비료, 엄청난 관개, 익기 전에 작물을 수확해서 인공적으로 숙성시키기, 영양학적 가치보다는 단단한 정도와 외양을 주로 따져서 식물종을 택하는 일 등이 영양이 풍부한 식품을 재배하는 최상의 방법이 아니라는 결론을 도출할 수 있는 증거는 충분하다.

산업적인 생산에서 필요한 제초제와 살충제에서 나온 독성 잔여물 문제까지 고려하게 되면 상황은 훨씬 더 암울해진다.

독성의 확산

식품 속에 들어있는 다양한 독성 화학 잔여물들의 확산에 대해서는 3장에서 설명했다. 언급했던 화합물 가운데 수백 가지는 농업이 아닌 다른 근원, 이를 테면 채굴, 제조업 공장, 자동차 배기가스, 헤어스프레이에서 가구 광택제에 이르는 화학제품, 석유 유출 사고 등과 같은 근원에

* 아욱과 닥풀의 일종.

서 발생한 것이다. 하지만 [이 중에서도—옮긴이] 식품의 실생산자들이 최악의 원인으로 손꼽히고 있는데, 1980년대에는 미국 환경청(EPA)에서 농업이 북미에서 가장 큰 비점 수질 오염원이라고 선언할 정도였다.

농장에서는 다량의 살충제, 제초제, 살균제가 지속적으로 사용되었거나 사용되고 있고, 그 외 여러 합성물질들이 식품을 저장하거나 운반하는 동안 사용되고 있다. 여기에는 이제는 금지된 DDT와 딜드린, 올드린 같은 치명적인 유기염소계 살충제에서부터, 이를 계승한 강력한 유기인산화합물과 카바메이트carbamate, 살충제로 쓰이는 약간은 좀 덜 해로운 기본적인 황 같은 것들이 망라된다. 캘리포니아 대학의 원예학자인 하츠T. K. Hartz의 말에 따르면 "유기인산화합물과 카바메이트 살충제는 채소를 비롯한 대부분의 작물에서 해충을 통제할 때 기본으로 사용되었다."[57] 아서 신시아 바스토우Author Cynthia Barstow는 "미국 환경청은 제초제의 60퍼센트, 살균제의 90퍼센트, 살충제의 30퍼센트를 발암성으로, 즉 암을 유발하는 물질로 간주하고 있다"고 강조했다.[58]

관행적으로 농가에서 사용하는 제초제는 "1960년대 중반 약 4억 파운드에서 1980년 경 약 8억 5천만 파운드로 증가했는데, 이는 대체로 작물 생산에서 제초제를 폭넓게 사용하게 된 결과다. 1980년 이후로 사용량은 약간 줄어들었는데, 최저치를 나타낸 1987년에는 6억 5천 8백만 파운드, 최고치를 나타낸 1996년에는 8억 6백만 파운드를 기록했다"고 바스토우는 덧붙이고 있다.[59]

미국 의회는 1996년에 〈식품 품질 보호법〉Food Quality Protection Act을 통과시켰는데, 이 법안의 목적은 9천 6백가지 살충제의 허용치 기준을 재평가하고 수정하는 것이었다. 하츠에 따르면 이 과정은 "많은 유기인산화합물이나 카바메이트 살충제 때문에 채소 작물 등록건수가 줄어드는 결과로 이어질 수도 있다."[60] 하지만 이것은 느리고도 시간이 많이 드는 일이며, 완료된다고 해도 이러한 독성물질들이 꾸준히 남아있는 것을 막지는 못한다. 이 물질들은 금지된 이후에도 수년간 우리 환경에서 떠돌아다닐 것이기 때문이다. 예를 들어 DDT는 30년 전에 미국과 캐나다에서 엄격하게 금지되었지만, 요즘에도 물고기 같은 식품원에서 심각한 오염원으로 꾸준히 지목되고 있다.[61]

북미에서 이제는 금지된 화합물들이 단순하게 꾸준히 잔류하는 것보다 더 안 좋은 것은 아직 금지되지 않은 다른 나라에서 수입해 온 식품 속에 이런 화합물이 들어있는 것이다. 이런 독성화학물질을 취급하는 업자들은 단순히 이것이 북미나 서유럽에서 제한되거나 금지되었다고 해서 독성물질의 제조를 중단하지 않았다. 돈에 눈이 먼 이들은 인간의 목숨이나 건강에 어떤 희생이 따르든 간에 개의치 않고 똑같은 위험물질을 제조해서 이것을 통제하는 법안을 이미 통과시킨 나라에 수출하고 있는 것이다.

또한 오늘날 기업의 재정적 지원을 받는 선 지구적인 식재료 거래에서 이런 물질에 오염된 농산물들이 다시 나타나 북미인들을 괴롭히고 있다. 바스토우는 다음과 같이 설명한다.

> 일부 다국적 화학회사들은 많은 양의 화학물질을 바다에 "버리거나" 판매한다. 그렇게 해도 괜찮기 때문이다. 여기서는 안 되지만 그쪽에서는 이것이 합법적이다. 미국의 제조업자들은 1990년에 4억 6천 5백만 파운드가 넘는 살충제를 수출했는데, 이중 5천 2백만 파운드 이상이 미국에서는 사용이 금지 혹은 제한되거나 아니면 아예 등록되지 않은 것이었다. 여기서 이와 관련된 윤리학에 대해서는 논하려는 것은 아니다. 대신 우리는 인간에게 치명적인 물질들을 살포한 음식에 어떤 일이 일어나게

되는지 간단히 살펴볼 것이다. 우리는 그것을 수입하고…… 먹는다. 사람들은 이것을 "부메랑 효과"라고 부르는데, 우리에게 엄청난 영향을 미치게 된다.[62]

그녀는 1986년에 "[미국에서] 불법적인 살충제 잔여물이 남아있는 [해외에서 들어온] 164개의 화물 중에서 73개가 판매지까지 큰 무리 없이 도착했다"고 적고 있다.[63]

독성물질을 금지하든 하지 않든, 이 독성물질이 전부터 있던 것이건 새로 도입된 것이건, 우리의 식품은 꾸준히 독성물질을 달고 있으며, 향후 몇 십년간은 꾸준히 그러할 것이다. 우리가 국제적인 기업형 식품 산업에서 먹을 것을 구입하는 한 이 사실은 변하지 않는다.

육류와 가공식품

과일, 채소, 곡물만 기업적/산업적 농업의 제조과정에서 영향을 받는 것은 아니다. 3장에서 이미 언급한 것처럼 핫도그에서 콘칩에 이르는 모든 것들이 대량생산 기술의 결과에 고통 받고 있으며, 시카고학파의 경제적 "효율성"을 중심으로 한 "논리"에 희생양이 되었다.

가금류의 예를 보자. 지금은 거의 사라진 가족농업 시대에는 대부분의 작은 사업체들은 몇 가지 가축들을 섞어서 키웠다. 내 유년시절 최고의 여름을 보냈던 미시건 주에 있는 내 사촌의 낙농업농장은 20마리 정도의 젖소를 키웠는데, 대부분이 홀스타인 프리지아 종으로, 여기서 짠 우유가 내 사촌의 주요 현금작물이었다. 하지만 그는 가족들에게 신선한 계란과 영계 고기를 연중 먹을 수 있게 해주는 닭도 키웠다. 가끔은 돼지를 몇 마리든 키웠고 내 기억에는 오리도 있었던 것 같다. 그 뒤 내가 온타리오에서 작은 농장을 가지게 되었을 때 나는 20마리 정도의 알을 낳는 닭을 섞어서 키웠는데, 이것은 아주 일반적인 일이었다. 당시에는 철망으로 둘러쳐진 닭장 안이나 아니면 그 옆에 있는 탁 트인 마당에서 닭들이 씨앗이나 벌레, 풀의 연한 잎을 찾아 먹고 흙 속에 몸을 비비며 자유롭게 뛰어다녔다. 닭들이 걸어 다니고 몸을 비빌 공간뿐만 아니라 짧은 거리를 날 수 있는 공간까지 충분했다. 날이 어두워지면 닭들은 헛간 안에 우리가 닭을 위해 마련해둔 둥지로 무리지어 돌아와 여우를 비롯한 다른 침입자에게서 안전한 상태로 잠을 잤다. 대개 둥지 안에서 알을 낳았지만 때로는 풀밭에서 알을 낳기도 했다. 크고 갈색이며 껍질이 단단한 시골달걀로 노른자는 농밀하고도 밝은 노란색을 띠었다. 참 맛이 있었다.

그리고 몇 년 뒤 이 닭들이 너무 늙어서 알을 낳지 못하게 되면 닭고기를 먹기 위해 이 닭들을 죽였다. 그때 썼던 방식은 이제는 거의 다 잊어버렸는데, 카펫 갈 같은 것을 갈아서 만든 날카로운 도구를 가지고 닭 부리 안쪽 천장에 있는 신경을 끊었던 듯하다. 이렇게 하면 닭은 마비되고 명백하게 감각을 잃는다. 숙련된 닭장수는 상대적으로 짧은 시간에 놀랄 만큼 많은 수의 새들을 이런 식으로 처리할 수 있었다. 이 닭들은 충분히 자연적인 조건 하에서 (닭으로서) 충분한 삶을 살았다. 죽을 때도 빨리 죽었고 최소한 우리가 보기에는 적은 고통을 받으며 죽었다.

이런 상황과 오늘날 기업형 가금류 경영을 비교해보자. 〈가금류 복지 연맹〉United Poultry Concerns, Inc.의 카렌 데이비스Karen Davis는 오늘날의 기업형 가금류 경영에 대해 다음과 같이 그림을 그리듯 세부적으로 묘사했다.

> 달걀을 낳는 요즘 암탉은…… 불안해하고 위축되었으며 겁을 집어먹고 있다. 우울한 오두막 안에는 5만에서 12만 5천 마리에 이르는 새들이 부리가 잘리고 공포에 질리고 당황한 상태로 있으며, 똑같은 새장이 층층이 쌓인 가운데 철망으로 된 작은 새장 안에는 세 마리에서 여덟 혹은 아홉 마리에 이르는 고문당하는 암탉들이 10개월에서 12개월 동안 꼭 끼인 상태로 지내야만 한다. 천성적으로 식탐이 넘치는 암탉은 낮에는 돌아다니고 밤에는 횃대에 자리를 잡아야 하며 무리의 다른 동료들과 함께 즐겁게 진흙목욕을 해야 한다. 이것은 너무 강한 욕구기 때문에 암탉은 새장의 철사로 된 바닥에서 "진공" 진흙목욕을 열정적으로 감행한다.
>
> 닭장의 암탉은 운동을 하지 못하고 일생을 새장에 갇힌 상태로 알껍질을 만드느라 몸에서는 꾸준히 칼슘이 빠져나가고, 이 때문에 집약적 감금으로 인한 심각한 골다공증인 닭장 피로증caged layer fatigue에 걸리게 된다. 칼슘이 부족한 수백만 마리의 닭들은 마비 때문에 음식과 물을 몇 인치 앞에 두고도 굶주림과 목마름 때문에 죽어간다.
>
> 20세기에 작은 레그혼 닭을 유전적으로 관리하고 화학적으로 조작해서 한해에 250개의 큰 알을 낳을 수 있는 닭을 만들어냈는데, 이것은 야생 닭들이 한번에 12개 정도씩 한두 번 알을 까는 것에 비하면 비정상적으로 많은 수였다. [게다가—옮긴이] 닭장 시스템은 알 낳기를 더러운 배설행위로 전락시켰는데, 이것은 너무 모욕적인 일이어서 동물행동학자인 콘라드 로렌즈Konrad Lorenz는 이것을 사람들이 서로 볼 수 있는 상태에서 배설행위를 하는 것과 같다고 비교할 정도였다. 연구자들은 닭장에 갇힌 암탉들이 둥지를 지으려는 쓸데없는 노력을 하고 알 낳기 직전까지도 차단봉에서 점프해서 새장에서 도망치려는 노력을 미친 듯이 한다는 사실에 대해 묘사했다.

닭장의 닭들은 운동을 하지 못하는 암컷들이 잘 걸리는 재생산 관련 질병 때문에 고통을 받는다. 수많은 난자들이 난관에 막혀서 몸에 염증이나 마비를 일으키기도 한다. 또는 알이 너무 커서 낳을 수 없을 정도가 되기도 하며, 며칠 동안 거대한 알들을 뽑아내기 위해 억지로 힘을 쓰다가 작은 새의 질 밖으로 자궁이 "빠져나오기"prolapse도 한다. 닭장은 알 낳는 닭이 지방간출혈증후군fatty liver hemorrhagic syndrome이라고 하는 흉측한 새로운 질병에 걸리게 만들기도 했는데, 이 병의 특징은 간 주위의 혈관들이 비대해지고 뚱뚱해지며 물렁물렁해지다 막혀버리고, 벼슬이 창백해지면서 비듬 같은 것들이 뒤덮이는 것이다. 최근 몇 십년 간 암탉의 난관은 알이 생성 중일 때 침투하여 소비자들에게 식중독을 유발하는 살모넬라 박테리아에 오염되었다. 질병과 고통은 닭장 시스템의 고유한 특징이다…….

닭장의 닭은 유독한 환경에서 살고 있다. 닭장 아래 있는 배설물 구덩이의 요산uric acid이 분해되면서 독성 암모니아가 발생되는데, 이 암모니아는 수백만 마리의 닭에 만성 호흡기 질병을 유발할 수 있고 눈에 화상을 일으키기도 한다. 새로운 산란기에 닭을 이용하기 위해서 닭털을 강제로 벗겨내는데 이것은 재생산 계통에 축적되어 있는 지방을 줄이기 위한 것이다. 또한 가격을 통제하기 위해서 몇 달간 닭이 알을 낳지 못하게 하기도 한다. 강제로 털갈이를 시키기 위해 생산자는 닭을 4일에서 14일간 굶기는데, 이렇게 하면 깃털과 함께 닭들의 몸무게가 25퍼센트에서 30퍼센트 정도 빠지게 된다. 이와 유사한 야만적인 관리 방식에는 물 공급 중단, 클로르마디논* 같은 약물투약, 강한 빛과 암전의 반복 같은 것들도 있다.

닭장의 닭들에게는 먹는 일조차 고통스런 일이다. 닭들이 모이통 안에 담겨있는 항상 똑같은 사료에 닿으려면 "모이통 펜스"를 통과해서 목을 쭉 뻗어야 하는데, 이 동작이 반복되면 시간이 지날수록 목에 있는 털들

* 경구피임약.

이 상하고 목구멍에 물집이 생기기도 한다. 게다가 가늘게 빻은 사료 가루들이 닭의 입안에 들러붙어 여기에 고통스런 구강 궤양을 일으키는 박테리아가 생긴다. 곰팡이 독인 티투T-2는 모이를 오염시켜 닭에게 훨씬 더 심한 구강 궤양을 일으키기도 하는데, 하지만 닭의 입장에서는 앞에 놓인 것을 먹는 것 말고는 달리 방법이 없다.

닭장의 닭은 일반적으로 태어난 지 하루가 되었을 때, 그리고 7주가 되면 한 번 더 뜨거운 기계칼로 부리가 잘리는데, 이렇게 하는 이유는 여린 부리가 종종 굽어서 자랄 수 있기 때문이다. 부리를 자르다보면 종종 심각하고 만성적인 고통이 유발되는데, 연구자들은 이것을 인간이 사지가 잘렸을 때 겪는 환상지phantom limb and stump pain*에 비교하기도 한다. 벼슬 부분과 부리의 뼈 사이에는 극도로 예민한 조직으로 된 두꺼운 층이 있다. 뜨거운 칼이 이 예민한 조직을 절단하여 닭이 먹고 마시고 부리를 닦고 정상적으로 몸을 다듬을 수 있는 능력을 손상시킨다. 닭의 부리를 자르는 것은 감옥에 앉아있는 것보다는 본성적으로 돌아다니고 긁고 종일 바닥을 쪼는 것을 좋아하는 닭들이 강박증에 사로잡혀 [서로—옮긴이] 쪼다가 몸을 상하게 될 까봐 이를 막기 위해서다. 또한 이것은 사육비를 절약하고 적은 사료로 더 많은 알을 만들어 내도록 촉진하기 위해서인데, 왜냐하면 부리가 잘린 닭들은 [먹이를—옮긴이] 움켜쥐는 능력이 손상되어 고통과 피로에 젖어 있기 때문에 온전한 닭들보다 적게 먹고 사료를 적게 팽개치며, 따라서 에너지를 더 적게 "낭비하기" 때문이다. 〈가금류 질병 연구소〉Diseases of Poultry는 "닭장에 갇혀서 부리가 잘린 새들을 보면 새로운 형태의 야만행위를 보는 것 같다. 눈 주위는 피하 출혈 때문에 검푸르고, 벼슬은 안에서 출혈된 피로 검게 부풀었으며, 귓볼은 검게 괴사를 일으키고 있다"고 진술하고 있다.

닭장의 시스템은 부리자르기와 항생제에 의존한다. 비좁게 갇혀있는 닭들이 유행 바이러스성 및 박테리아성 질병에 걸리는 것을 막기 위해 사

* 절단 후 아직 수족이 있는 것 같은 느낌.

> 용하는 많은 항생제들은 달걀 생산을 조작하기 위해 사용되기도 한다. 예를 들어, 버니지아마이신은 사료의 달걀 전환율을 높여주는 것으로 알려져 있고, 바시트라신은 달걀 생산을 자극하며 옥시세스라시클린은 달걀 껍질의 품질을 높여주는 것으로 알려져 있다. 『공장제 농업』*Factory Farming*에서 앤드류 존슨Andrew Johnson은 사실상 미국에서는 알 낳는 암탉 전부에 정기적으로 항생제를 투여한다고 말하고 있다.
> 산란기가 끝나면 닭들은 날개든 다리든 머리든 발이든 잡히는 대로 들려서 닭장에서 이동용 새장으로 던져진다. 이 과정에서 많은 뼈가 부러진다. 닭을 "쑤셔 넣는 사람들"stuffer은 신사적인 태도가 아니라 일하는 속도에 따라 수당을 받는다. 털을 빼앗겨 반쯤 벌거벗고 일생동안 이용만 당해 공포에 질린 닭들은 이동과정에서 극심한 공포를 체험하여 많은 닭들이 도축장에 도달할 때쯤 되면 마비상태에 이른다. 도축장에서 암탉들은 부러진 뼈를 모아놓은 덩어리와 같다. 줄줄 흐르는 염증, 밝은 빨강색 멍, 그리고 내출혈 때문에 이 닭들은 이들의 진실된 상태를 감추어줄 수 있는 상품으로 바스러지는 것이 가장 적당해보일 정도다. 이렇게 이들은 닭 스프와 닭 파이, 급식용 점심 도시락을 비롯해서 달걀 산업세가 죽은 산란용 닭을 처리하기 위해 소비자들 앞에 주사위 꼴로 [규격화해서—옮긴이] 내놓는 여러 식품 프로그램으로 탈바꿈하게 된다."[64]

이 묘사에서 가장 슬픈 것은 이것이 진실이라는 점이 아니라, 영계들이 닭고기를 위해 어떻게 사육되는지나 병아리가 어떻게 부화되고 자라나는지 같은 훨씬 더 끔찍한 공포를 보여주지 않고 있다는 점이다.

나는 일군의 동료 농촌 작가들과 함께 예전에 방문했던 기업형 가금류 사육우리의 초현실적인 분위기를 지금도 기억하고 있다. 그 거대한 건물에 들어서기 전에 자신만만한 관리자가 우리에게 "플립"이라고 하는 것을 막으려면 소리를 내거나 갑자기 움직여서는 안 된다고 경고했다. 우리가 우리 안에 들어갔더니 그 안에는 다양한 발육단계에 있는 수십만 마리의 삐약대는 병아리들이 콘크리트 바닥 위에 있는 사각형의 박스 안에 빼곡하게 들어차있었다. 병아리 소리는 귀가 멀 정도로 시끄러웠다. 농장관리자가 우리에게 무언가 말하려 했지만 우리는 그의 입술이 움직이는 것을 보기만 할 뿐 수천 개의 작지만 동시다발적인 삐약소리가 만들어낸 기괴하고 날카로운 소리가 그의 말을 흩어놓았다.

우리가 밖으로 나왔을 때 내가 플립이 뭐냐고 물어봤더니 그것은 어떤 새롭거나 추가적인 광경 혹은 소리에 놀라 새들이 펄럭거리다 죽어가는 것을 일컫는 말이라고 했다. 작은 새들은 자기가 만들어낸 소란에도 엄청나게 스트레스를 받기 때문에 미약하게라도 무언가 추가되면, (예를 들어, 지푸라기가 어린 병아리 등을 치거나 하면) 죽을 수도 있다는 것이다.

오늘날의 기업형 닭 사육의 전말을 읽는 데 관심 있는 사람이 있다면 카렌 데이비스의 『감옥에 갇힌 닭, 독에 오염된 달걀』*Prisoned Chickens Poisoned Eggs*을 읽어보기를 권한다(만일 위가 튼튼하고 자학적인 성향이 조금이라도 있다면 말이다).[65]

데이비스가 묘사하고 있는 현대적인 공장형 가금 경영의 밀집된 조건이 최근 "조류 독감"이 발생하는 데 기여했다고 볼 수 있는 결정적인 증거는 아직 없다. 이 조류독감은 미국과 캐나다에서 수천마리의 새를 죽였고, 몇 명의 인간 희생자를 병들게 하였으며, 아시아에서는 최소한 20명을 죽인 병이다. 하지만 새들이 엄청나게 스트레스를 받고 이로 인해 내성이 감소하기 쉬운 밀집된 조건에서 고감염성 병원균들이 더욱 빠르게 퍼질 것이라는 것은 상식적으로 납득할만하다. 또한 새들에게 항생제를 쏟아 붓는 것은(항생제는 박테리아는 죽이지만 바이러스는 죽이지 못한다) 예방적인 도움을 거의 주지 못할 것이다.

미국의 질병통제예방센터에 따르면 H5N1 같은 조류독감 바이러스 계통은 그 아류형인 H3N2, H2N2, H1N1*, H1N2, H7N3이 그런 것처럼 인간의 질병과 사망에 관련되어 왔다.[66] 중국 과학자들은 최근 들어 돼지에게서 조류독감 H5N1의 독성형질을 발견했다고 보고했는데, 이는 바이러스가 특히 위험한 방법으로 종의 장벽을 넘고 있다는 것을 뜻한다. 세계보건기구WHO는 "돼지에게 새의 감기 바이러스와 인간의 감기 바이러스가 함께 머물게 되면 이 두 가지 형질은 상호작용하여 인간에게 쉽게 전이될 수 있는 형질을 새로 만들어낼 수 있다"고 경고했다.[67]

지금까지 조류독감이 인간에게 영향을 미치게 되면 시장판매를 위해 가공된 가금류 제품의 소비자들에게보다는 살아있는 감염된 새들과 직접 접촉하는 가금류 노동자 및 농민들의 문제일 것이라고 인식되었다. 하지만 광우병 발병 때문에 공포에 질렸던 경험을 되살려 보면 우리는 조심할 수밖에 없다.

물론 육류 제품 중에서 가금류만 산업적인 생산 시스템으로 운영되고 있는 것이 아니다. 돼지고기 생산에 대한 릭 도브Rick Dove의 에세이 「미국의 육류 공장」*The American meat factory*에도 비슷한 이야기가 등장한다.

> 산업화된 돼지 공장에 있는 돼지는 창문도 없는 거대한 구조물 안에서 자신의 [배설물로 인한—옮긴이] 고약한 악취에 시달리며 엄청나게 제한된 공간 속에서 일생동안 사육된다. 공장의 돼지는 과도한 밀집 때문에 발생하는 병에 시달리고, 건강을 유지하는 데 기본적으로 필요한 사회

* 2009년 전 세계를 공포에 떨게 한 신종 인플루엔자. 이 외에도 꾸준한 변종들이 생겨나고 있다.

적인 상호작용, 운동과 햇빛, 짚으로 된 잠자리, [일반적인 돼지의 습관인 —옮긴이] 코로 헤집고 다닐 기회를 박탈당한 채 치료아랫단계의 항생제, 호르몬, 독성 금속을 꾸준히 복용함으로써 건강을 유지할 뿐이다. 암퇘지는 너무 작아서 몸을 돌릴 수도 없는 작은 나무틀 안에서 참고 지내다가 쇠창이 있는 맨바닥에서 새끼를 낳는데, 이 새끼는 겨우 3주간 돌보다가 [사람들에게 —옮긴이] 빼앗긴다. 당혹감과 우울증에 시달리는 암퇘지는 나무 상자의 금속 막대를 꾸준히 갉아먹는다. 돼지는 일생동안 움직임에 심한 제약을 받기 때문에 뼈의 발육에 문제가 생기고 종종 다리가 부러지기도 한다. 상해를 입은 돼지는 "선발"되어 가끔은 산 채로 외딴 유원지에 버려진다. 이런 동물을 야만적으로 다루는 방식에 대해서는 이빨 뽑기, 마취하지 않고 거세하기, 도살장에 걸어가지 못할 정도로 두려움에 떨거나 장애가 있는 암퇘지 구타하기 등 많은 설명이 있다. 미국의 〈휴메인 소사이어티〉Humane Society에 따르면 공장에서 사육되는 돼지 5마리 중 1마리가 도살장에 이르기도 전에 일찍 죽어버린다.[68]

공장형 쇠고기라고 해서 더 자연스러운 삶을 살지는 못한다. 풀밭의 녹색 잎사귀를 전혀 볼 수 없는 사육장에 수천마리가 바글거리며 들어차서는 엄청난 양의 폐기물을 양산하고 항생제를 투약 당한다. 사람들은 재앙과도 같은 광우병 발병의 원인만을 고려한다. 즉, 쇠고기가 다른 소의 먹이로 사용되는 점에 대해서만 주의를 기울인다. 초식동물을 육식동물로, 그것도 자기와 같은 종을 먹는 육식동물로 만드는 것보다 더 부자연스러운 일이 있을까?

게일 에이스니츠Gail E. Eisnitz는 1997년 자신의 책 『도축장』*Slaughterhouse*에서 육우를 모아서 도축하는 조건에 대해 자세하게 설명했다.

피구덩이 옆에 배치된 이들은 생명에 대한 끊임없는 공포 속에서도 최선을 다했다. 후안 산체스Juan Sanchez는 [계속 일하다가는—옮긴이] 떨어지는 소에 맞아 으스러질 것이라고 확신하고는 일을 시작한지 며칠 만에 그만두었다. 호세 알바로Jose Alvaro는 그곳에서 몇 달간 일했는데, 공장에서 일하는 것이 어떤지 묘사해주었다.

알바로는 통역사를 통해서 "내 일은 소의 머리를 씻기는 거에요. 내가 일하는 위치에서는 거의 모든 것을 볼 수가 있죠."라고 말했다. 그가 보는 것에는 레일에 걸려있으면서도 의식이 있어 버둥거리는 소들, 머리가죽 벗기는 사람이 [소의—옮긴이] 발차기를 멈추기 위해 척수를 절단하는 것, 라인의 속도가 너무 빨라서 사람이 따라가지 못하는 것 …… 등이 포함된다.

알바로는 노동자들이 떨어지는 소와 충돌하는 일이 벌어진 뒤에도 이에 대해 말하는 것을 두려워한다고 했다. 나는 이유를 물었다. 그는 손가락으로 딱 소리를 내더니 엄지손가락으로 히치하이커 같은 손짓을 하면서 어깨 뒤를 가리켰다.

"해고되기 때문이죠. 그 당장. 바로 그 자리에서"라고 통역사가 내게 말해주었다. "아니면 그만두게 하려고 훨씬 더 안 좋은 다른 업무로 옮겨지는 거죠."69

또 다른 노동자 알버트 캐브레라Albert Cabrera도 이어서 말했다.

"그날 아침 가장 큰 문제는 송아지들이었어요. 이 송아지들을 빨리 끝내버리려고 우리는 노킹[살육] 상자에 여덟아홉 마리를 동시에 넣었죠. 이 송아지들이 상자 안에 들어가기 시작할 때 쏘기 시작하는 거에요. 송아지들은 뛰어오르다가 서로의 몸 위에 쌓여가는 거죠. 어떤 것이 총에 맞았고 어떤 것이 안 맞았는지 전혀 알 길이 없어요. 맨 마지막에 깔린 것을 처치해야 하는 것도 잊게 돼요. 어쨌든 송아지들은 레일에 걸리게 되고 길을 따라 몸부림치고 울부짖으면서 가게 되어 있죠. 태어난 지 이삼

주쯤 된 것 같은 새끼 몇 마리가 있었는데, 난 얘들을 죽이는 게 안됐다고 생각해서 그냥 걸어서 가게 내버려뒀어요.

하지만 의식 있는 상태를 경험 하는 게 송아지들만은 아니었어요. 소에게도 심각한 문제가 있는데, 황소의 두개골은 훨씬 더 단단하거든요. 난 황소들이 내려가기 전에 세 번이나 다섯 번, 열 번을 때려야 하기도 했어요. 머리에 큰 구멍을 냈는데 소들이 아직 살아있는 적도 많았죠.

한번은 뿔이 정말로 긴 황소가 한 마리 있었는데, 난 이 황소를 두 번 기절시켰죠. 단단한 흰색 물질이 안에서 나왔어요. 뇌 같다고 생각했는데. 그리고는 아래로 실려 내려갔죠. 얼굴은 온통 피범벅이었어요. 난 이걸 족쇄구역으로 굴려서 보냈죠. 그런데 이 황소가 자기 발에 족쇄가 채워지는 걸 느꼈는지 갑자기 아무 일도 없었던 것처럼 일어서는 거에요. 비틀거리지도 않고 말이에요. 그리고는 뒷문으로 도망가서는 루트17을 따라 뛰어 내려가기 시작했죠. 멈출 기세도 없이요. 그래서 사람들이 나가서는 총으로 쏴가지고 다시 트랙터로 끌고 왔어요…….“

“미국 농무부 사람들은 어때요?”라고 내가 물어보았다.

“그 사람들은 내가 동물들을 기절시키고 난 뒤에 이 동물들이 일어서는 걸 본적이 있었죠. 불평은 했지만 이 문제에 대해 특별한 대응을 하지는 않았어요. 전혀요. 농무부의 수의사가 거기 서서 얼마나 많은 살아있는 동물들이 [도축 후 공정 속에—옮긴이] 들어가는지 보기도 했죠. 나는 한 마리에 대고 대여섯 번씩 총을 쏘고 있었지만, 그 사람은 나한테 고함만 쳤지 라인을 중단시키진 않더라고요. 그 사람들은 그 무엇을 위해서도, 그 누군가를 위해서도 그 라인을 중단시키지 않았어요.”[70]

이렇게 비인도적인 공정 속에 죽어가는 많은 가축들은 노동자들이 잘 모르는 병에 걸려 병든 상태였다. 어떤 사람이 에이스니츠에게 말한 것처럼

"운 나쁜 날에는 주저앉는 소(다우너downer*)가 30마리가 넘기도 해요." 라며 그가 말을 이었다. "그런 소중에서 많은 소에게 열이 있었는데, 어떤 소는 체온이 [화씨 — 옮긴이]106도**가 넘는 것도 있었죠. [농무부의 의사라면] 소의 열이 105도 이하로 내려갈 때까지는 이런 동물을 죽이지 못하게 했을 거에요. 그런데 그녀가 와서는 온도를 재보고도 이 소들을 도울 수 있는 일을 전혀 하지 않더라고요. 소들은 죽기 전에 혹은 [의사가] 우리에게 소를 쏴도 된다는 말을 하기 전에 아마 3일 동안 그 더운 태양 아래 누워있었죠."[71]

그러면 인간의 영양학적 관점에서 보았을 때 이렇게 심술궂고 야만적이며 거의 괴이하기까지 한 관행의 결과는 무엇일까?

여기서 또다시 2장에서 설명한 식품 표에서 나타나는 전반적인 영양저하나, 같은 표에 나타난 지방과 나트륨 같은 물질들의 증가, 그리고 일부 육류에서 항생제 잔여물과 여타 오염물질이 폭넓게 존재한다는 것을 밝히는 연구 결과들과는 다르게, 북미에서는 생산방식과 육류의 품질 간의 실제적인 연관성에 대해 별다른 관심을 기울이지 않아왔다.

하지만 소비자와 영양학자들이 올바른 판단을 할 수 있도록 적절한 자료들이 제시되어야 한다.

보건 저술가인 조 로빈슨Jo Robinson은 이 문제와 관련하여 이용할 수 있는 과학적 문헌들을 조사하여 몇 가지 자료를 자신의 웹사이트인 "야생의 식생활"Eat Wild(www.eatwild.com)에 공개했다. 그녀는 방목지에서 풀을 뜯고 자란 동물의 고기는 공장형 비육장에서 곡물을 먹고 자

* 한국에서 광우병 문제가 발생했을 때 한 방송사에서 광우병 소와 같은 것으로 해석하여 논란이 되기도 했던 다우너는 일반적으로 소가 여러 가지 원인 때문에 자꾸 주저앉는 증세를 보이는 것을 말한다.

** 섭씨로 약 41도.

란 동물보다 지방질이 훨씬 적다는 사실을 보여주는 몇 가지 연구에 주목하고 있다.[72]

그녀는 『동물 과학 저널』*Journal of Animal Science*에 나와 있는 자료를 인용하여 다음과 같이 적고 있다. "풀을 먹고 자란 식용 수소로 만든 스테이크 6온스는 곡물을 먹은 수소로 만든 스테이크 6온스보다 100칼로리가 더 적을 수 있다. 고기를 일반적인 양대로 먹되(1년에 66.5파운드) 풀을 먹고 자란 고기로 바꾸면 다른 식습관을 바꾸거나 의지를 동원하지 않고도 연간 1만 7천 7백 33칼로리를 줄일 수 있다."

또한 풀을 먹고 자란 소고기는 공장 비육장에서 자란 소고기보다 확실히 비타민이 풍부하다.

> 풀을 먹고 자란 동물의 고기는 비타민 E가 더 많다. 아래 그래프[콜로라도 주립대학에서 수행한 연구자료]는 1)비육장 소 2)많은 양의 종합비타민 E(하루에 1천 IU)를 투약한 비육장 소 3)보조제를 추가하지 않고 신선한 방목장에서 키운 소의 고기 속에 함유된 비타민 E 수치를 보여주고 있다. 방목장의 쇠고기는 비육장 쇠고기보다 비타민 E가 4배 더 많았고, 흥미롭게도 비타민 E 보조제를 투약한 비육장 소보다도 2배 가까이 더 많았다.[73]

마지막으로 로빈슨은 풀을 먹고 자란 고기 제품들이 소위 "양질의 지방"인 오메가-3와 복합 리놀레산인 CLA 함량이 더 높다고 밝히고 있다.

사람들에게는 어느 정도의 지방산이 필요하고, 인체는 실제로 그중 일부를 만들 수 있다. 몸에서 만들 수 없는 유일한 지방산은 (과거에는 "비타민 F"라고 생각했던) 오메가-6라고 불리는 리놀레산과 오메가-3라고 불리는 리놀렌산(오메가라는 표현은 산성 분자를 구성하는 탄소 체인에 있는 특정 화학 결합물의 위치를 일컫는 것이다)이다. 영양학자들은 이 두 화합물을 "필수지방산"이라고 표현하는데, 이 필수지방산을 섭취할 수 있는 방법은 직접 [그것을 함유한—옮긴이] 식품을 먹는 것 말고는 없다.

영양학자들이 리놀레산과 리놀렌산을 필수적인 양질의 지방산이라고 생각하는 이유는 이것이 있어야 우리 몸이 세포막의 형태적 부분을 유지하고, 에이코사노이드eicosanoid라고 불리는 중요한 물질을 만들 수 있기 때문이다. 영양의 이해 저자들의 말을 인용해보면

> 에이코사노이드는 때로 "호르몬과 유사"하다고 묘사되는 다양한 혼합물들의 집합이다…… 에이코사노이드는 혈압, 혈액의 응고물질 형성, 혈액의 지질lipid, 면역 반응을 조절하는 데 도움을 주기 때문에 건강을 유지하는데 중요한 역할을 한다. 충분한 양의 에이코사노이드를 만들기 위해서는 체인으로 길게 연결된 고도불포화유지 오메가지방산들이 필요하다.[74]

평소 식습관에서 오메가-3를 많이 먹는 사람들은 심장발작을 일으킬 가능성이 50퍼센트 더 적다.[75] 어류의 기름에 함유된 오메가 지방산도 나이 많은 사람들이 실명하는 일반적인 원인인 시력감퇴macular degeneration를 예방하는 데 도움이 된다는 인정을 받고 있으며,[76] 일부 동물 연구에서는 오메가-3가 몇 가지 암을 통제하는 역할을 할 수도 있다는 점을 보여주었다.

로빈슨은 "풀을 먹고 자란 동물의 고기가 곡물을 먹고 자란 동물의 고기보다 2-4배 더 많은 오메가-3 지방산을 함유하고 있다"고 언급하면

서 다음과 같이 덧붙이고 있다. "오메가-3는 푸른 잎과 조류algae의 엽록소에서 형성된다. 풀에 들어있는 지방산의 60퍼센트가 오메가 3다. 가축들이 오메가-3가 풍부한 풀밭을 떠나 비육장으로 운반되어 오메가-3가 적은 곡물을 먹으며 살찌게 되면, 그동안 저장해놓았던 이 유익한 지방을 잃게 된다. 비육장에서 하루를 보낼 때마다 오메가-3의 공급량은 줄어든다."[77] 로빈슨은 그 가파른 감소를 눈으로 보여주기 위해서 『동물과학 저널』에 있는 그래프를 인용했다.[78]

로빈슨의 사이트는 복합 리놀레산 CLA에 대해서는 "그것이 암을 막아주는 가장 유력한 방어물질 중 하나일 수 있음"을 보여주는 동물 및 인간 대상 연구 자료를 지목하고 있다. 로빈슨은 "핀란드의 한 연구에서는 평소 식습관에서 복합리놀레산을 가장 많이 섭취했던 여성들이 가장 낮은 수준으로 섭취한 여성들보다 유방암 발병률이 60퍼센트 더 적었다"고 밝히고 있다.[79]

여러 과학저널의 연구 자료와 책들을 소개해주고 있는 야생의 식생활 웹사이트는 가족들의 건강한 식습관에 관심 있는 사람들이 방문해볼만 하다. 인기 있는 『어머니 지구 뉴스』*Mother Earth News*과 같은 건강 및 환경 잡지들도 마찬가지다. 『어머니 지구 뉴스』의 웹사이트는 최근 들어 식품 안에 있는 영양물질들의 감소에 대한 기사를 특집으로 다루었다.

"미국의 농산업은 그 어느 때보다 더 많은 식품들을 생산하고 있지만, 그 식품 안에 있는 비타민과 무기질이 감소하고 있다는 증거가 늘어가고 있다"고 [『어머니 지구 뉴스』에 실린 기사의—옮긴이] 저자들은 쓰고 있다. 예를 들어, "풀어 기르는 닭이 낳은 달걀은 공장형 달걀보다 비타민 E의 함량이 30퍼센트 더 많고, 엽산은 50퍼센트 더 많으며, 비타민

B12는 30퍼센트 더 많다."[80]

모자파 박사가 스위스의 동료 연구자를 독려해서 채소와 과일에 대해서도 유사한 연구를 (하지만 이번에는 육류와 가금류, 유제품을 포함하여) 진행했다면 좋았을 것이라는 아쉬움이 남는다. 기업의 지배를 받고 있는 북미에서도 이것은 연구자들에게 급선무일 것이다.

하지만 가만히 숨을 죽이고 그런 일이 일어나기를 기다리는 짓은 하지 않는 것이 좋을 것이다.

그보다는 차라리, 소위 "조제식품"pharmafood(즉, 제조자들이 그것을 먹는 사람들에게 특정한 건강 혹은 여타 물리적, 심리적 결과가 일어나도록 인위적으로 계획한 식품들)에 대한 연구에 더 많은 기업 재정이 흘러들어가고 있는 것을 조사해보는 것을 살펴보자. 조제식품에는 식물 스테롤phytosterol을 함유하고 있는 버터 같은 황색 지방층 같은 것이 포함되는데, 이것은 혈중 콜레스테롤 수치를 낮추고 이를 통해 심장질환의 위험을 줄이기 위해 고안된 것이다(최근 유럽연합의 판매 승인을 받았다). 또한 감정을 조절해주는 트립토판을 함유하고 있는 차 또한 조제식품에 포함된다.

요오드가 강화된 닭고기도 그런 식품인데, 한 제조업체가 요오드 강화 닭고기에 대해 유럽연합에 승인요청을 했지만 거부당했다. 이 고기는 비육공장에서 키우는 닭에게 요오드 함량이 많은 사료를 먹여서 만드는 것으로, 요오드가 부족한 사람들의 식습관을 교정하는 것을 목적으로 한 것이었다. 문제는 그것을 사고파는 데 그 누구도 처방전을 요구하지 않고 있기 때문에 요오드 결핍이 아닌 사람들이 그것을 먹을 경우 심각한 건강 장애를 일으킬 위험이 있다는 점이었다. 유럽 당국들은 요오드 강화 달걀 시판 신청서를 평가하다가 "이 달걀 안에 들어있는 요오드 수치가 너무 높아서 소비자들이 이 달걀들 때문에 요오드 안전섭취 수준을 쉽게 넘길 수 있다"는 점을 알게 되었다.[81]

다시 말해서 처방전이 필요한 식품들을 규제도 없이 무차별하게 시판하는 것은 모든 슈퍼마켓 쇼핑객들이 (이제까지는 의사의 처방전이 있어야만 이용할 수 있었던) 강도 높은 의약품들을 단순한 호기심만 가지고도 쉽사리 손에 넣을 수 있게 하는 것과 같은 일이 될 수 있다. 오늘날 항우울제, 항정신병 의약품에서부터 혈압을 낮추거나 혈액의 응고를 개선시켜주는 의약품들에 이르기까지 잠재적으로 위험한 의약품들은 이것들이 일으킬 수 있는 부작용들을 제대로 이해하고 정확한 투약법을 알고 있는 허가받은 개업의의 조언과 승인 없이는 판매할 수 없도록 되어 있다. [하지만—옮긴이] 내일이면 이것을 어떻게, 혹은 왜 사용해야 하는지 아무것도 모르는 평범한 사람들이 이런 약과 똑같은 것들을 동네 슈퍼마켓에서 처방전도 없이 "식품"으로 자유롭게 이용할 수 있게 될 수도 있다.

[이로 인해—옮긴이] 완전한 오용과 혼란이 발생할 가능성은 우리 머리털이 곤두서게 할 정도로 충분하다. 하지만 초과 이윤의 냄새를 맡은 기업들은 전속력으로 전진하면서 그런 생산물에 대한 연구의 속도를 높이고 있는 반면, 이에 대한 정부의 감시는 상대적으로 적다.

열매는 쓰다

성서에서는 "너희는 그들의 열매로써 그들을 알게 될 것이다"라고 하는데, 조심성 있는 소비자들은 여기에 "그들의 채소와 고기, 유제품, 조제식품을 가지고도 그들을 알게 될 것이다"라고 덧붙이고 싶을 것이다. 하지만 공장형 농업의 진정한 본질은 식품의 질에서만 분명하게 드러나는 것이 아니다. 다음 장에서 보게 될 것이지만, 그 쓰라린 수확의 결과물은 훨씬 더 폭넓게 퍼져있다.

5

부수적인 피해

그를 "불독"Buldoc이라고 부르도록 하자.[1] 안타깝게도 그는 퀘벡의 낙농업지역의 심장부에 있는 랑 뒤 까랑뜨Rang du Quarante(40번째 열)에서 우리 이웃이었다. 우리 농장은 작은 파트타임 사업체로, 지역낙농업자들을 위해 환금성 건초와 오트 재배에 전력을 다했다. 지역 낙농업자들 대부분은 4대 심지어 5대째 농부인 사람들로, 땅이나 날씨, 야생에 대한 감각을 천부적으로 타고나서 가히 여섯 번째 감각을 지녔다고 할 수 있을 정도였다. 이들은 땅을 사랑했고, 땅위에 있는 자신들의 자리를 알고 있었다. 대부분은 일이백 에이커의 혼합경작지에서 이삼십 마리의 홀스타인종 소에서 우유를 짰는데, 가끔 갈색 반점이 있는 에이셔종("앵글로 소")이 섞여 있었다. 혼합경작지에서는 과수, 사탕단풍, 닭과 오리, 가끔은 말을 키웠다. 이들은 부유하지 않았지만, 가족들을 돌볼 수 있었고 아이들을 학교에 보냈으며, 은퇴자금을 넉넉히 저축했다.

[하지만—옮긴이] 불독은 달랐다. 그는 마치 시저처럼 야망이 있었다.

한 이웃이 은퇴하고 난 뒤 그 자식들이 대를 이어 농사짓기를 거부하자 불독은 우유 할당량[2]과 토지를 사들여서 하룻밤 새에 자신의 재산을 두 배로 불렸다. 그는 새 농장에 타일로 된 하수관을 설치하고, 탁 트인 사료섭취장소를 만들어 소들이 방목장에 드나들지 않고도 배를 불릴 수 있게 했다. 또한 캐나다 서부의 밀 농장에서 사용할 수 있게 만들어진 새 트랙터(거대한 흰색 "프레리-파운더")를 구입했는데, 이것은 불독 자신보다 훨씬 컸고, 많은 양의 새로운 기계들을 운반할 능력을 갖춘 것이었다. 이 트랙터와 기계들이 어딘가에 걸리지 않고 [자유롭게—옮긴이] 돌아다닐 수 있는 공간을 확보하고, 작물을 심을 지역을 극대화하기 위해 그는 새 농장과 원래 농장 사이의 담길을 따라 심겨져 있던 나무들을 모두 잘라냈고, 두 농장 사이를 흐르던 도랑을 메워버렸다. 그는 그 뒤에도 더 많은 땅을 사들였다.

그는 새로운 할당량과 헛간, 가축, 땅, 기계들을 사들이기 위해 대출을 받았는데, 대출 이자만 해도 이웃에 있는 소규모 사업체의 연간 수입과 맞먹을 정도였다. 그는 지불금액을 충당하기 위해 모든 경작지에 산출량이 많은 교배종 옥수수를 심고 우유를 판매했는데, 결국 이 빠른 환금작물의 이윤은 대부자의 주머니 속에 빠르게 흘러들어갈 뿐이었다. 그는 정부가 파견한 농업 고문단이 효율적인 농장 모델이라며 조언해준 방식대로 운영했고, 이것이 훨씬 더 크고 효율적이 되어가기를 바랬다.

우리 집은 그의 땅과 두 면이 접하고 있어서 그 "효율성"의 진정한 의미가 무엇인지를 곧 알게 되었다. 첫 번째 표시는 반쯤 비어 있는 비료 포대가 우리 땅 사이에 있는 개울에 버려져 있는 것이었다. 옥수수

중에서도 특히 산출량이 많은 현대적인 교배종들은 양분을 많이 필요로 해서 토양에서 많은 양의 질소를 흡수한다. 앞에서 설명한 것처럼 재래식 농부들은 경작지에서 작물들을 자주 교체해가며 재배하는데 이를 테면 클로버나 콩 같은 질소고정 식물들과 옥수수를 번갈아가며 지어서 옥수수가 흡수해버린 것을 재생시킬 수 있다. 또한 순환 경작은 일정한 기간 동안 숙주 식물들을 제거하여 해충의 생명주기를 파괴하기 때문에 옥수수의 해충이 번창하는 것을 막아주는 역할도 했다. 하지만 불독은 그렇게 할 여유가 없었다. 옥수수는 가장 빠르게 현금화되었기 때문에 매년 같은 땅에 옥수수를 심었던 것이다. 유실된 질소와 다른 토양 영양물질들을 다시 공급해주기 위해 불독은 비싼 화학 비료를 구입해서 점점 더 많은 양을 경작지에 살포했다. 또한 잡초와 해충들을 처리하기 위해서 똑같이 비싼 화학 살충제와 제초제를 구입했다. 시간이 돈이므로 비료, 제초제, 살충제를 살포하는 일은 서둘러 진행되었고, 거대한 기계들과 임시직들이 고용되어 이 일을 도왔으며 비료 포대는 아무데나 버려졌다.

이제 불독의 가축은 세배로 늘어났고 거의 완전히 실내에서 사육되었다. 거대한 축사에서 나온 배설물은 토양에 사용하고도 남을 정도여서 밖에 쌓여갔다. 비가 오면 이 배설물들은 액체가 되어 유수로 흘러들어갔다.

우리가 집을 샀을 때 하천에는 펌킨시드, 선피시 같은 물고기들과 흡반을 가진 몇 가지 어류들이 있었다. [그래서—옮긴이] 신기하게 생긴 청왜가리가 점심거리를 찾아 근처를 날곤 했다. 하지만 불독이 고용한 남자들이 사용하고 난 비료포대를 하천에 마구 버리기 시작하고 배설물 더미가 하천에 흘러들어가게 되자 물고기가 죽고 왜가리는 사라졌다.

그리고 물은 기름이 섞여 탁한 형색을 띠었다.

땅에는 더 나쁜 일이 일어났다. 우리가 농사를 지었던 유역의 토양은 무거운 푸른색 점토였고, 배수가 어려웠으며, 이 토양에서 경작할 수 있도록 토양의 구조를 부슬부슬하게 유지하기 위해서는 각별한 주의가 필요했다. 영양물질이 풍부한 양질의 표토층은 얇았다. 재래식 경작방식에서는 토양 유기체(박테리아, 지렁이, 유익한 곤충들)의 성장과 영양물질의 보유를 장려했다. 그리고 과하게 경작하는 일은 거의 없었다. 하지만 불독의 중기계들은 이 땅을 다 엎어버리고는 쟁깃날 정도의 깊이 아래 저반층을 새로 만들었다. 또한 화학물질을 과도하게 사용해서 토양 유기체들을 죽였고, 보송보송한 표토층을 "태워버렸는데" 이 표토층은 이제는 바람이 바람막이벽의 저지를 받지 않은 상태로 불어오자 매년 얇아졌다.

하루는 아심가 이웃의 땅을 둘러보기 위해 그곳에 들어가서 몸을 굽혀 흙을 만져보았다. 이제 그 흙은 더 이상 검은 색이 아니라 회색이었고, 건조하고 가는 자갈들이 고르게 분포하고 있었다. 나는 훗날 [다른 ―옮긴이] 친구에게 불독은 농사를 짓는 것이 아니라고 말했다. 그것은 야외 수경법으로, 일부 온실에서 하는 것처럼 토양을 적게 사용하는 재배방식이었다. 몇 년간 이런 식으로 다루자 흙은 죽어버렸다. 이제 흙은 식물이 서있을 수 있도록 식물의 뿌리를 고정시켜주는 단순한 물리적 고체에 지나지 않았다. 영양물질도 모두 용해되어 씻겨나가서 순전히 비유기적인 화학물질들만 남았다. 이것은 내가 본 것 중에서 가장 부자연스런 일이었다. 이윽고 초과비용이 돈을 지속적으로 빌리고 확장하는 능력을 넘어서면서 중단될 수밖에 없는 일이었던 것이다. 또한 이 모든 것이 붕괴하고 나면 팔 수 있는 것이라고는 한때는 훌륭한 농장부지였지만, 이제는 생기 없는 회색 자갈들만 널려있는 평평한 땅밖에 없을 것이다.

1970년대 말 우리는 집을 팔고 이사를 갔기 때문에 마지막 장면을 목격할 수 없었다.

이 옛 이웃의 이야기는 최소한 그것이 진행된 속도에 있어서 극단적인 사례일지도 모른다. 하지만 그 기본철학이나 그것으로 인한 환경적 영향의 질에 있어서 이것은 절대 예외적인 일이 아니었다. 앞장에서 인용한 『환대받지 못하는 수확 : 농업과 오염』*Unwelcome Harvest : Agriculture and Pollution*의 저자인 콘웨이Conway와 프리티Pretty가 약 15년 전에 명백하게 밝힌 것처럼 오늘날 지배적인 산업농체제는 환경적인 재앙이다.

그로 인한 달갑잖은 영향은 오염, 토질 악화, 야생생물 서식지 파괴, 담수자원 낭비, 생물다양성 감소, "외래" 종 도입으로 인한 위협(생명공학의 유전자조작을 통해 만들어진 것들을 포함해서)이라는 6가지 범주로 묶어볼 수 있다.

오염

콘웨이와 프리티는 산업농법이 유발한 오염문제를 다음과 같이 정확하게 묘사하고 있다.

> 농업이 양산하는 주요한 환경오염물질은 농화학물질, 그중에서도 특히 살충제와 비료다. 농부들은 작물과 가축들을 보호하고 산출량을 늘리기 위해 살충제와 비료를 인위적으로 환경에 끌어들인다. 하지만 오염은

산업과 똑같은 방식으로 농업과정에서 만들어진 다양한 쓰레기 때문에 유발되기도 한다. 이 쓰레기에는 지푸라기, 목초 유액, 가축의 현탁액 같은 것들이 있으며 제3세계에서는 오일야자와 설탕 같은 농산물의 경작과정에서 부산물이 발생하기도 한다. 오염은 농장이라는 직접적인 환경에서부터 식품과 식수, 토양, 지표와 지하수, 그리고 대기까지 뻗어나가며, 때에 따라서는 성층권까지 뻗어나가기도 한다.[3]

최악의 범죄자는 여러 가지 종류의 제초제와 살충제 혼합 물질인데, 이것들의 잔여물이 식품 체인에 들어가 가축과 인간에게 암을 비롯한 여러 질병을 유발하고 수많은 방식으로 자연환경에 영향을 미칠 수 있기 때문이다. 예를 들어, 제초제 중에서 가장 잘 알려진 2,4,5-T와 2,4-D 혼합물질은 둘 다 3장에서 이미 언급한 것처럼 엄청난 독성 오염물질인 다이옥신(2,3,7,8-TCDD), 제조 과정에서 부산물로 만들어진 염소화탄화수소를 함유하고 있다.[4] 알려진 것 중에서 가장 치명적인 물질 중 하나인 다이옥신은 베트남전에서 미국이 사용했던 악명 높은 에이전트 오렌지 제초제에 들어있던 것으로, 앞에서 언급했던 것처럼 많은 연구자들은 이것에 노출된 사람들이 다이옥신 때문에 수천 건의 유산과 출생관련 문제를 겪게 된 것이라고 믿고 있다.[5]

살충제와 제초제가 [인간에게—옮긴이] 유익한 곤충들에게 미치는 영향은 꿀벌의 사례에서처럼 치명적일 수 있다. 콘웨이와 프리티에 따르면,

최초의 현대적인 살충제인 유기염소는 꿀벌에는 상대적으로 독성이 적었지만, 여러 가지 새로운 유기인산화합물과 카르밤산염은 대단히 위험하다. 1970년대에 살충제는 캘리포니아에서 연간 4만에서 7만에 이르는

벌군집을 파괴했는데, 이것은 전체 중 10-15퍼센트에 이르는 것이었다. 이로 인한 연간 국민 손실은 50만[달러—옮긴이]로 추정되었다. 살충제는 조금만 투여해도 벌의 공격성을 높일 수 있다.

알팔파는 야생 꿀벌과 양봉 꿀벌 모두에게 특히 인기 있는 작물이다. 워싱턴에서 발생한 한 사고에서는 많은 수의 벌들이 다이아지논diazinon 때문에 죽었는데 2년이 지난 뒤에도 이전의 개체수의 4분의 1만 소생했을 뿐이다.[6]

꿀벌은 수백만 달러의 가치가 있는 양봉산업의 원천일 뿐 아니라 과수에서 클로버에 이르는 농장 작물이 수분하는 데 필요하다는 사실에 이르면 꿀벌의 유실로 인한 심각성은 분명해진다.

화학 독성물질은 제왕나비Monarch butterflies 자체를 죽이거나 혹은 제왕나비가 가장 좋아하는 야생 밀크위드milkweed 들판을 파괴함으로써 북미에서 사랑받는 제왕나비가 갑작스럽게 소멸되도록 했다는 혐의 또한 갖고 있다.

제초제와 살충제로 인한 오염은 특히 집약적인 산업경작이 보편화된 곳에서 두드러지는데, 아이오와, 미네소타, 오하이오 같은 미국의 주들처럼 집약적인 옥수수와 대두 재배가 이루어지고 있는 곳들이 그렇다. 하지만 많은 제3세계 국가에서도 제초제와 살충제 오염은 높게 나타나는데, 이런 곳에서는 북반구 국가에서 금지된 DDT, 디엘드린dieldrin, 앨드린 같은 합성물질들을 종종 "쏟아 부으며" 적절한 교육이나 작업자 보호 장치도 하지 않은 채 제초제와 살충제를 사용하곤 한다.[7] "개도국에서는 매년 약 4만 명의 사람들이 살충제 중독으로 죽는" 것으로 추정된다.[8]

『환대받지 못하는 수확』의 저자들이 설명하고 있는 것처럼, 산업적인 경작은 독성 합성물질을 선호하고 심지어는 요구하기도 한다.

세계의 일부 지역에서는 관개시설이 확장되고 화학 비료를 점점 더 많이 사용하게 되면서 해충 문제가 처음으로 심각해졌다. 관개시설을 연중 운영하면서 수확을 두 배로 올리는 것이 가능해졌는데, 동일한 작물이 꾸준히 경작되면 해충들이 폭발적으로 창궐할 수 있다. 일반적으로 새로운 곡물종들은 해충과 질병에 더 취약한 경향이 있으며, 작물 다양성의 감소는 해충과 질병 군집에 우호적인 환경을 조성해주었다.
쌀 직파 같은 새로운 관행들은 잡초의 증가로 이어졌고, 이로 인해 더 많은 제초제가 필요하게 되었다. 한편 질소[비료]를 더 많이 사용하면서 질병에 대한 취약성이 높아졌다. 새로운 관행들은 종종 연관된 구성요소들과 무리를 지어 등장하는데, 예를 들어 직파법을 하기 위해서는 강력한 살충제를 통한 지원이 필요하다. 농부들은 이런 방식으로 살충제를 필수품처럼 사용해야 하는 집약적인 시스템 속에 갇혀버릴 수 있다.
기계화 또한 해충 문제를 유발할 수 있다. 영국의 템즈 밸리Thames Valley에 있는 채소 재배지역에서는 기계화로 인해 규모의 경제가 발생해서 세 가지 형태의 채소만 집중적으로 재배하는 거대 농장들이 생겨났다. 순환 식 재배는 줄어들고 농장은 해충과 질병에 취약하지만 산출량이 많은 종들만 단작 재배하고 있다. 그 결과 살충제 사용은 극적으로 증가했다.[9]

생산량 증가, 특히 수출 장려를 목적으로 한 정부 보조금 또한 화학물질을 더 많이 사용하게 만드는 효과가 있다. 일부 제3세계 국가에서는 살충제 보조금이 합성물질 소매 비용의 89퍼센트에 이른다.[10]

원치 않는 해충이나 식물을 죽일 의도로 사용되는 독성 약품 외에도 비유기성 화학비료(4장에서 논했던 질소, 인, 칼륨NPK 혼합물들)를 과도

하게 사용하면 오염의 위험이 있다. 작물이 흡수하지 못한 질소와 인은 토양수로 흘러 들어가고, 결국에는 농장보다 하류에 있는 가축과 인간의 급수원에 유입된다. 식수의 질소 수치(질산염과 아질산염이 더해졌을 때)가 리터당 10밀리그램을 초과하면 체내의 산소운반을 방해할 수 있다. 캐나다 농무부Agriculture Canada에 따르면,

> 가축과 어린 동물들과 마찬가지로 1세 미만의 어린아이들은 특히 취약하다. 농장 동물들이 마시는 물에 과도한 질산염이 함유되어 수태율을 낮추고 사산의 수를 높인 사례들이 여럿 있었다.[11]

농약의 과도한 사용으로 인한 또 다른 원치 않은 부작용은 하천, 연못, 강을 비롯한 여타 수원지의 부영양화다. 부영양화(영양물질의 과잉 공급)는 산소를 흡수하고 이산화탄소를 방출하는 조류藻類와 여타 식물들이 급격하고 빽빽하게 성장하게 만들 수 있다. 그 결과 수중 환경은 식물들로 가득 차게 되고 산소 균형이 교란되면서 물고기와 다른 생명체에 필요한 산소가 부족해지는 것이다. 그 결과 어류의 떼죽음이 일어날 수 있다. 부영양화로 인한 조류의 빽빽한 성장은 더 심한 위협을 일으킬 수 있는데, 이것은 프림네시움Prymnesium 같은 조류들이 분비하는 독성화합물질 때문이다. 어류와 가축(특히 돼지)은 여러 가지 조류의 독성에 취약하다.[12] 인은 청록조류의 성장을 촉진하는데, 농업은 지류를 통해 5대호로 들어가는 인의 40퍼센트에서 60퍼센트 정도에 기여하고 있는 것으로 추정된다.[13]

이런 문제에 더해서 앞 장에서 간단히 언급한 것처럼 산업농의 동물 배설물 양산 또한 심각한 문제점들을 야기한다. 〈미국 과학 진흥 협

회〉American Association for the Advancement of Science(AAAS)는 30년 전에 이 문제의 규모에 대해 처음으로 제시했다.

15년 전에는 한사람이 낙농업공정에서 관리할 수 있는 소는 대략 20마리였다. 그런데 이제는 50~60마리에 이른다. 비좁은 거주시설, 훌륭하게 조작/관리되는 설계와 훌륭한 운반 패턴, 자동화된 급식기와 유축기, 자료들을 처리하는 기계화된 설비들 덕분에 낙농업자 한명이 자신의 공정 범위를 확장시키는 것이 가능해진 것이다. 수백 심지어는 수천 마리의 소들이 생산 공정에 들어가 있는 농장들도 있다. 처리해야 하는 배설물의 양은 하루 한 마리당 1백 파운드에서 2백 파운드에 이르기까지 다양할 수 있다. 100마리의 소가 있는 낙농업체의 낙농업자는 한해 365일(윤년인 해에는 366일)을 매일 같이 최소한 5톤의 배설물을 처리해야 하거나 아니면 일 년에 한번 1825톤을 처리해야 하는 것이다.
거의 모든 쇠고기용 가축들은 일생의 3분의 1인 3~4개월을 비육장에서 보내는데, 이곳에서 시장에 나가기 전에 몸집이 늘어나고 때깔이 입혀진다. 비육장이 잘 관리된다손 치더라도 각 축사 안에 있는 동물의 엄청난 수(5백두에서 5천두까지)와 더 이상 부려놓을 땅이 없는 배설물의 엄청난 양 때문에 비육장의 배설물 처리문제는 항상 골치일 수밖에 없다.[14]

가금류 농장은 훨씬 더 심각한 문제를 야기한다.

대다수 가금류 생산지역에서는 달걀을 낳는 암탉의 50~80퍼센트와 거의 모든 영계들이 좁은 공간에 갇혀서 사육된다. 실제로 모든 대규모 가금류 업체는 고도로 기계화되어 있어서 급식기와 급수기가 자동화되어 있고, 최적온도와 통풍유지장치가 있으며, 달걀 수집이 자동으로 이루어진다. 하지만 적절한 배설물 처리 시스템을 갖추고 있는 곳은 거의 없다. 일부 가금류 농장에 있는 새들의 수는 백만 마리가 넘는다…… 1백만 마리의 닭에서 나오는 배설물은 그 위력에 있어서 6만 8천 명의 사람들이 거주하는 한 도시의 배설물과 맞먹을 수 있다. 6만 8천 명의 사람들이 거주하는 도시의 배설물을 관리하고 잘 처분하는 것은 어마어마한 일이다. 일부 주의 몇몇 가금류 업체들은 10억 달러 이상의 투자를 하고도 배설물 관리 및 처분에 적합한 시스템을 갖추지 못했다는 이유로 강제 퇴출되기도 했다.[15]

배설물은 농장 하류에 살고 있는 인간들에게는 심각한 건강상의 위협을 상징한다. 예를 들어, 감염성 박테리아인 살모넬라는 액체상태의 배설물 속에서 1년 동안 생존할 수 있으며 사람들에게 쉽게 전달된다. 캐나다 농무부에 따르면 배설물을 통해 인간에게 전달되는 다른 감염에는 "탄저병, 야토병, 부르셀라 증, 단독丹毒, 결핵, 파상풍, 대장균증" 같은 것들이 있다.[16] 〈미국 과학 진흥 협회〉AAAS 심포지엄 이후 몇 년 동안 가축 업체들은 훨씬 더 집중되고 전문화되었으며, 따라서 배설물 처리 문제는 증가했다.

오클라호마에 있는 한 돼지 농장에 대한 최근 뉴스가 분명하게 보여주고 있는 것처럼, 이러한 업체들이 순수하게 신체에 미치는 유해함과 이로 인한 건강에 대한 위협은 비슷한 수준으로 심각하다.

쥴리아 호웰Julia Howell은 깃털 베개로 굴뚝을 꽉 막았다. 그녀는 이것이 그녀의 집으로 스며들어오는 이웃의 돼지농장 냄새를 막는 데 도움이 된다고 말했다. 그녀는 심지어 방이 17개 있는 2층으로 된 그녀의 집에 있는 창문의 틈새를 모두 막고 공기 청정기를 샀다고 했다.

"이건 그냥 냄새가 아니에요. 독성 가스죠"라고 그녀는 말했다. "사람들은 이게 공기 중으로 확산된다고 말하지만, 난 그렇지 않다고 생각해요."
그녀는 3년쯤 전 [한 거대한 회사가] 호웰의 집에서 1마일쯤 떨어진 곳에 기업형 돼지 농장을 지었다고 말했다. [그 회사의] 경영부회장인 마크 캠프벨Mark Campbell은 약 1만 마리의 돼지들이 그 시설에서 살고 있다고 말했다.
호웰은 돼지배설물로 이루어진 늪지는 집에서 1마일도 채 되지 않는다고 말했다. 호웰은 "우리는 밖에서 쓰는 마스크를 가지고 있는데요, 나는 꽃 속에서 일하다가 독성 가스 때문에 집안으로 들어가요"라고 말했다. "우리는 저 밖에 골프 연습장을 가지고 있어서 사람들이 종종 이곳에 와서 연습장을 사용해요. 나는 전에는 골프 레슨을 몇 번 해주기도 했죠. 하지만 이제 더 이상 그런 일은 없어요."
호웰은 골프연습장에 대한 [사람들의—옮긴이] 관심이 사라진 것은 돼지배설물 냄새 때문이라고 한다.
"당신은 숨을 쉴 수가 없을 거에요. 그 정도로 심하다니까요. 돼지농장 사람들이 하는 말은 신경 쓸 필요가 없어요"라고 그녀가 말했다. "그러니까 글쎄 그 사람늘은 이게 농업이라는 거죠. 무슨 말인지 알겠어요? 그 사람들이 우리한테 한다는 소리가, 우리가 그 문제에 대해서 걱정하면 농업성장과 경제발전을 반대하는 급진주의자들이라는 거에요. 이건 정말 말도 안 되는 소리죠."
호웰과 그녀의 남편인 밥은 오랫동안 후커Hooker 가문의 농부였다. 하지만 이들은 돼지농장의 냄새 때문에 2년 동안 집에 저녁식사 손님을 초대하지 않았다.
"이건 인생이 바뀌는 문제에요"라고 그녀가 말했다.[17]

돼지의 배설물 안에는 악취문제를 유발하는 백여 가지의 물질들이 있을 수 있다. 가장 일반적인 것은 썩은 달걀 냄새가 나는 무색 기체인

황화수소(H2S)와 암모니아(NH3)지만 그 외에도 다양한 화학물질들이 있다. 빌 패톤Bill Paton에 따르면

> 영국의 한 연구는 배설물 현탁액의 악취 속에서 168가지 상이한 화학물질을 확인했다. 이 중에서 30가지는 악취 검출역이 0.001mg/m3이하였다. 다른 연구자들은 가축 배설물 속에서 여러 가지 합성물질을 확인했는데, 여기에는 휘발성 유기산, 알콜, 알데히드, 아민, 카르보닐기, 에스테르, 이황화물, 티올, 이종고리질소 같은 것들이 포함된다.
> 아민 방출에 대한 연구는 그 안에 내재한 독성과 그 반응산물, 특히 니트로사민의 발암성 때문에 이루어졌다. 트리메틸아민TMA은 동물 배설물에서 배출되는 두드러진 아민으로 모노메틸아민, 이소프로프릴아민, 에틸아민, n-버틸아민, 아밀아민에서 나오는 악취 유발물질을 조금 가지고 있다. 이차 아민, 디메틸아민, 이데틸아민 또한 가축의 축사 안에 있는 것이 확인되었다.
> 배설물 안의 유기물질은 단백질, 탄수화물, 지방으로 구성되어 있다. 혐기성 분해는 단백질을 암모니아와 황화수소, 단기 연쇄 유기산으로 붕괴시킨다. 탄수화물은 유기산으로 분해되는데, 이 유기산은 알콜, 물, 이산화탄소, 탄화수소, 특히 메탄으로 분해된다. 지방은 지방산과 알콜로 분해되고, 지방산은 다시 물, 이산화탄소, 메탄으로 변한다. 알콜은 산화작용을 거치면 알데히드와 케톤으로 변할 수 있다.
> 암모니아는 알콜과 유기산과 반응하여 아민과 아미드를 만들어낼 수 있다. 황화수소는 알콜 및 유기산과 반응하면 티올과 티오산이 될 수 있다. 이것이 더 반응하면 이황화물을 만들어낼 수 있다. 배설물 중 비유기물질의 박테리아 신진대사 또한 암모니아, 황화수소, 이산화탄소를 만들어낼 수 있다.[18]

돼지 똥은 완벽한 화학물질 수프인 것이다. 산업형 양계장의 배설물

처럼 이것이 건강에 미치는 영향은 심각할 수 있다. 노스캐롤라이나의 보건복지부North Carolina Department of Health and Human Services는 다음과 같이 보고하고 있다.

> [돼지 농장에서 나오는] 환경의 악취에 노출되면 생리학적 스트레스가 발생하는데, 이것은 두통, 메스꺼움, 식욕부진, 불안 같은 다양한 증세로 이어질 수 있다. 악취는 스트레스와 관련된 질병을 악화시킬 수도 있다. 이 증세들은 악취로 인한 성가심과 스트레스, 악취에 대한 조건 반사 때문에 발생할 수도 있다. 관련 문헌에서는 악취에 노출되면 천식 증세가 악화될 수도 있다고 보고하고 있다.[19]

이런 시설 안에서 일하는 사람들은 훨씬 더 심한 증세로 고통 받을 수 있다.

> 많은 연구들은 돼지수용시설에서 일하는 사람들이 경험하는 건강 문제를 보고해왔다. 돈햄 등Donham et al.(1989)은 돼지수용시설 노동자에 대한 연구를 통해 다음과 같은 심각한 증세와 분포율을 보고했다.
>
> - 기침 (67퍼센트)
> - 가래 (56퍼센트)
> - 목이 따끔거림 (54퍼센트)
> - 콧물 (45퍼센트)
> - 눈이 욱신거리고 눈물이 남 (39퍼센트)
> - 두통 (37퍼센트)
> - 가슴이 답답함 (36퍼센트)
> - 숨이 가쁨 (30퍼센트)
> - 헐떡임 (27퍼센트)

· 근육통(25퍼센트)

슈워츠 등Schawartz et al.(1990)은 돼지축사 노동자의 25퍼센트에게서 기도장애를 일으키는 기관지염 같은 만성적인 영향이 확인되었다고 보고했다. 폐 기능 테스트를 통해 폐의 공기 저장기능과 잠복기간이 긴 백혈구증가 증세를 확인해보면 장기적인 폐 손상이 확인될 수도 있다.[20]

양계장과 양돈장의 부산물 모두 피에스테라 피스시시다Pfiesteria piscicida라고 하는 미생물의 놀라운 증가와 관련되어 있는데, 이 미생물은 간혹 "지옥에서 온 세포"라고도 불리는 단세포 동물이다. 릭 도브Rick Dove에 따르면, 이것이 나타나면 산업형 농장들의 하류에 위치한 강이나 지류에서 물고기가 떼죽음 당하는 일이 종종 있었다.

1995년에 물고기 떼죽음이 발생해서 [노스캐롤라이나 뉴번 근처에 있는 네우스Neuse 강에서] 100일이 넘는 기간 동안 엄청난 숫자의 물고기들이 죽고 또 죽었다. 거의 대부분의 죽은 물고기가 피가 흐르는 상처들로 뒤덮여있었다. 네우스 강 재단에서 일하는 자원봉사자들은 그 100여일 중에서 단 10일 동안에만 1천만 마리의 고기가 죽었다고 기록하고 있다. 그 당시 이 물고기 떼죽음에 노출되었던 많은 시민들은 여러 가지 신경장애와 호흡기문제로 인한 고통을 호소했다. 노스캐롤라이나 보건당국은 이 문제들을 너무 가볍게 기록하는 오류를 범했다. 이후에 메릴랜드의 포코모크Pokomoke 강에서 일어난 유사한 물고기 떼죽음 사건을 조사한 연구자들이 이 상황을 조사했더라면 [포코모크 강과 네우스 강의 —옮긴이] 똑같은 증세들을 떼죽음의 원인인 피에스테라 피스시시다와 연관시켰을 것이다.
이 생명체는 물고기를 마비시키고 물고기의 피부를 벗겨내며, 혈액세포를 먹어치우는 엄청나게 막강한 신경독을 만들어낸다. 이것은 인간에게도 똑같은 해를 입힐 수 있다. 이 신경독은 공중에서 휘발되기 때문에 그것을 들이마시는 인간에게 기억상실 같은 심각한 건강상의 문제를 야기하는 것으로 알려져 있다. 이 물질의 확산은 집약적인 동물 사육 업체로 인한 영양물질 오염과 직접적으로 연결된 것이다.[21]

도브는 다음과 같이 이어서 말하고 있다. "물고기 떼죽음은 요즘도 이어지고 있다. 날씨에 따라 어떤 해는 다른 해보다 더 나빠지기도 한다. 규모가 작은 떼죽음은 아무리 많이 발생해도 별로 중요하게 여기지도 않는다. 어부들은 꾸준히 신경계통의 증세와 호흡기계통 증세에 대해 보고하고 있으며, 이 나라의 환경에 대한 명성과 경제에 여전히 암운이 드리워져있다."[22]

이 피에스테라 문제보다도 훨씬 더 소름끼치는 것은 2000년 봄 캐나다의 온타리오에 있는 워커톤Walkerton이라는 마을의 식수에서 대장균 박테리아가 급증한 것으로, 이로 인해 최소한 6명이 죽고 2천 명에게 질병이 발생했다. 환경행정관인 고드 밀러Gord Miller가 온타리오 주의회에 제출한 보고서에서는 이 지역의 산업형 농장에 그 책임을 돌렸다. 『커내디안 프레스』*Canadian Press*는 다음과 같이 적고 있다.

워커톤에서 2천 명의 감염자와 6명의 사망자를 발생시킨 수인성 대장균 발생에 대한 공공 조사와 함께 발표된 밀러의 보고서는 엄청난 양의 액체 분뇨를 양산하는 대규모 농장들에 대한 규제가 없었던 점에 대해 비판했다.
그는 이로 인해 온타리오 주는 북미에서 철저한 통제를 피하고자 하는 기업들에게는 "천국"이 되었다고 말했다. "퀘벡 주와 미국을 비롯한 여러 많은 지역에서는 분뇨 관리를 통제하는 법과 규제가 있다. 하지만 온타리오에는 사실상 통제가 없다"고 그는 말했다.
밀러의 보고서는 산업기준을 강화하고 대규모 농장들이 승인과정을 거치도록 할 것을 제안했다.[23]

도브는 다음과 같이 결론을 내리고 있다.

[닭과 돼지]공장들은 재래식 가족형 농부들보다 더 효율적으로 고기를 생산하는 것도 아니다. 하지만 이루 말할 수 없이 잔인한 방식으로 동물들을 다루고 기꺼이 자기 나라의 수로에 수천 톤의 독성 오염물질을 버리며, 그렇게 하고 난 뒤에도 거기서 빠져나갈 수 있는 능력 때문에 공장형 양계 및 양돈 산업은 재래식 가족형 농장보다 더 큰 시장이익을 낼 수 있게 된 것이다. 실제로 이들의 사업계획은 규제기관들을 마비시키는 정치적 영향력을 사용하여 생산물을 만들어내는 진정한 비용을 회피할 수 있는 능력에 기초하고 있다."[24]

야생생물 서식지 파괴

공장형 농업이 야생의 생물들에게 가하는 위협은 곤충과 지하수계에만 국한되지 않고, 오염으로만 귀결되는 것도 아니다. 점점 더 많은 토지가 경작지로 전환되고 이미 경작되고 있는 땅들은 훨씬 더 큰 단작업체들로 병합되면서 [야생생물]거주지 감소가 중요한 문제로 떠오르고 있다.

하늘에서 보면 상대적으로 확실한 녹색지대로 나타나는 자연림과는 다르게, 경작지는 지그재그로 그어져있는 울타리 선에 연결된 얼룩덜룩한 밭과 식림지들이 불규칙한 장기판 모양을 이루며 "모자이크 경관"을 보여준다. 땅위에 있는 곤충과 새, 포유류들에게 이 난잡한 사각형들은 미세 환경을 복잡하게 뒤섞어놓은 것과 같으며, 울타리 양옆의 미경작지는 이것들을 연결해준다.[25] 재래식 혼합농 체제에서는 이 미세 환경의 복합체가 충분히 뒤얽혀있어서 야생생물들에게 거처를 제공해주거나/주고 여러 가지 이유로 여러 가지 종들에게 먹을 것을 제공해주는 등 종종 야생생물들에게 이익이 되는 일도 있었다. 예를 들어, 북미에서는 뉴잉글랜드 북부와 캐나다 일부에서 농업이 확장되면서 산지에서 생활하는 말코손바닥사슴 군집이 줄어들게 되었지만, 흰꼬리사슴 군집이 폭발적으로 증가했다. 이 흰꼬리사슴은 옥수수를 먹기 때문에 탁 트인 혼합농 환경이 이상적이었던 것이다. 이것은 여러 곤충, 설치류, 조류에게도 마찬가지다.

제2차 세계대전 이후 산업형 경작으로 인해 만들어진 경관은 두드러지게, 어떤 경우는 근본적으로 단순해졌는데, 이것은 대부분의 야생종들에게 부정적인 영향을 미친다. 다음은 『농업과 새』*Farming and Birds*에서 소개된 영국의 사례로 조류에 미치는 영향 가운데 한 가지를 보여준다.

> 우리의 분석에서는 작물과 가축을 동시에 기르는 혼합경작시스템이 새에게 가장 이로운 것으로 나타나는 일이 많다. 하지만 최근 40년에서 45년간 영농은 야생생물들에게 상대적으로 우호적인 수단을 사용하는 산업에서 자연의 다양성을 유지하는 데 엄청나게 역행하는 전문화되고 고도로 기술적인 사업으로 급격하게 탈바꿈했다.
>
> 현대 영농은 옥수수 씨뿌리기에 대한 오래된 속담 '씨앗 하나는 띠까마귀에게, 또 하나는 까마귀에게, 또 하나는 썩어 없어질 것으로, 마지막 하나는 키울 것으로'가 보여주는 이미지와 대비되는 모습을 보인다. 오

늘날 농부는 키울 것만 심는다. 산업 내 경쟁 때문에 자연스러운 낭비가 발생할 여유마저 사라지게 된 것이다. (Wright, 1980).[26]

경작은 두 가지 방식으로 조류 군집에 영향을 미친다.

첫 번째 방식은 산림과 저지대 황야처럼 농장 안에 있는 특정한 서식지를 삼켜서 완전히 파괴해버리는 것이다. 두 번째는 남아 있는 서식지의 성격을 바꿔서 조류에게는 별로 이롭지 않게 생태적 가치를 떨어뜨리는 (아니면 가끔은 높여주는) 방식으로 변형시키는 것이다…… 1939년 이후로 영구적인 방목지들을 경작가능한 생산지로 전환시키면서 서식지가 다량 유실되었다.[27]

야생생물의 서식지를 완전히 삼켜버리는 일은 일반적으로 토지를 처음 경작할 때 발생한다. 영국에서는 수백 년 전부터 그랬다. 산업적 영농으로 인한 훨씬 더 최근의 결과는 "남아있는 서식지의 성격을 변형"하는 형태로 확인되는데, 경우에 따라 "변형"은 "제거"라고 보는 것이 더 적합할 때도 있다. 이때 일어나는 대부분의 변화는 직접적으로 기계화와 농장 확대에서 기인하는 것이다. 오코너O'Connor와 쉬러브Shrubb에 따르면

오늘날의 경작 가능한 농장들이 적은 노동투입물로도 운영가능하려면 거대 기계의 가장 효과적인 사용을 가능하게해주는 농장 구조를 갖춰야 한다. 그런 기계류가 농장 일에 미치는 영향은 영국 농장 소유지의 평균적인 크기가 증가하면서 배가되었다. 농장규모는 1875년과 1979년 사이에 2~2.5배 증가했다.[28]

조류에 미치는 영향에 관해서는

> 기계의 크기가 커지고 속도가 빨라지면 조작자와 조작자를 둘러싼 환경을 분리시키는 경향이 점점 더 강해진다. 또한 땅위에 둥지를 만드는 종의 경우 둥지와 새끼를 잃는 일이 많아지게 된다. 둘째로, 아마 좀 더 중요한 사실은 기계화가 작물 순환의 복잡성과 속도를 경감시키는 데 영향을 미친다는 점이다.[29]

60퍼센트의 밭작물들이 텃밭채소, 목초지, 가축으로 구성되었던 재래식 농장에서는 좀 복잡하긴 했지만 작물순환이 빈번하게 일어났다. 오코너와 쉬러브가 지적하는 것처럼 "네 가지로 구성된 전형적인 노퍽Norfolk식 순환법[붉은 클로버Trifolium pratense, 겨울밀, 사탕무, 봄보리]은 정화용 작물(뿌리들)과 퇴비용 작물(클로버)을 제공해줄 뿐 아니라 연중 아주 고르게 농장의 작업을 배분함으로써 노동력을 가장 경제적으로 사용할 수 있게 해주었다."[30] 하지만 산업식 영농방식의 지배를 받으면서

> 이제는 과부하가 발생하더라도 대량의 작물을 가을에 심는다. 전에는 이런 작업이 봄에서 가을까지 아주 고르게 나뉘어 있었다. 많은 지역에서 뿌리 작물이 줄어들고 곡물에 대한 집중도가 높아지면서 그로 인한 경작 시간배분의 변화 또한 촉진되었다.
> 토양을 고르는 시기에 일어나는 변화는 특히 양육기에 있는 조류의 식량 공급 가능성에 큰 영향을 미친다. 봄철 경작은 식량의 공급가능성에 따라 양육의 시작 여부를 결정하는 조류에게 무척추동물을 식량으로 공급해주는 주요한 원천이다. 가을에 씨를 뿌려놓은 들판은 봄이 되면 식량을 얻기에는 부적합한 장소가 되는데, 그때쯤 되면 식생의 키가 너무 크고 빽빽하기 때문이다. 댕기물떼새처럼 지표면에 둥지를 트는 새들은

봄 경작기에 둥지 만드는 것을 더 좋아할 수도 있다.[31]

농장의 들판을 통합[하여 크게 확장—옮긴이]하기 위해 펜스 주변의 미경작지를 없애버리면 (나의 옛 이웃 불독이 자신의 농장에서 주위의 별 관심도 받지 못하고 그렇게 했던 것처럼) 새의 서식지가 파괴되고, 설치류와 기타 작은 포유류들(이것은 대체로 매와 부엉이의 먹잇감이다)이 경작지를 따라 이동할 수 있는 안전한 연결통로들이 단절된다. 경작지 사이에 있는 습지의 물을 빼서 매립하면 오리와 다른 물새들의 서식지가 줄어든다. 인간의 활동이 조류에게 미치는 영향이 얼마나 큰지를 보여주는 예는 큰초원뇌조greater prairie chicken다. 한때 서부 평야에서 흔했던 이 새는 21세기 들어 캐나다에서는 거의 볼 수가 없게 되었는데, 이것은 대체로 인간의 거주지를 건설하면서 이 새들이 서식할 수 있는 곳이 줄어들었기 때문이다.[32]

캐나다 서부와 동아프리카처럼 멀리 떨어진 곳에서는 새가 아닌 다른 종에게도 이와 같은 일어날 수 있다.

데이빗 윌린코David Wylynko는 캐나다의 대초원에 대해 다음과 같이 적고 있다.

[농업으로 인한] 서식지 감소는 대초원에 살고 있는 대부분의 종이 감소한 주요인으로 꼽힌다. 1900년대에 캐나다 대초원에서는 네 가지 동물(회색곰, 늑대, 검은발 족제비, 벨록스 여우)이 완전히 사라졌고 세 가지(살쾡이, 긴꼬리족제비, 오소리)가 상당한 위기에 놓여있다.
조류의 수와 다양성은 자연적인 서식지가 경작지와 길들여진 목초지로 바뀌면서 극적으로 감소했다. 1994년 캐나다의 위기종 목록에는 그 어떤 생태지역보다도 대초원지에서 새끼를 키우거나 대초원을 가로질러

이동하는 새들이 많았다.[33]

현대적인 농업은 굴속에 사는 올빼미와 대초원 매의 미래에 간접적인 위협요소인 것이 확인되었는데, 왜냐하면 농부들은 이 종들의 주요한 식량원인 리차드슨구멍다람쥐Richardson's ground squirrel를 싫어하기 때문이다. "뒤쥐"gophers라고도 하는 구멍다람쥐는 밀과 보리를 비롯해서 수많은 중요한 텃밭 채소들을 주식으로 삼는데다 이 구멍다람쥐들이 만들어놓은 굴에 가축들이 빠질 위험이 있기 때문에 해롭다고 인식되어 농부들이 박멸해왔다. 구멍다람쥐 그 자체는 위기종이 아니지만 구멍다람쥐가 줄어들면서 이것을 먹는 훨씬 희귀한 육식동물의 식량원이 파괴되고 있는 것이다.[34]

인간의 거주지를 만들고 예전에는 야생 혹은 반야생상태에 있는 지역들을 스키리조트와 골프코스로 "개발"하면서 예기치 못한 다른 환경문제가 나타났다. 콜로라도 주에서는 공격적인 엘크가 관광객을 공격하는가 하면, 브리티시컬럼비아 주에서는 쿠거가 조깅하는 사람들을 공격하였고, 뉴잉글랜드 주와 미국의 미드웨스트 및 태평양 해안지역에는 성장기 사슴 군집이 나타나 라임병이 확산되었다.

나선상균Borrelia burgdorferi 때문에 일어나는 여러 계통의 기능장애인 라임병을 옮기는 것은 진드기로, 이 진드기는 사슴을 빨아 먹다가 풀숲에 숨어 인간을 물게 된다. 자연 속에 있는 사슴의 포식자가 사라져버리자, 사슴 떼는 사냥이 금지된 지역뿐만 아니라 심지어 엄청나게 밀집한 대도시 교외에서도 종종 심각한 해악이 될 정도로 증가했다. 사냥철이나 사냥구역을 늘려서 지나치게 늘어난 사슴 떼를 솎아내자는 제안은 사슴은 모두 월트디즈니의 밤비 같다고 생각하는 도시 사람들의 분노를 일으키곤 했다.

이 문제는 북미에서는 상당히 최근에 일어난 일이지만 경작 때문에 야생생태계가 피해를 입는 세계의 다른 모든 지역에는 이미 유사한 일(과 유사한 해법)이 발생해왔다. 아프리카에서 경작은 아프리카 코끼리 Loxodanta africana에게 가장 심각한 잠재적 위험(장기적으로는 오늘날의 상아밀렵꾼들보다 더 심각하다)인 듯하다. 국제적인 관심은 눈에 띄는 반밀렵 "전쟁"과 압수된 상아를 공식적으로 불태우는 일에 쏠려있지만, 농업의 목초지 확대로 인한 서식지 감소 때문에 코끼리들이 겪고 있는 생존의 위협은 상대적으로 잘 알려지지 않은 상태다. 하지만 이 문제의 경제적 측면에 관련해서 작성된 최근의 글이 보여주고 있는 것처럼, 이런 종류의 위협은 분명하다.

> 토지경쟁에 대한 주장은, 두 종의 요구가 충분히 유사할 때 두 종 사이의 경쟁은 한 종의 소멸로 이어진다고 보는 하딘Hardin의 적자생존 개념을 받아들이고 있다. 이 경우 식량과 서식지라는 필수적인 자원을 두고 경쟁하는 종은 인간과 코끼리다. 인간이 먹는 식물성 식품과 코끼리가 먹는 식물성 식품이 유사하고, 인간이 가축을 기를 때도 [가축에게 먹일 —옮긴이] 똑같은 식량자원이 필요하기 때문에 이것을 두고도 간접적으로 경쟁한다. 아프리카의 인구가 두 배가 되는 데 단 18년이 걸렸고, 농업과 목축활동 때문에 급격한 산림 개간을 일으켰다는 점을 생각해보면, 이 경쟁은 의미심장해 보인다.[35]

인간과 코끼리 간의 경쟁을 야기한 기본적인 경제적 원인은 아프리카 사람들이 야생생물을 보호하는 데서 발생할 수 있는 장기적인 이익은 전혀 생각하지 않는 경향 때문에 한층 심화된다. 관련 연구자들에 따

르면

> 아프리카의 농민들은 미래에 발생할 수입보다는 현재의 수입을 더 좋아하는 편이다. 아프리카에서는 평균기대수명이 51세이고 신생아사망률은 10퍼센트에 이른다. 이 수치는 보건 관리와 영양, 교육, 깨끗한 식수가 부족한 농촌지역에서는 훨씬 더 우울하다. 따라서 사망 위험이 핵심적인 요인이라 할 수 있다. 불확실한 미래는 가뭄을 비롯한 기타 자연재해의 위협, 정치적 불안정과 전쟁, 경제 붕괴와 정책 변화, 자연자원의 질 저하와도 결합된다. 결국 극단적인 빈곤에 놓인 사람들에게 가장 큰 관심은 오늘의 생존에 충분한 수단을 확보하는 것이다. 관찰자들은 높은 현재선호율time preference로 이어지는 이러한 조건들은 사하라이남 아프리카에서 지속가능 영농관행(토질과 관개용수, 우수를 보존하는 관행들)을 찾아볼 수 없다는 점에도 나타난다고 제기하고 있다. 이것은 개인들이 영농패턴을 바꿔서 미래에 이익을 얻는 것처럼 위험과 불확실성을 감수해야 하는 일을 잘 하지 않으려 한다는 것을 의미한다.[36]

토지 보유지를 확장하고자 하는 이들은 당장 수렵지역에 대한 출입이 금지되어 출입에 제한받는 것을 잘 납득하지 못한다. 혹은 코끼리들이 이미 경작되고 있는 밭의 작물들 망치는 데도 이를 당장 제재할 수 없다는 점을 잘 받아들이지 못한다. 짐바브웨의 마을에 있는 한 주민의 말에 따르면 "야생생물은 성가실 뿐이에요. 코끼리는 매일 밤 우리 작물을 못 쓰게 해놓는단 말이에요. 우리 입장에선 그들(정부)이 토끼보다 더 큰 건 다 쏴 죽여도 상관없어요."[37]

이 분쟁의 해법은 존재한다. 코끼리 떼도 보호하면서 아프리카의 농부와 시골주민들의 금전적 이해관계도 지켜줄 수 있는 방법이 있다. 이 방법은 짐바브웨에서 성공적으로 현장 검토까지 마친 상태다. 하지만 이 토착자원을 위한 공공지역 관리프로그램Communal Areas Management Program for Indigenous Resources(Campfire)을 아프리카 정부들이 폭넓게 수용할지는 의심의 여지가 있다.[38]

1986년에 시작된 이 프로그램은 두 가지 원리에 근거하고 있다. 첫째는 야생생물은 농촌경제에 진정한 가치를 가진 경제적 자원이라는 개념이다. 둘째는 지역자원은 지역적으로 통제되어야 한다는 생각이다. 과거에 대부분의 아프리카 정부들은 식민지 시대의 수렵지 보존 형식을 그대로 따랐는데, 이것은 야생생물 사냥과 관광을 위해 보존구역을 별도로 설정해놓고 지역의 농민들이 가까이 오지 못하게 하는 방식으로 경우에 따라서는 초원에서 지역농민들을 몰아내기도 했다. 아프리카의 인구가 증가하면서 더 많은 땅(야생상태로 있는 것이 더 나은 주변의 땅마저도)을 경작지로 만들어야 하는 압력이 발생하자 농민들은 보존구역에 들어가지 못하도록 금지당한데 대해 분노하기 시작했다. 일부국가에서는 토지의 불법적인 점거와 밀렵이 증가해서 감시인들과 지역주민들 간에 "사실상 전쟁"과 같은 상황이 벌어지기도 했다.[39]

위기가 현실로 나타나면서 짐바브웨는 새로운 접근법을 시도했다. 공유지에 있는 야생 생물 관리가 지역의회로 넘어가고, 지역의회에서는 쿼터제를 도입했다. 주어진 서식지에서 부양할 수 있는 야생생물의 최적량이 정해지고, 근처에 있는 작물에 해를 끼치는 동물들과 잉여 동물들은 솎아내졌다. 고기와 가죽, 상아를 판매해서 발생한 수익의 일부는 야생생물 관리 비용(반밀렵 감시단을 포함한)에 사용되고, 일부는 학교와 병원 건설 같은 개발프로젝트로 지역 마을에 환원되거나 지역 세대에 현금으로 분배되었다. 짐바브웨 국립공원 및 야생관리부서의 부책임자에 따르면

> 정부는 총 수입의 최소 50퍼센트를 그것이 발생한 소지역과 마을로 환원시킬 것을 제안하는 지침을 의회에 제출했다. 최대 35퍼센트는 다음해에 야생 관리 비용에 재투자되어야 하며, 최대 15퍼센트는 행정적인 용도로 의회가 보유해야 한다.
> 짐바브웨의 야생생물 산업에 대한 최근의 연구에 따르면 야생의 토지에서 발생한 재정순수익이 가축에게서 발생할 수 있는 것(미국은 헥타르 당 1.11달러지만 짐바브웨의 Ⅳ국립지역에서는 상업농장에서도 0.60달러다)을 초과한 것으로 나타나고 있으며, 야생에서 발생한 수익의 증가 가능성은 가축으로 인한 수익의 증가(사냥은 헥타르 당 5달러까지이고 생태관광은 헥타르 당 25달러까지다)가능성보다 훨씬 더 크다. 과거 20년 동안 토지소유자들에게 할당된 야생상태 토지의 양은 꾸준히 증가했으며, 국가에서 보호하는 지역을 포함했을 때 짐바브웨의 3분의 1가량은 현재 야생상태에 있다. 이런 추세는 야생에 대한 마케팅이 향상되면서 꾸준히 늘어날 것으로 보인다.[40]

가까운 케냐의 코끼리 떼가 보호주의 철학에도 불구하고 극적으로 감소하는 몇 년 동안, 이 혁신적인 프로그램의 결과 짐바브웨의 코끼리 떼는 실제로 증가했다. 토착자원을 위한 공공지역 관리프로그램은 성공을 거두고 농민들에게 인기를 얻었지만, 짐바브웨와 해외에서는 공격을 받았다. 국내에서는 마틴R.B.Martin이 다음과 같이 글을 쓰고 있다.

> 토착자원을 위한 공공지역 관리프로그램은 위협으로 받아들여지고 있다. [이 프로그램을 통해—옮긴이] 농민들은 스스로 적합한 집단을 조직하고 야생생물을 관리하는 위원회를 설립해왔다. 이런 기구들은 정치적 장에서 목소리를 높이고 있다. 지역 위원회든 의회 구성원 수준에서든

이 기구의 대표들이 "상품을 생산"하지 않는다면 다른 이들이 그들의 자리에 선출될 것이다. 이 프로그램이 멀리 떨어져있는 공공 토지에 살고 있는 사람들 사이에서 강력한 민주적 운동을 위한 엔진에 되리라고는 상상하지 못했다. 그만큼 이 프로그램은 자조적인 농촌공동체를 진정으로 바라지 않는 정치인과 관료들에게 위협이 되고 있다.[41]

아프리카 밖에서는 일부 환경단체와 동물권 단체가 이 프로그램을 (사냥과 상아 판매를 허용하기 때문에) 이단적인 행동으로 바라본다.

일부 극우 국제 "녹색" 조직들은 이 프로그램을 보존 이데올로기에 대한 위협이라고 인식한다. 지속가능한 사용 프로그램을 통해 야생생물의 군집이 증가한다는 사실을 설명할 수 있으면, 이것은 인간에 의한 모든 형태의 야생동물착취에 반대하는 국제적인 입장들[의 입지 —옮긴이]을 약화시킬 것이다.[42]

북반구의 산업지역에서는 토착자원을 위한 공공지역 관리프로그램의 접근법에 대한 신뢰를 떨어뜨리려는 국제적인 노력을 시작했고, 많은 원조국들은 다른 아프리카 국가의 유사한 노력에 대해 자금을 지원했다가 선거구민들을 도발하게 될까 두려워하고 있다. 보존 철학들의 이 투쟁에서 궁극적인 쟁점은 아프리카 코끼리의 운명을 결정할 것이며 북미에 (좋은 것이든 나쁜 것이든) 모델을 제공할 것이다.

토질의 악화

산업적 영농은 특히 지역의 환경적 특색에 대한 적절한 고려 없이 부주의하게 이루어지면 표토침식, 토양압축, 염류화, 비옥도 저하 등을 유발하여 토양에 큰 해를 입힐 수 있다. 캐나다농림부의 연구원들은 이런 손상은 때에 따라 즉각 확인되지 않기도 한다고 경고하고 있다.

> 문제는 오랜 시간을 두고 커져간다. 다양한 농장관리 관행들이 토양에 미치는 단기적인 부정적 영향들은 종종 규명하기가 어렵다. 장기적으로 누적된 영향은 토양의 생산성을 감소시킨다. 영양물질이 풍부한 표토가 유실되면 단기적으로는 비료 투입을 늘려서 극복할 수 있지만, 이렇게 되면 생산비용이 증가한다. 다른 형태의 토질악화는 회복하기가 더 어렵다. 예를 들어 토양이 다져져 뿌리가 잘 자라지 못하고 이로 인해 식물성장이 제한되면 비료를 더 많이 사용해도 산출량은 증가하지 않는다. 농부들이 경험하는 부정적인 영향들 외에도 토양오염과 토질악화는 사회에 대해서도 장기적인 함의를 가진다. 토양의 식량 생산 잠재력이 감소될 뿐만 아니라 사막의 확장과 홍수 같은 다른 대규모 환경영향들이 발생할 수 있기 때문이다.[43]

산업적 농업에서 일반적으로 행하는 수많은 관행들(과도한 경작, 여름 휴경, 경작지 확장과 통합을 위한 바람막이 제거)은 바람과 물에 의한 침식을 증가시켜 여러 가지 해로운 영향들이 발생한다.

> 토양이 침식하여 다른 보유지로 이동하면 오염뿐만 아니라 다른 귀찮은 일들이 발생한다. 배수구와 관개 수로를 막아버릴 수 있기 때문이다. 바람과 물에 의한 침식이 일어나면 양질의 표토와 영양물질들이 경작지에서 제거된다. 이것을 제대로 통제하지 않으면 일궈놓은 층에 심토 물질들이 증가하면서 토지의 생산성이 떨어지게 된다. 심토가 경작층에 섞이게 되면 토양의 비옥도와 흡수력이 떨어진다. 뿌리생장과 발달 또한

제한되어 작물이 기형적으로 성장한다. 침식을 통해 운반되어 경작지에 재분배된 토양은 국지적으로 모여서 군데군데 연못모양을 이루며, 이 때문에 어린 묘목을 질식시키고 건조된 뒤에는 표면에 껍데기처럼 말라 붙는다. 심각한 경우 침식은 광범위한 도랑을 형성하여 경작 가능한 토양이 완전히 사라지게 된다.[44]

침식된 토양이 수로로 들어가면 침전물이 되어 결국 운반통로를 가득 채우고 수력발전용 댐에 끼게 되며, 물고기의 죽음을 유발한다. 오대호 분지에서는 매년 이토를 제거하고 항로를 유지하기 위해 항구를 준설하는 데 1억 달러 이상이 들어간다.[45]

사용하는 기계의 무게 때문에 토양이 짓눌리게 되는 것을 포함해서 — 이것은 불독농부의 취미였다 — 잘못된 경작 관행 때문에 일어난 토양압착에도 문제가 있다.

몇몇 토양은 자연적으로 밀도가 높고 식물의 생장을 제한한다. 땅에서 일을 할 때 토양이 젖어 있고 지나치게 무거운 기계를 사용하거나 과도한 속도로 사용하면 사람도 이와 유사한, 부정적인 조건들을 만들어낼 수 있다. 반복경작 또한 산화율과 미생물 분해를 증가시킬 수 있다. 이러한 현상들은 유기물질의 함량을 줄이기 때문에 경작을 통해 더 쉽게 토양 덩어리가 부서지고 토양구조가 파괴된다. 토양구조가 상실되면 토양은 침식에 더욱 취약해지고 압착이 더 심하게 일어난다.[46]

산업농체제 하에서는 시간이 돈이기 때문에 경작을 진행하는 속도가 핵심이다. 거대한 기계는 고용된 사람들의 손에서 최고 속도로 돌아가고, 운전자들은 토양에 대한 장기적인 영향에는 아랑곳하지 않고 작업 대상을 향해 돌진한다. 토양 유기체들의 생물학적 필요에 관계없이 부채는 매달 지불해야 한다. 생명원 그 자체에 대한 궁극적인 영향은 대부이자표에 반영되어 있지 않다.

현대농업의 필수적인 수단인 관개 또한 염류화를 통해 토양을 위협할 수 있다. 경작지에 관개를 하기 위해서 너무 많은 물을 사용하면 대수층이 상승해서 흙 안에 있는 수용성 소금들이 이와 함께 상승한다. 그 뒤 물이 증발하면 소금은 지표 토양층에 남게 된다. 캐나다 농림부는 다음과 같이 경고하고 있다. "토양이 소금으로 오염되면 많은 작물의 발아와 생장을 저해한다. 나트륨 수치가 올라가면 물의 이동을 가로막는 밀도 높은 토양층이 형성되어 토양구조가 악화된다."[47] 지하수 안에 있는 여과된 소금은 그것이 원래 있던 경작지에서 멀리 떨어진 곳에서 강의 염도를 증가시켜 문제를 일으킬 수 있다. 이때 강들은 하류에 있는 소도시의 유일한 식수원일 수 있기 때문에 더욱 문제가 될 수 있다.

염류화로 인한 문제 중에서 가장 심각한 예는 산업농 시스템의 기둥이라 할 수 있는 캘리포니아 주에서 볼 수 있다. 앞장에서 간단히 언급했던 것처럼 캘리포니아에서 관개는 특히 건조지대나 반건조지대에서 농업을 하기 위해서는 절대적으로 필요한 일이다. 그런데 관개는 그 본성상 관개된 토양 이외의 곳까지 토양오염 문제를 야기할 수 있다.

데이빗 칼의 설명에 따르면 "작물은 관개용수와 그 속에 있는 대부분의 소금을 분리하여, 무기질이 토양 속에 쌓이게 한다."[48] 이 소금이 쌓여서 작물의 생존을 저해하지 않게 하기 위해서는 그것을 물로 씻어 내려야 한다. 이를 위해 농부들은 식물이 자라는 데 실제로 필요한 것보다 더 많은 관개용수를 사용하는데, 이 추가적인 관개용수가 "소금을 땅 속에 있는 지하수로 흘려보낸다."[49]

이 때 경작지 아래 있는 토양에 불투수성 층이 있어서 소금이 씻겨 내려가는 것을 방해하면 농부들은 난관에 봉착한다. 현대의 산업적인 경작 시스템 때문에 쟁기 날이 닿을 수 있을 정도의 깊이에 그런 "경질지층"이 있는 경우가 아주 많다. 농업용 중장비들(불독의 거대한 트랙터처럼)이 경작지 위를 꾸준히 지나다니다보면 토양이 짓눌리게 되고, [그래서 결국—옮긴이] 쟁깃날이 이 짓눌린 토양에 닿을 수 있을 정도로 충분히 들어가지 않으면 경질지층이 생긴 것이다. 그러면 소금은 씻겨 내려갈 곳이 없다.

농부들은 경작지에 "토관작업"을 해서, 즉 땅 속에 일정한 간격을 두고 구멍이 뚫린 파이프를 묻어서 이 문제를 피하려고 한다. "토관"이라고 하는 이 파이프들을 통해 소금을 씻어 내리려는 것이다. 하지만 과잉경작으로 인한 경질지층 생성과 같은 일이 일어나지 않더라도, 아니면 토관작업을 통해 배수가 훨씬 용이하게 이루어지더라도 (그래서 농부들이 염류오염을 피할 수 있다하더라도) 경작지에서 씻겨나간 소금은 다른 곳에서 얼마든지 피해를 유발할 수 있다. 기본적으로 산업농들은 책임을 하류에 있는 사람들에게 전가하는 것일 뿐일 수 있다.

칼은 다음과 같이 설명한다.

> [산 호아낀 밸리에 이어져있는] 산 루이스 배수관San Luis Drain은 계곡을 관통하여 북쪽을 향해 수이선만Suisun Bay으로 물을 이동시킬 계획으로 건설되었다. 공사는 남쪽에서 시작되었고 85마일의 배수관이 건설되었다. 1973년에는 배수관이 구스타인Gustine 근처에 있는 케스터톤 국립야생보존구역Kesterton National Wildlife Refuge까지 이르렀다. 오염된 물이 델타 지역에 이르러 문제를 야기할 것이라는 우려 때문에 공사는 중단되었고, 물은 어쩔 수 없이 케스터톤에 머물러있어야 했다. 배수된 물이

> 그곳에 연못을 이룬지 10년 뒤인 1983년 수천마리의 물새와 물떼새들이 기형으로 태어나 죽기 시작했다. 새의 태아들은 뇌가 튀어나오고 눈이 없었으며, 부리가 뒤틀어지고 다리와 날개가 심한 기형이었다.[50]

칼은 다음과 같이 이어서 말하고 있다. "산 루이스 배수관이 없었더라도 요즘 델타로 들어오는 산 호아낀 강물은 농업용 관개용수가 거의 대부분이다 …… 소금은 어쩔 수 없이 계속 농축될 것이다. 몇 십년이 지나면 농부들은 영구적으로 축적된 고밀도 현탁액을 처리해야 할 것이다."[51]

"농축된" 소금오염이 얼마나 심각한 문제를 야기할 수 있는가에 대한 예는 캘리포니아의 유명한 (혹은 악명 높은) 살톤해Salton Sea에서 확인할 수 있다. 이곳에는 임페리얼 밸리Imperial Valley에 있는 농장에서 배수된 물이 모이는데, "지표 아래 있는 3만 8천 마일의 배수관에는 50만 에이커의 관개된 땅의 물이 모이게 된다."[52] 칼은 다음과 같이 이어서 말하고 있다.

> 살톤해는 물과 관련해서는 "증발 연못"과 같다. 4백만 톤 이상의 용해된 소금과 수만 톤의 비료를 매년 흡수하고 있기 때문이다. 그래서 이제는 과거보다 염도가 25퍼센트 더 높아졌다.
> 염도는 이제 모든 물고기에게 위협이 되는 수준에 이르고 있다. 증발수를 대체해줄 수 있는 담수를 유입하지 않으면 살톤해에서는 2년에서 11년 사이에 물고기가 사라지게 될 것이다.
> 연안 도시들은 인구 증가와 도시 발전을 위해 임페리얼 밸리의 농부들에게서 물을 구입하는 계획을 세움으로써 살톤해의 점진적인 염류화를 해결할 수 있는 노력을 방해하고 있다. 농장에서 배수된 물이 점점 살톤

해의 염도를 높이고 있지만, 콜로라도 강물을 이 도시들이 모두 가져가 버리고 나면 수위가 훨씬 빨리 내려가고 소금이 더 심하게 집적될 것이다.[53]

"작물에 물을 주는"이 단순한 행동이 산업적인 규모로 진행되면 경이로울 정도의 곤란함이 일어나고 야생의 균형을 깨뜨리는 해악이 발생할 수 있다.

담수자원의 낭비

지구상에는 모든 사람들의 필요를 충족시킬 수 있는 충분한 양의 담수가 있지만, 이 물의 대부분이 필요할 때, 필요한 장소에서 당장 이용가능한 형태로 있는 것은 아니다. 세계 물 정책 프로젝트Global Water Policy Project의 책임자인 산드라 포스텔Sandra Postel은 다음과 같이 말하고 있다.

> (태양을 동력으로 삼는 수리학적 순환에 의해 매년 발생되는) 재생 가능한 공급수의 최소 20퍼센트는 인구중심지에서 너무 멀리 있어서 사용할 수가 없다. 홍수 시에는 많은 양이 유실되어 농장과 산업체, 가구에 제대로 공급될 수가 없다. 이렇게 물이 시공간적으로 불평등하게 분배되어 있다는 사실을 밝히고 나면 물이 많다는 것은 환상에 불과하다는 것이 드러난다.[54]

물을 둘러싼 권리 다툼은 한 국가 안에서도 그렇지만 국제적으로도 점점 보편적인 일이 되고 있다. 물 부족에 책임 있는 사람들을 지목해보면 어쩔 수 없이 (그리고 당연하게도) 농부가 손꼽힌다. 농업은 강, 호수, 대수층에서 끌어온 물의 3분의 2를 사용하기 때문이다. 농업에 사용되는 많은 담수가 현명하게 사용되지 않거나, 사실상 공급수의 질을 떨어뜨리게 되면(즉, 염류화를 통해) 정치적인 갈등과 군사적 갈등마저 발생할 수 있다.

농업에 사용되는 대부분의 물은 사실 물 자체의 낭비와 다른 자원의 질 저하로 이어진다. 매년 관개된 토지의 10퍼센트는 잘못된 물 관리에 의한 염류화 때문에 생산성을 잃는다.[55] 주로 농업상의 요구 때문에 세계의 주요 강에 대규모 댐과 우회로를 건설하면서 훨씬 더 큰 규모의 손실이 일어나기도 했다. 포스텔의 지적에 따르면

> 전 세계적으로 물의 수요는 중세 이후 세 배 이상 증가했고, 훨씬 더 크고 많은 물 공급 프로젝트, 특히 댐과 유로 변경 등을 추진하여 이것을 충족시켰다. 전 세계적으로 대형 댐(높이 15미터 이상)의 수는 1950년 5천 개 이상에서 오늘날 대략 3만 8천 개로 가파르게 상승했다. 이 대형 댐의 85퍼센트 이상이 지난 35년간 만들어진 것이다. 이제 많은 강물이 흐르는 속도와 수량이 설계자와 공학자들에 의해 통제되면서 정교한 펌프작업에 가까워지고 있다.
>
> 안타깝게도 이렇게 수리적 시스템을 대규모로 조작하면 수중 환경과 생물다양성에 부작용이 발생한다. 강의 삼각주가 [질적으로—옮긴이] 악화되고 생물종들이 멸종 위기에 몰리고 있으며, 내륙 호수가 작아지고 습지가 사라지고 있다.
>
> 세계 최악의 환경 비극이 벌어지고 있는 아랄해 유역에서는 한때 지구상에서 네 번째로 컸던 호수가 절반의 면적을 잃고 수량의 4분의 3이 사라졌다. 사막에서 면화를 재배하기 위해 과도하게 강의 물줄기를 바꾸었기 때문이다. 24가지 어종 중에서 20가지가 사라졌고 물고기 어획량

(1950년대에는 4만 4천 톤에 달해서 6만 명의 일자리를 책임졌던)이 0으로 떨어졌다.[56]

아이러니하게도 전력을 공급할 뿐 아니라 농장의 생산력을 높이기 위해 댐 건설을 시작한 이집트에서는 훨씬 더 큰 재앙이 나타났다.

1963년에 완공되어 1970년대에 완전히 가동하게 된 나일강 상류의 아스완하이댐Aswan High Dam은 강의 흐름을 통제하고 수력발전을 제공할 의도로 만들어진 것이었다. 하지만 나일 밸리의 전통적인 비옥함은 매년 강이 범람할 때 부려지는 1억 톤 이상의 점토 때문이었다. 이 점토는 이제 나제르라는 인공호에 쌓이고 있으며, 이 때문에 하류의 농부들은 비료에 의존하게 되었고, 지역의 벽돌제조업자들은 원료를 얻을 수가 없는 상황에 놓이게 되었다. 이집트 경작지의 35퍼센트 가량이 염류화로 인해 고통 받고 있다. 영양물질이 사라지면서 지중해동부의 물고기 어획량이 감소하는 한편, 나일 삼각주는 꾸준히 침식되고 있다. 새로 관개된 지역에서 흔히 발생하는 주혈흡충병이 폭발적으로 증가하면서 사람들이 쇠약해지고 사망자가 발생했다. 1990년에는 5백만에서 6백만 명의 사람들이 이로 인한 피해를 입었다.[57]

국제적인 수준에서는 자국뿐만 아니라 인근 나라들에게 공급되는 강물을 어떻게 사용할 것인가를 둘러싼 정부의 결정사항들이 심각한 불평등으로 이어지기도 했다. 그런 예에는 인도와 방글라데시를 관류하는 갠지스 강이 있다. 포스텔에 따르면

방글라데시는 인도가 파라카 댐에서 갠지스강의 물줄기를 일방적으로 전환하고, 1988년 이후로 건기에 갠지스강을 공유하는 것과 관련된 합

의에 이르지 못하고 있어 고통 받고 있다. 1993년에는 건기에 방글라데시로 흘러드는 유입량이 최저를 기록했다. 강바닥이 마르고 작물이 시들면서 북서지역이 심각한 타격을 받았다. 이 빈곤한 방글라데시의 대규모 농업계획 중 하나인 갠지스 코바닥 프로젝트Ganges Kobadak Project에서는 2천 5백만 달러의 손실을 본 것으로 알려졌다.[58]

넓게 퍼져있는 17개국이 공유하는 다뉴브강 유역[59]과 이집트와 수단이 분쟁을 벌이고 있는 나일강 유역, 그리고 터키와 시리아, 이라크가 서로 주먹다짐을 하며 위협하고 있는 티그리스-유프라테스강 유역[60]에서도 담수 사용을 둘러싼 국제적인 분쟁이 위험수위에 이르고 있다. 이 모든 지역에서 농업적인 사용이 분쟁의 중추를 이루고 있다.

북미에서도 비슷한 갈등이 일어나고 있다. 예를 들어, 콜로라도강의 물길을 바꾸는 것을 둘러싸고 엄청난 법적, 정치적 분쟁이 있었다. 콜로라도 유역분지에는 멕시코를 비롯하여 미국의 7개 주가 포함되어 있는데, 그 경로를 따라 위치하고 있는 농장과 도시에서 그 물을 모두 사용하고 있기 때문에 캘리포니아 만에 이르러서는 바다로 흘러들어갈 물이 하나도 남아 있지 않게 된다.

수십 년간 콜로라도의 물을 가장 많이 사용한 것은 농업이었다. 콜로라도 강이 없었다면 캘리포니아의 농업에서 핵심적인 위치를 점하고 있는 임페리얼 밸리가 그렇게 큰 작물들을 꾸준히 생산해내지는 못했을 것이다. 하지만 캘리포니아에서 농업이 다른 용도의 용수사용을 손쉽게 앞서는 시대는 이제 종언을 고할지도 모른다. 캘리포니아 주의 도시 집적이 시작되면서 더 많은 물을 할당해달라고 요구하고 있기 때문이다. 칼에 따르면 "어쩔 수 없이 농업용수를 도시의 이익에 맞게 전환하는 것이 캘리포니아의 미래 모습인 것 같았다."[61] 휴경지(일시적으로 작물재배를 위해 사용하지 않는 것)를 일부 확보하여 콜로라도 강물을 관개용수로 사용하는 양을 줄이는 계획이 제안되기도 했다. 하지만 이것은 염류화문제, 특히 살톤해의 염류화 문제를 더욱 꼬이게 만들 수 있다. 농업용수로 사용되는 물이 적어지면 과도한 소금을 씻어내려 바다로 보내는 관개수의 흐름이 줄어들어 소금 집적이 증가할 것이기 때문이다.

미국의 서부에서는 지하 담수원이 고갈되면서 국제적인 함의를 가진, 잠재적으로 훨씬 더 큰 문제가 야기되고 있다. 의원들은 이미 오대호의 물을 산업형 거대농장의 관개용수로 이용하는 생각을 놓고 토론을 벌여왔다. 미국과 캐나다의 국제적 경계가 바로 이 오대호를 따라 있으며, 물을 도매로 판매하기 전에 캐나다를 고려해서 회유해야 한다는 점이 일부 미국 정치인들에게는 짜증날 만큼 성가신 일이다. 반대로 캐나다 사람들은 오대호의 물을 빼냈을 때 발생하는 생태적인 영향과 경제적 영향이 커다란 재앙을 야기할 수도 있다는 점을 깨닫고는 오대호에 대한 미국의 야망을 기가 차다고 생각한다. 오대호의 상업적인 스포츠 낚시 산업(캐나다뿐만 아니라 미시건 주와 위스컨신 주의 사람들에게는 쏠쏠한 취업원이다)이 붕괴하고, 이로 인해 수천 명의 사람들이 생계수단과 레크리에이션의 기회를 잃게 될 수 있다.

산업형 거대농장의 갈증이 크면 클수록 문제는 더 많이 생겨난다.

생물다양성의 상실

재래식 농업시스템 하에서는 농부들이 매번 수확할 때마다 일부 곡물에서 다음 파종기에 심을 씨앗을 챙겨놓는다. 모든 생태지역들은 때로 수세기의 시행착오를 거쳐 전 방위적인 필요에 맞는 식물종들을 선발했다. 이런 종들은 지역의 기후와 토양조건에 가장 잘 적응하고, 지역의 해충과 식물 질병에 가장 내성이 강하며, 전형적인 가족형 혼합농에서 필요한 여러 가지 생산물들을 가장 많이 생산해낸다. 사람들은 인간이 먹기에 충분한 곡식뿐 아니라 가축에게 먹일 수 있는 지푸라기와 잎사귀를 생산하고, 밭에 "녹비" 혹은 뿌리덮개로 쓸 수 있는 쌀, 밀, 보리, 기장, 수수 종자를 선발했다. 인간이 사용할 수 있는 종자의 수는 경이로운 수준이다. 예를 들어, 에티오피아에 있는 세계농업기구 연구원들은 한 지역농민의 2에이커의 땅을 검사하여 11가지의 토착 밀 종자를 확인했다. 이것은 이 농민이 여러 가지 특수한 용도로 심은 것이었다.[62]

농민들은 50만 가지로 추정된 세계의 식물 종자 가운데(과학적으로 분류된 것은 이중 대략 절반이다)[63], 수백 가지를 길들여 재배해왔는데, 이것을 각 종 안에서 개발된 종들의 수로 곱하면 거의 모든 환경적 상황에 적응할 수 있는 환상적인 재배 선택지들을 만들어낼 수 있다. 머레이 북친Murray Bookchin과의 공개된 인터뷰에서 저자가 밝히고 있는 것처럼

> 북친의 말을 다시 표현하면 다음과 같다. 즉, 강점은 다양성에 있다. 생태계 안에 있는 다양한 유기체들 간의 역동적인 긴장은 이 시스템의 복원력으로 이어진다. 생태계가 더 많은 형태를 취할수록 화재, 홍수, 빙하기 기후변화 때문에 궤멸할 확률은 적어진다.
> 재래식 혼합농은 다양한 작물을 생산했기 때문에 동일한 강점이 있었다. 돼지 값이 내려가면 양질의 옥수수 작물이 그 손실을 메워줄 수 있었다. 설탕단풍액을 많이 추출하면 저지종 송아지 한 마리를 잃어도 상쇄가 되었던 것이다.[64]

하지만 오늘날 산업형 영농에서는 식물재배의 목표가 거꾸로 서 있

다. 다양성이라는 특성은 바람직하지 않은 것으로 간주되어 일부러 "솎아 없앤다." 단한가지의 목적(최대한 자주, 바로 수출할 수 있는 최대치의 곡물을 생산하는 것)이 다른 모든 것들을 압도하고, 이것에 기여할 수 있는 작물종만이 선호의 대상이 된다. 혼합농시절에는 줄기가 긴 식물이 지푸라기를 만들 수 있어서 유용했지만, 이제는 줄기가 짧고 곡물의 머리 부분이 더 긴 것을 선호하기 때문에 줄기가 긴 식물을 쓰지 않는다. 빠르게 기계로 수확할 수 있는 높이까지 정확히 자라는 종들은 지역 곤충을 견딜 수 있는 더 작거나 큰 종들보다 더 우대를 받는다. (살충제로 이 취약한 식물들을 지킬 수 있을 것이라고 생각하기 때문이다.) 농부들은 이제 더 이상 예전의 지역 식물종들의 씨앗을 저장하지 않으며, 이 때문에 이 종자들은 영원히 사라질 수도 있다. 가공공장에 "동일한 모양의 제품"이 공급되도록 하기 위해 거대한 단작 사업체에 새로운 종자들만 (줄줄이, 빼곡하게) 심는다.

> 수백 에이커의 땅에 단 한 가지 단일한 작물만 심기 때문에 시장 개입으로 이 체제를 지탱해주지 않으면 시장 가격이 조금만 변해도 재앙과 같은 상황이 벌어질 수 있다. 수천 달러어치의 독한 화학 살충제로 인공적인 보호를 해주지 않으면 해충들이 자기 앞에 펼쳐진 부자연스럽게 풍요로운 잔칫상에 이끌려 침입해서 하룻밤 사이에 이 취약한 단작 작물들을 초토화시킬 수도 있다.[65]

배싸-로페즈Baeza-Lopez의 보도처럼 이런 대규모 해충 피해(이 경우는 해충이라기보다는 균류 감염이긴 했지만)가 실제로 이미 발생한 적이 있었다.

현대적인 종자의 유전적 단일함에서 기인한 태생적 취약함이 강조된 것은 1970년으로, 이때 균류인 헬민소스포리움 마이디스Helminthosporium maydis가 미국의 옥수수를 공격했다. 전국에서 옥수수 생산이 15퍼센트 감소했고, 피해지역에서는 50퍼센트 감소하여 수백만 달러의 피해가 발생했다.

옥수수재난에 대한 검사를 책임진 위원회는 유전적 동일함이 원인이라고 결론지었다. 미국의 거의 모든 잡종 종자들은 시토플라즘 텍사스Citoplasm texas라고 하는 모종母種의 단일한 불임원에서 추출한 것인데, 이것은 이 새로운 형태의 균류에 취약했다.[66]

[하지만—옮긴이] 산업형 농업 부문에서 위의 교훈은 자취를 감춘 듯하다. 지역 작물들을 다양하게 선택하는 대신 산업형 시스템은 녹색혁명을 창조한 과학자들이 기르는 식물 형태를 꾸준히 선호하고 있다. 산출량이 많은 "개량된" 곡물만 택하는 것이다. 대부분의 경우 이것들은 유전적으로 다른 부모의 후손이기 때문에 다음 계절에 "진정한 의미의 번식"을 할 수 없는 잡종들이다. 농민들은 이런 작물에서는 씨를 모았다가 다시 심을 수가 없기 때문에, 매년 종자회사로부터 새로운 종자를 구입해야 한다. 인도의 과학자 반다나 시바는 이 상황을 다음과 같이 분석하고 있다.

새로운 종자의 기적은 대부분 "고수확 종자"high-yielding varieties(HYVs)라는 말로 표현되어 왔다. 고수확종자라는 범주는 녹색혁명의 패러다임에서 핵심적인 것이었다. 하지만 그 말이 암시하는 것과는 다르게 기적의 종자에 기반한 작물 시스템이 과거의 작물 시스템보다 산출량이 더 많다는 근거로 삼을 수 있는 중립적이거나 객관적인 "산출량" 척도는 없다. 녹색혁명의 고수확종자라는 범주는 본질적으로 토착종과 신종 모두의 속성을 환경과 무관한 것으로 설정하는 환원주의적 범주다. 이런 탈맥락화 과정을 통해 비용과 영향은 외부화되고 대안과의 체계적인 비교가 불가능해진다.

녹색혁명전략은 다른 요소들을 줄이고 외부비용(즉, 비유기비료)을 늘리는 것을 감수하면서, 한 농장에서 단일한 요소의 산출을 늘리는 것을 겨냥하고 있기 때문에 시스템 전체의 수준에서는 그렇지 않을지라도 부분적으로 비교해보면 당연히 새로운 종들이 "높은 수확"을 나타내는 것으로 보이게 되어 있다.[67]

따라서 종자 머리가 크고 많이 달리며 단백질 함량이 높은 — 하지만 줄기가 짧고 약해서 지푸라기로는 쓸 수가 없고, 쓰러지기 쉬우며 (풍해) 지역의 해충, 박테리아, 균류의 공격에도 취약한 — 밀 종자에 "개량종"이라는 이름이 붙게 되는 것이다. 이 종자가 생존하기 위해서는 비싼 비유기 질소 비료를 많이 투여해야 하고 똑같이 값비싼 살충제를 자주 투입해야 할 수도 있다는 사실은 (그리고 이 비용을 충당하려면 농민들이 부채의 소용돌이에 빠지게 된다는 점은) 고려의 대상이 아니다. 농민들이 지역의 작물종들을 폐기하여 이것이 죽게 내버려 둘 때 스스로 아직 알 수 없는 미래에 필요할 수도 있는 신선한 유전요소의 자원을 말살시키고 있는 것이라는 사실을 의식하지 못하고 있다. 시바는 다음과 같이 말하고 있다.

토착 작물 시스템은 내부의 유기 투입물에만 의존한다. 종자는 농장에서 오고, 토양의 비옥함도 그 농장에서 발생하며, 해충에 대한 통제는 작물 혼합을 통해 이루어진다. 녹색혁명 프로그램에서 산출량은 구입한 종자, 화학비료, 살충제, 석유의 투입량, 집약적이고 정확한 관개에 긴밀하게 연결되어 있다. 높은 산출량은 종자의 고유한 속성이 아니라 이용할 수 있는 필요한 투입물의 기능이며, 이 투입물들은 역으로 생태적으로 파괴적인 영향을 미친다(고 볼 수 있다).

식물성 바이오매스가 가지고 있는 다양한 용도는 녹색혁명을 위한 생육 전략으로 인해 사장되고, 비료와 물을 지속가능하지 않은 방식으로 소비하는 단일한 방식만 남게 된 것으로 보인다. 판매할 수 있는 곡물의 증가는 동물과 토양을 위해 이용할 수 있는 바이오매스의 감소와 자원의 과도한 사용으로 인한 생태계 생산성 감소라는 희생으로 이루어진 것이다.[68]

녹색혁명의 여러 가지 프로젝트를 비판하는 사람들은 매년 다시 구입해야 하는 잡종 종자에 집중하게 되면서 농민들이 종속된다는 사실을 강조한다. 에티오피아에서 일본의 〈사사카와 재단〉Sasakawa Foundation이 수행하고 있는 이런 프로젝트는 다음과 같이 묘사된 바 있었다.

> 이것은 인공실험실이다. SG 2000이 농민의 자문 없이 작물과 기술적인 패키지를 선별하고 투입물들을 조달하여 이것을 신용회복 문제도 처리하는 마을의 확대 대리인들을 통해 참여농부들에게 전달한다. 이 패키지는 투입물과 산출물이 많으며, 위험 또한 높다. 또한 농민들은 이것 때문에 수입산 잡종종자(파이오니어 브랜드)와 비료에 의존하게 된다.[69]

국제 종자거래가 몇몇 종자회사의 손에(이 회사들은 이 새로운 "개량종" 종자가 생존하는 데 필요한 비료와 살충제를 생산하는 동일한 화학 제조 기업일 때가 종종 있다) 점점 집중되면서 농민들의 종속성이 특히 불길한 기운을 띠게 된다. 20년 전 만해도 농민들에게 판매되는 대부분의 종자는 오랜 전통을 가진 지역의 종자저장고에서 가져온 것이었다. 하지만 오늘날에는 북반구 산업국가에서 판매되는 종자의 30퍼센트 이상이 20개 대기업의 통제를 받고 있으며, 이중 많은 기업들이 제약회사 아니면 화학회사다. 상위 6대 판매 기업은 파이오니어 하이브레드 Pioneer Hi-Bred, 산도즈Sandoz, 리마그레인 니커슨Limagrain Inc. Nickerson, 업존Upjohn, 아이씨아이ICI, 카길Cargil이다.[70]

현재의 추세가 지속되면 세계 대다수의 농민들이 종자와 비료, 살충제, 제초제 때문에 (그리고 심지어는 점점 더 단순해지고 생태적으로 취약해지는 영농시스템의 구조 때문에) 식품 생산이 아닌 재정적 이윤을 궁극적인 존재 이유로 삼는 소수의 초국적 기업에 완전히 종속될 수 있고, 이런 기업을 통해 얻을 수 있는 종자의 수가 [너무 적어서—옮긴이] 생태적 잠재력이 엄청나게 황폐해졌음을 나타내게 될 수 있으므로, 도처의 설계자들은 잠시 하던 일을 중단해야만 한다.

새로운 동식물 유전자조작 과정에 관련된 위험들을 똑같이 고려했을 때 이들은 식은땀을 흘려야 마땅하다. 〈환경 보호 기금〉Environmental Defense Fund의 레베카 골드버그Rebecca Goldburg는 다음과 같이 설명한다.

> 전통적인 선별 재배방식에서는 사람이 이를테면 어떤 감자 종자를 다른 감자 종자와 교배할 수 있는데, 경우에 따라서는 연관성이 있는 야생감자와 교배하기도 한다. 하지만 전통 재배자들은 바이러스나 곤충, 동물 유전자를 감자에 이식할 수는 없었다. 하지만 이 모든 것들은 "재조합 DNA"와 관련된 유전자조작기술을 사용하여 식물에 이식되어 왔다. 이제 과학자들은 최소한 이론적으로는 사실상 한 유기체에서 유전적으로 암호화된 어떤 형질이든 추출하여 관련이 있든 없든 간에 다른 유기체에 이것을 이식할 수 있다.
>
> 환경에 대해 우려하는 사람들이 두드러지게 걱정했던 것은 과학자들이

생태적인 악영향을 비롯하여 여타 형태의 악영향을 유발할 수 있는 "이식유전자" 유기체를 악의적으로 만들 수 있는 가능성 때문이었다. 특히 이것을 고의로 환경에 풀어놓았을 경우 문제는 심각해진다.[71]

외래종

외래 유기체가 자연적인 생태적 지위를 가질 수 없고, 지역의 포식자나 경쟁종의 형태로 "통제"할 수도 없는 환경에 유출되었을 때 발생할 수 있는 소동의 예는 역사적으로 많다. 특히 유럽의 탐험과 식민화 이야기에서 많은 예를 찾아볼 수 있다. 알프레드 크로스비Alfred W. Crosby는 『생태제국주의 : 유럽의 생물학적 팽창, 900년에서 1900년까지』*Ecological Imperialism : The Biological Expansion of Europe, 900 through 1900**에서 1천 년에 걸친 유럽문명의 확장이 진행되는 동안 발생한 많은 재난들을 기록하고 있다. 예를 들어, 그는 포르투갈인들에 의한 포르토 산토Porto Santo와 마데이라Madeira의 식민화를 다음과 같이 묘사하고 있다.

마데이라와 포르토 산토는 가장 순수한 의미의 처녀상태였다. 이곳에는 사람이 살았던 적이 없었기 때문에, 구석기시대건, 신석기 시대건, 신석기 이후 시대건 간에 인간이 정주했던 흔적이 전혀 없었다. 새로운 이주민들은 이곳에 와서 예전에는 자연의 맹목적인 힘의 영향만 받았던 경관과 식물상, 동물상을 합리화하기 시작했다. 포르토 산토의 총수령인인 바르톨로뮤 페레스트렐로Bartholomeu Perestrello는 (그리고 우연하게도 그의 장인이 된 콜럼부스는) 그 이전에는 한 번도 그와 비슷한 것이 살았던 적이 없는 그의 섬에 암토끼와 새끼들을 풀어놓았다. 이 암토끼의 새

---

* 안효상 · 정범진 옮김, 『생태제국주의』, 지식의 풍경, 2000.

끼들은 유럽에서 항해하는 동안 태어난 것이었다. 토끼들은 엄청난 속도로 재생산해서 "땅을 뒤덮어버리는 바람에, 사람들은 무언가 심기만 하면 토끼들이 모두 망쳐놓았다."

정착민들은 이 경쟁자들에 대항해서 무기를 들었고 엄청난 수를 죽였지만, 이 네발짐승에게 적합한 포식자와 질병유기체가 이곳에 없다보니 사망률이 출생률보다 꾸준히 낮았다. 식민화하려는 시도는 원시적인 자연 때문이 아니라 그들 자신의 생태적 무지 때문에 실패했고, 결국 사람들은 그곳을 떠나 마데이라로 가야했다. 유럽인들은 카나리아 제도의 푸에르테 벤투라에서는 당나귀가, 북미의 버지니아에서는 쥐가, 호주에서는 [또다시] 토끼가 폭발적으로 증가하도록 유발하는 등 유사한 실수를 몇 번이고 반복했다.[72]

좀 더 최근의 예로는 19세기 말에 뉴욕 시에 유럽산 찌르레기Sturnus vulgaris를 도입한 것과 20세기에 호주의 퀸즐랜드에 악명 높은 수수두꺼비Bufo marinus를 도입한 것이 있다.[73] 심미적인 이유로 도입된 찌르레기는 엄청난 비율로 번식활동을 하여 북미 토착종인 블루버드를 거의 쓸어 내버리고 그 자리를 차지했다. 또한 엄청나게 시끄럽게 몰려다니면서 사람들을 성가시게 했다. 독이 있는 수수두꺼비는 사탕수수 딱정벌레를 통제하는 데 도움을 줄 목적으로 도입되었지만 그 대신 호주의 토착 야생종들을 파괴하고 엄청난 속도로 번식하여 사실상 재앙이 되었다.

식물종들도 유사한 행태를 보였는데, 예를 들어 스페인 사람들이 캘리포니아와 페루에 가져온 다양한 작물들이 그렇다.

[스페인 사람들은] 몇몇 식물들이 야생화 되고 난 뒤, 어떠한 인간의 노력에도 굴하지 않고 자꾸만 경작지를 침범했던 사실에 대해 기록하면서, 순무, 겨자, 민트, 카모마일은 최악의 무법자들이라고 열거하였다. 이들

> 중 몇 가지는 "연안에 있는 민트밸리의 사례처럼 자기 이름을 계곡 이름에 올려놓기도 한다. 이 민트밸리는 전에는 루크마라고 불렀다." 리마에서는 꽃상추와 시금치가 사람보다 더 크게 자라서 "말이 이 식물들을 뚫고 지나갈 수 없을 지경이었다."
>
> 16세기 페루에서 가장 번식력이 뛰어난 유럽산 잡초는 클로버의 일종인 트레볼trebol로 이것은 이 서늘하고 습한 나라를 다른 어떤 이식종들보다 더 왕성하게 차지해버렸다. 트레볼은 훌륭한 사료를 제공하기도 했지만 다른 작물의 성장을 저지했다. 과거의 잉카 신민들은 난데없이 부양해야하는 새로운 엘리트와 새로운 신도 모자라 이제는 경작지에서 트레볼과 경쟁해야 하는 상황에 이르렀다. 트레볼은 무엇인가? 아마 대부분은 흰 클로버였을 것이다. 북미에서 이 흰 클로버는 똑같이 개척자와 정복자 역할을 수행했다.[74]

이런 선례들을 생각해보면, 만일 농업을 "향상"시키기 위해 실험실에서 만들어진 유전자이식 유기체가 농민들의 통제를 벗어나 독립적으로 활로를 모색했을 때 무슨 일이 일어날지 상상하는 것은 어렵지 않다. 그런 동식물들은 당장의 환경 속에 자연적 통제자가 없을 뿐 아니라 세계 그 어느 곳 어떤 환경에서도 이런 것을 통제할 수 있는 것은 없다.

하지만 그런 유기체들을 개발하고 있는 기업들은 이것을 도입하는데 혼신의 힘을 쏟고 있으며, 시급한 도입에 대한 정부의 규제를 극복하기 위해 엄청난 노력을 들이고 있다. 미국에서는 농무부가 이런 것을 도입하는 데 우호적인 입장인데, 골드버그에 따르면

> 1994년 12월 USDA는 엄청나게 논란의 여지가 많은 결정을 하면서 애스그로우Asgrow 종자회사가 두 가지 식물 바이러스에 내성을 가지도록 유전적으로 조작된 호박을 판매하는 것을 허락했다. 이 유전적으로 조작

된 호박은 의심의 여지없이 사후에 획득한 두 가지 바이러스 내성 유전자를 미국 남부의 토착종인 야생 호박Cucurbita pepo에 이전시킬 수 있었다. 그런데 이 야생호박은 미국 남부의 농업 관행에서 보았을 때 잡초다. 만일 이 바이러스 내성 유전자가 확산되면 새로이 질병에 내성을 가지게 된 야생호박이 더욱 막강하고 수가 많은 잡초가 될 수 있다.[75]

농장을 소유하거나 운영하지 않는 일반 대중들은 우리의 식량 공급뿐만 아니라 우리가 살고 있는 전반적인 환경을 위협할 수 있는, 실험실에서 만들어진 유기체를 무차별적으로 도입하는 것을 막아낼 분명한 이해관계를 가지고 있다.

우리가 먹는 식품의 안전성과 순수함을 보장해주는 규제 시스템 또한 일반 대중의 환경적 복지에 필수적이다. 소위 『관세 및 무역에 관한 일반협정』GATT과 『북미자유무역협정』NAFTA의 결과는 식품안전성규제를 GATT와 NAFTA 서명국 사이에서 논쟁의 주제로 만든 것이었다. 서명국가 중 일부는 그런 규칙들을 무역에 대한 간접적인 장벽이라고 보고 있기 때문이다.

과거에 식품안전성 기준은 일반적으로 중앙정부, 때에 따라서는 지방정부나 주정부 관할이었다. 기준의 엄격성은 나라에 따라 다른데, 북미와 서유럽의 규제가 일반적으로 다른 나라의 규제보다 더 엄격한 편이었다. 하지만 새로운 GATT 체제는 단일한 국제기준인 코덱스 알리벤타리우스Codex Alimentarius(라틴어로 "식품 코드"라는 말)를 정해놓았는데, 이것은 유엔의 식품농업기구FAO와 국제보건기구의 공동위원회가 제정하고 관리하고 있다. 이 코덱스 규제는 많은 제3세계와 구동구권 국가에 있는 기준치들보다는 더 엄격하긴 하지만, 이 중 많은 것이 선진산업국의 기준에는 못 미친다. 북반구의 소비자 집단들은 코덱스가 자신들의 국가 기준을 끌어내리고, 위험가능성이 있는 식품 첨가제와 여러 물질들에 대한 보호를 약화시키는 데 사용될 수 있다고 우려한다.

6
돌아온 스탈린 : 미국 농촌의 집단화

많은 이들을 살해하고 편집증적인 성격을 지녔던 러시아의 독재자 조제프 스탈린은 1930년대 초 소련의 가장 성공한 농부들(쿨락kulak 혹은 농촌 경영자)은 볼셰비키 혁명의 적이라는 생각을 하게 되었다. 공산주의 이데올로기는 산업적인 대량생산에 기반하여 모든 사회를 조직할 것을 주장하였고, 스탈린은 이 혁명적인 재조직화에 농업이 포함된다고 확신했던 것이다.

토지에 대한 깊은 이해와 지역 농산물 판매에 대한 빈틈없는 장악을 통해 1861년 러시아에서 농노제가 공식적으로 철폐된 이후 수십 년간 번창해왔던 쿨락들은 농장을 "집단화"하려는 스탈린의 노력에 저항했다.[1] 이에 대한 스탈린의 대응은 잔인함의 전형을 보여주었다. 스탈린은 군대와 비밀경찰을 동원해서 쿨락 계급뿐만 아니라 러시아의 모든 가족형 소작농에 대한 숙청에 착수했다. 1932년과 1933년 사이에 수천 명이 체포되고 현장에서 사살되거나 시베리아로 유형을 떠났다. 농작물은 보상도 없이 압류되거나 경작지에서 간단히 불태워졌기 때문에 대량 기근이 발생했고, 이는 수십만 명을 죽음으로 몰아넣었다. 단 한명에 의한 이 재앙 때문에 1천만 명 이상의 러시아 농장민들이 죽어나갔다.

러시아의 농업은 회복될 수 없는 지경에 이르렀다.

2년간 스탈린은 러시아의 농민 자문단 brain trust을 없앰으로써, 작물과 날씨, 토양에 대한 폭넓은 지식을 통해 제정러시아가 확고한 농업기반을 갖추는 데 기여했던 사람들을 제거했다. 숙련된 인적 기초가 사라지고, 그 자리를 공산당이 지명한 각양각색의 사람들 밑에서 고생하는 미숙련 현장노동자 집단이 대체하면서 토지에 대한 개별적 노력이 전혀 이루어지지 않았기 때문에, 사람들은 자연계를 실제와는 아무런 상관이 없는 유사 산업모델에 무리하게 끼워 맞추려고 안간힘을 쓰면서 경작을 해야 했다. 한때는 우크라이나의 평원 같은 지역들이 동유럽의 백색 빵 창고로 기능할 수 있게 해주었던 풍성한 작물들은 이제 더 이상 찾아볼 수 없었다. 소련의 70년 역사 중 거의 전부라 할 수 있는 기간 동안 농업생산이 줄어들었다. 1991년 고르바초프 하에서 냉전이 어쩔 수 없이 종식될 무렵, 러시아는 기본적인 곡물을 충당하기 위해 캐나다와 미국의 수입품에 엄청나게 의존하고 있었다.

공산주의가 붕괴한지 14년 이상이 지난 오늘날에도 러시아의 농업은 국제적으로 무능력한 상태다.

천천히 되풀이되는 역사

대략 제2차 세계 대전이 끝난 이후로 물리적으로는 약간 덜 야만적이지만 유사한 과정이 북미에서도 천천히 진행되었다. 결과는 대체로 비슷했다. 미국의 가족형 농부들(쿨락에 상응하는)은 강요된 산업모델에 우호적인 환경 속에 점차 떠밀려났다. 이 산업모델은 구소련의 거대한 집단 농장처럼 자연계의 현실과는 동떨어진 것이었다.

북미의 농업은 집단화되었다. (그리고 지금도 그렇게 되고 있다.) 이번에는 그 뒤에 반쯤 미친 볼셰비키 독재자가 없을 뿐이다. 이 숙청을 주도한 사람들은 아메리카 대륙의 최대 농산업 기업의 최고경영자들과, 기업로비스트 및 정치운동의 자금 관리인들이 효과적으로 통제하고 있는 국가 정부들이다.

소련의 잘못된 정책 때문에 농업재앙이 발생했을 때는 이들을 자신의 어리석음으로부터 (상당한 대가를 치르고) 구제해줄 수 있는 북미산 수입 작물들이 있었다. 하지만 북미에서 이 슬픈 역사가 되풀이 되면 누가 이들을 구제해줄 수 있을까? 또한 사회적 구조가 조각조각 부서져버린 우리 농촌공동체에 아무것도 남아 있지 않았다는 사실은 차치하고라도, 자연 환경은 누가 구할 것인가?

4장에서 이미 언급한 것처럼 미국과 캐나다의 농촌인구는 한때 국민의 대다수를 차지했지만, 1993년에는 농민이 2퍼센트 이하로 떨어졌다. 이 숫자는 북미에서 뿐만 아니라 전 세계적으로 꾸준히 감소하고 있다.

기계화, 자본화, 그리고 작은 농장을 더 큰 농장으로 합병함으로써 (기업이 소유하거나 기업 구매자와의 공급계약에 얽매여 있는 농장의 수가 증가하고 있다) 시카고학파의 경제 모델에 입각하여 "노동을 합리화"하였고, 이로 인해 북미와 유럽, 일본의 대다수 농민 인구가 사라지게 되었다. 이것은 통계수치를 통해 분명하게 드러난다.

예를 들어, 캐나다에서 농촌인구가 유출되는 10년 단위의 경향은 제2차 세계대전 이후 특히 심각했다. 1950년과 1980년 사이에 농장에서 사는 사람들의 수는 "50퍼센트나 줄어들었다. 온타리오 주에서만 약 36만 2천명의 사람들이 짐을 꾸려 집을 버리고 토지에서 떠나갔다 — 이것은 산업도시 해밀턴(교외지역포함)의 총인구에 상응하는 수치다."[2]

미국에서는 1981년과 1986년 사이 5년 동안에만 "미국농장의 수가 15퍼센트 줄어들었"고[3], 남은 것 중에서도 대기업이 소유하거나 지배하는 업체들이 농장 판매 및 수익의 점점 더 많은 비중을 차지하게 되었다.

1992년 캐나다에서는 농가의 3분의 1에서 차지하는 농가 총 수입이 79퍼센트에 달했다.[4] 캐나다의 대초원지역인 서스캐처원(수십 년간 이곳의 곡물이 캐나다뿐만 아니라 세계의 많은 곳을 먹여 살렸고, 이곳의 풍부한 토양은 이상적인 경작을 가능케 했다)의 통계는 현재 벌어지고 있는 일을 단적으로 보여준다. 서스캐처원의 개별농가의 수는 1930년대 중반과 1991년 사이에 42퍼센트 감소했다.[5] 1918년에 약 360에이커였던 평균적인 농가규모는 1991년 1천 에이커 이상으로 275퍼센트 이상 증가했다. 1993년 팜 크레딧 회사Farm Credit Corporation은 농장 배제의 결과로 이 지역의 총 경작지 47분의 1에이커를 소유했다.[6] 수많은 세계적 시장이 형성된 서스캐처원 같은 비옥한 곳에서 가족농이 성공적으로 농사를 지을 수 없다면, 이들은 어디에서 농사를 지을 수 있을까?

캘리포니아에 있는 멕시코 출신 농장 노동자의 사례에서 언급했던 것처럼, 기계화는 농장 노동자들의 일자리를 빼앗을 뿐 아니라(멕시코 노동자들의 경우 5만 개의 일자리를 잃었다) 규모가 큰 단작 농장만 살아남을 수 있는 환경을 조성함으로써 합병 과정을 촉진시켰다. 작물을 혼합 재배했던 캘리포니아의 소규모 가족농들은 일 년 중 상대적으로 짧은 기간에만 사용하는 신종 토마토 수확기계 가격을 감당할 수 없었고, 그래서 이 비용을 감당할 수 있는 대규모 단작 업체에 모든 것을 팔아넘겨야 했다. 이로 인해 4천 개였던 캘리포니아 토마토 생산자의 수가 슬프게도 6백 개로 격감한 것이다.

캘리포니아에 남아있는 일부 "농민들"은 사실상 다국적 기업이다. 다국적 기업이 아닌 농민들은 실질적인 독립성을 거의 갖추지 못했거나 의사결정권이 거의 남아있지 않다. 엄청난 담보대출로 토지를 구입한데다 기계와 투입물을 사느라 추가로 대출을 받은 농민들은 식품가공업자와의 계약에 족쇄처럼 갇혀있는 경우가 많다. 식품가공업자들은 농민들에게 특허 등록된 종자를 공급하고, 비료, 관개시설, 제초제에서부터 수확시기와 수확방법까지 모든 것들을 지시할 수도 있다. 이들은 명목상으로는 자영가족농이지만, 실제로는 금전적으로 농노에 가깝다. 이들은 거대 가공업자들의 명령을 받는 입장에 놓이게 되었고, 영농기술은 정해진 대로 색칠만하면 되는 취미용 그림 그리기 세트 비슷한 것으로 전락해버렸기 때문이다. 이제 이들의 제품에 대해서 평가하는 것은 소비자가 아니라 먼 도시의 고층건물 안에서 일하는 기업 회계사들이다.

유엔의 식품농업기구에 따르면 프랑스, 독일, 일본에서도 이와 유사한 인구 인동이 있었다. 이들 나라에서도 1961년과 1993년 사이에 농업인구가 상당히 줄어든 것이다. 전반적으로 유럽연합에서는 1961년과 1991년 사이에 (제2차 세계대전 이전 수치에서 이미 상당히 줄어든) 농업인구가 14퍼센트 줄어들었다.

식품농업기구에 따르면 러시아를 포함한 소련의 농업인구 또한 1963년과 1984년 사이에 꾸준히 떨어졌다. 영농이 점점 기계화되고 국

영농장과 집단농장의 규모가 커졌기 때문이다. 소련 제국이 붕괴한 이후에도 대부분의 후속국가에서 농업인구는 꾸준히 감소하고 있다. 많은 제3세계국가에서는 총인구가 엄청나게 증가했기 때문에 농촌인구가 이와 비슷하게 떨어지지는 않았다. [하지만—옮긴이] 빈곤한 농촌에서 도시로의 이동이 지속 불가능할 정도로 진행되고 있으며, 이로 인해 격심한 도시 환경문제와 고용문제가 발생하고 있다. 하지만 그럼에도 농촌거주인구는 이농인구보다 더 빠르게 증가하고 있다.[7] 예를 들어 케냐에서는 총인구가 1961년 859만 2천 명에서 1993년 2천 609만 명으로 증가했고(303퍼센트라는 경이로운 증가율을 보인다), 농촌인구는 같은 기간에 747만 3천 명에서 1973만 7천 명으로 증가했다(264퍼센트 성장한 것이다).[8] 커피, 차, 설탕 같은 상품들의 세계가격이 하락하고 최근 GATT 하에서 진행된 우루과이 라운드 협상 때문에 이들에게 적대적인 교역조건이 형성되면서 이 나라의 농촌경제가 불구화되었기 때문에 [이들은—옮긴이] 최신제품을 생산할 능력이 없다. 너무 많은 이들이 이주하여 도시환경이 과포화상태에 이른 나이로비와 몸바사 또한 마찬가지다.

20세기를 거치며 전 세계 농업에서는 많은 양의 노동력이 줄어들었다. 처음에는 대부분의 북반구 국가에서 농촌 인구가 줄어들었고, 이제는 남반구의 농촌인구가 빠져나가는 한편 빈곤한 구동구권 지역에 집중과정(공산주의의 국영농장과 집단농장 시스템을 통해 이미 원만하게 착수된)이 완성되고 있다. 워싱턴 포스트의 닉 코츠Nick Kotz 기자는 미국의 현상을 관찰하면서 다음과 같이 쓰고 있다.

> (연 판매액이 2만 달러에서 50만 달러에 달하는) 중대규모의 가족농은 초창기 농업의 산업혁명과 과학혁명에서도 살아남았다. 이들은 이제 거

대 기업들이 결부되어 조율하면서, 식품공급시스템의 전통적인 기능을 뒤흔드는 재정혁명에 직면해있다. 저명한 농업경제학자인 에릭 소어Eric Thor는 "영농은 빠른 속도로 움직여 통합된 시장생산체제의 일부가 되고 있다"고 말한다. "이 시스템이 한번 형성되고 나면 미국의 다른 산업화된 시스템들과 똑같아질 것이다." 20개의 거대기업이 이제 [미국의 모든] 가금류 생산을 통제하고 있다.[9]

거대복합기업인 테네코Tenneco Inc.를 비롯한 석유화학기업들이 농업에 진입하는 과정을 설명하면서 코츠는 다음과 같이 질문한다. "농업이 (제철, 자동차, 화학제품처럼) 테네코 같은 거대복합기업이 지배하는 산업이 될 것이란 말인가? 그러면 이 나라는 신화와 노래를 통해 숭상해왔던, 미국의 중추인 자작농과 독립적인 지주에 대한 제퍼슨의 위대한 이상을 상실하게 될 것이다."[10] 그는 농업의 산업화는 더욱 심각한 의미를 가진다고 쓰고 있다.

1. 미래의 미국 경관 형태가 변한다. 이 나라에서는 이미 인구의 74퍼센트가 1퍼센트의 토지 위에서 살고 있다. 현재의 추세가 계속된다면 21세기에는 겨우 미국인구의 12퍼센트만이 10만개 미만의 [농촌—옮긴이]공동체에서 살게 될 것이고, 60퍼센트는 4개의 거대 도시에서 살게 될 것이며, 28퍼센트는 다른 대도시에서 거주하게 될 것이다.
2. 이미 이촌향도 때문에 심각하게 훼손된 농촌의 삶이 앞으로도 침식당하게 된다. 현재 매년 80만 명의 사람들이 시골에서 도시로 이동하고 있다. 1960년과 1970년 사이에는 농촌마을의 절반 이상이 인구감소로 고통을 겪었다. 이로 인한 한 가지 결과는 도시의 병리적 현상들(교통체증, 오염, 복지문제, 범죄, 도시 질병의 총목록)이 악화된 것이다.
3. 거대농업기업은 미국의 농촌에 남겨진 것들을 지배하게 된다. 이것은

더욱 많은 양의 생산적인 토지를 소수의 손에 집중시킬 뿐 아니라 최근 몇 십년간의 이주 패턴을 가속화하며, 잔존한 문화 속에서 20세기 농업 봉건제라는 형태의 유령을 키우고 있다.[11]

토론토의 『글로브 앤 메일』이 온타리오 주 카베카의 한 낙농업 농가의 폐쇄에 대한 1996년 기사에서 보여주고 있는 것처럼 가족농들이 토지에서 밀려나고 있는 것은 단순히 기술적으로 "비효율적"이거나 "시대에 뒤떨어져" 있기 때문이 아니다.

의자에 깊숙하게 몸을 파묻고는 내 이웃이 말했다. "글쎄요. 그게 다에요. 우린 소들을 모두 팔아버렸어요."
스크래블Scrabble* 집단에 있는 나머지 여성들이 이 소식을 제대로 이해하는 데는 약간의 시간이 필요했다. 소를 팔았다고? 더 이상 낙농업을 하지 않는다는 거야?
이 소식은 우리 모두에게 충격이었다. 우리는 할 말을 잃었다. 이들은 그녀 부부와 네 아들, 남편의 부모와 어린 남동생을 부양할 수 있을 정도로 충분히 일을 잘 해오고 있었다. 집 두 채, 헛간 두 개, 농장 두 개, 사일로 4개, 소 50마리, 한 무리의 닭, 이웃에게서 빌린 건초밭, 이것은 하나의 사업체 수준이었다. 나는 이들이 우리 마을에 남아있는 다섯 개의 낙농업 농가 중에서 최고라고 말하곤 했다.
처음에 그 농장은 그의 부모님 소유였다. 50년대 초에 이들이 네덜란드에서 이곳으로 이주해 왔을 때 사람들이 전혀 신경 쓰지 않던 농가 하나를 인수해서 이것을 효율적인 낙농업체의 모범적인 예로 만들었다. 그것은 자랑할 만한 것이었다. 이 농장은 1895년 경 최초의 정착자들이 이 황량한 온타리오 지역에서 어떻게든 애쓰며 잘해보려고 시작한 것으로,

* 단어 만들기 놀이의 일종

마을에서 가장 오래된 것 중 하나다.[12]

기사는 다음과 같이 이어지고 있다.

> 내 이웃은 다음과 같이 설명했다. “우리는 젊어서 충분히 다른 걸 할 수 있어요. 우리가 계속 농사를 지으려면 확장을 많이 해야 하기 때문에 20년간 채무상태에 있어야 했어요. 운이 좋아봤자 우리가 은퇴할 때쯤에야 빚을 다 갚을 수 있겠죠. 지금처럼 열심히 일한다 해도 모두 다 빚 갚는 데 들어가겠죠. 더 많은 소가 필요할거고, 추가로 들여놓은 소를 먹이려면 더 많은 건초가 필요할거고, 새로운 관리시설들 때문에 더 많은 비용이 들 거에요. 너무 힘든 일이죠.”
> 나는 그녀가 지금도 충격에 빠져있다고 생각한다. 나도 그렇다. 무언가의 끝을 보는 것은 슬픈 일이지만, 남아있는 네 곳의 농가가 잘 해내지 못하면 이들도 끝장날 것이라는 것을 인정하는 것이 더 슬픈 일인지도 모른다. 남아있는 네 곳의 농가는 단지 피할 수 없는 일을 유예하고 있을 뿐이다.
> 내년이면 자유무역협정 때문에 발생하는 변화들 때문에 캐나다의 낙농업자들은 더 이상 어떤 형태의 규제를 통해서도 보호받지 못하게 될 것이다. 우리는 더 많은 우유와 낙농제품들이 미국에서 들어오는 것을 보게 될 것이며, 결국 이로 인해 내가 침울해진 틈을 타서, 노바 스코샤 주 크기만 한 세 개의 낙농업 농가가 북미 전역에 제품을 공급하게 될 것이다.[13]

이 기사를 쓴 사람이 자신이 체감한 공포를 과장했다고 볼 수만도 없는 일이다. 1996년 4월 30일자 『글로브 앤 메일』의 한 면에 실린 또 다른 기사에 따르면 NAFTA의 결과 현재의 3만 2천여 캐나다 농가들이

위기에 처할 수 있다.[14]

사라지고 있는 가족형 농가들로 유지되던 중소규모의 마을들도 개별 농가들과 함께 위기에 처했다. 농촌이 천천히 공동화됨에 따라 뒤이어 소읍들이 똑같은 경험을 하고 있는 것이다.

첫째, 지방의 교육지구가 처음에는 초등과정을, 뒤이어 고등과정의 학교를 통합하기 시작한다. 공립학교와 소교구학교 모두 규모가 작기만 하면 먼저 사라지고, 시골 아이들은 아침저녁으로 노란 스쿨버스에 실려 훨씬 더 먼 거리를 이동하게 된다. 마침내 가족들이 토지를 포기하고 떠나게 될 때까지 일부 아이들은 매일 4시간씩 버스에서 시간을 보내며 이제는 통합되어 더욱 번잡해진 학교를 오가게 된다. 학교 다음에는 지역의 음식점과 함께 이 음식점들이 손님을 맞이하던 그레이하운드 또는 인터프로빈셜 버스 정류장이 사라진다. 그 다음에는 지역의 우체통이 멀리 있는 큰 마을에 있는 것과 합쳐지면서 우체국이 사라지고, 시골의 우편물 배달 서비스가 중단된다.

그 다음은 철물점, 청과물가게, 잡화상 순서다. 이것들은 손님이 없어서 문을 닫을 수밖에 없게 된다. 남아있는 가족농들은 이제 커피와 설탕, 아이들 운동화를 사기 위해서는 토요일마다 멀리 있는 마을의 체인점까지 몇 시간 동안 차를 몰고 가야 한다.

대초원에서는 대형곡물창고가 문을 닫고, 철도 지선들이 폐쇄된다. 주정부나 지방정부는 도로 수리에 돈을 더 쓰지 않게 되고, 국도는 홍역에 걸린 아이처럼 파손되어 여기저기 구멍이 생기기 시작한다. 그 뒤 마지막으로 교회가 통합되기 시작한다. 처음에는 이웃 마을에 있는 교회 목사가 교회 건물을 한주에 한번 혹은 두주에 한 번씩 방문하게 된다. 이 교회는 예전에 엄마아빠가 결혼식을 올렸고 마당에는 할머니 할아버지가 묻혀있는 곳이다. 그 다음에는 이웃 마을들이 죽어가기 시작하면서 교회가 통합되고, 이제 일요일 예배를 원하는 사람은 하나님의 말씀을 듣기 위해 파손되어 구멍 난 길을 따라 차를 몰면서 주일의 절반을 차에서 보내야 한다.

마지막으로 마을은 유령도시 같아진다. 서스캐처원에서 일부 필사적인 농촌지방정부들은 빈집과 토지를 1달러에 판매한다고 홍보하기도 했다. 소유자들이 떠나면서 구매자를 찾지 못하면 집은 버려졌고, 재산세를 내지 못하는 경우에는 징발되었다. 따라서 지방정부들은 [싼—옮긴이]값으로 은퇴자들을 유혹해보려고 했다. 하지만 나이든 연금생활자들이 의사도 없는 마을로 이주를 하겠는가? 이때쯤 되면 의사도 모두 떠나고 없다.

(이 저자가 개인적 경험을 통해 알게 된) 이 과정은 토지를 사랑하는 사람이 증언할 수 있는 가장 우울한 일 가운데 하나다.

물론 경제가 산업화된 서유럽과 일본에서도 『워싱턴 포스트』의 코츠Kotz와 『글로브 앤 메일』이 개탄한 것과 똑같은 과정이 일어나 똑같은 변화를 일으키고 있다(혹은 이미 일으켜왔다). 북친Bookchin은 점점 더 흔해지는 전 세계적인 현상에 대해 다음과 같이 한탄하고 있다.

> 결국 농업은 제철이나 자동차생산 같은 다른 산업부문들과 다른 것이 전혀 없어졌다. 식품생산이라는 이 비개인적 영역에서 "농부"가 알고 보니 작물에 살충제를 살포하는 비행기조종사이고, 토양을 비유기합성물질들을 위한 생명 없는 저장소로 다루는 화학자이며, 식물보다는 엔진과 더 친숙한 어마어마한 농기계 조작자이고, 아마도 가장 결정적으로는, 땅에 대한 지식이 도시 택시운전사의 지식만큼이나 부족한 금융가인 경우가 많다는 사실은 이제 놀랍지도 않다. 이로 인해 식품은 많이

> 변형되어 탈자연화 된 형태로 용기에 담겨서 소비자들에게 전달되기 때문에 원래의 모습과는 많이 다르다. 오늘날의 번쩍이는 슈퍼마켓에서는 구매자들이 식물과 고기, 낙농업식품의 그림들이 실제 형태를 대체하고 있는 포장된 물건들로 가득 찬 엄청난 광경 속을 꿈을 꾸듯 걸어 다닌다. 물신物神이 실제 현상 형태인 척 하고 있다. 여기서 개인들이 자연의 경험들과 맺는 가장 친밀한 관계(생명을 유지하는 데 꼭 필요한 영양물질들)는 총체적인 자연의 뿌리와 단절되어 있다. 이 탈자연화 된 외양은 토지를 양도할 수 없는 거의 신성한 영역으로, 식품 경작을 정신적인 활동으로, 그리고 식품 소비를 존엄한 사회적 의식으로 바라보았던 초창기 애니미즘적 정서와 완전히 벌어지게 되었다.[15]

미국의 시인이자 사회 비평가인 웬델 베리는 농부로서 농업의 산업화와 농촌인구유출 과정을 짚어가면서 이것의 문제점을 경고했다. 그는 이러한 과정이 "전문가와 정치인들의 입장에서는 끔찍한 무지와 무책임의 결과인데, 이들이 전국적으로 농촌공동체의 붕괴를 처방하고 조장하며, 이에 대해 환호했기 때문이다."[16] 코츠와 북친처럼 베리도 도시의 위기와 농촌의 위기 사이에 있는 연계지점을 살피며 그로 인한 문화적 결과를 두려워하고 있다.

> 농업 기술의 "현대화"와 농촌 공동체 및 문화의 붕괴, 그리고 그 결과로 일어나는 도시생활 구조의 붕괴 사이의 연계에 대한 증언은 중요하게 다뤄야 하는 문제지만, 실제로 그것을 인식한 사람은 거의 없었다. 우리가 농업과정이라고 부른 것은 실제로는 수백만 명의 사람들이 강제로 터전을 빼앗기는 과정이었던 것이다.
>
> 나는 50년대에 우리 정치 지도자들이 공산주의 국가에서 농촌인구를 강제로 이주시킨 것에 대해 이야기하면서 보였던 분노를 기억한다. 나는

또한 동시에 워싱턴에서 농업에 대해 사용했던 "규모를 키우지 않으면 밀려난다"Get big or get out라는 표현의 정책이 엄청난 대가를 치렀지만 여전히 유효하다는 것을 알고 있다. 유일한 차이는 그 방식이다. 공산주의자들이 사용했던 힘은 군사력이었지만, 우리가 사용하는 것은 경제적인 힘, 즉 가장 자유로운 것이 가장 부유한 것이 되는 "자유시장"이다. 이 둘의 태도는 똑같이 잔인하며, 나는 양자의 결과가 인간정신의 관심사와 가치뿐만 아니라 생존의 실현가능성에도 똑같이 치명적이라는 사실이 드러나게 될 것이라고 믿는다. 큰 것을 목적으로 삼는 것은 사회적이며 문화적으로 파괴적인 것을 목적으로 삼는 것과 같다.[17]

베리는 식품은 "문화적 산물이다. 즉 식품은 기술만 가지고 생산할 수 없다"고 주장한다. 다시 말해서 고도로 기계화된, 산업적 단작 시스템에서 그런 것처럼 생산과정이 급진적일 정도로 단순화되면 식품을 생산할 수 없다는 말이다. 앞 장에서 설명한 것처럼 매년 엄청난 토지가 평평하게 다져지고 여기에 매년 잡종 옥수수 같은 고수익성 환금작물만 심는다. 작물을 전혀 순환시키지 않거나 아주 가끔씩만 순환시키기 때문에 영양물질이 빠르게 감소하는 것이다. 이렇게 사라진 영양물질, 그중에서도 특히 질소를 보충하기 위해서 엄청난 양의 비유기화학비료를 사용하는데, 이것은 살아있는 토양 유기체들을 "태워버리고" 지하수면을 오염시킨다. 이렇게 환경적으로 파괴적인 "공장식 농업"과 관련되어 있는 산업적인 노동 분업 때문에 자신에게 부여된 협소한 과업에만 몰두하는 "전문적" 임노동자의 수가 증가하는 한편, 이미 사라져버린 [소련의—옮긴이] 쿨락들과 점점 사라져가고 있는 미국의 가족형 농부들처럼 시스템 전체를 통찰할 수 있는 종합적 지식을 갖춘 사람들은 제거된다.

윌리엄스처럼 베리도 이것이 이제는 사실상 삶의 모든 측면들을 관통하는 사회적 풍경의 상징이라고 생각한다. 이러한 사회적 풍경은 구획 짓는 것을 좋아하기 때문에 "마음과 성격을 지나치게 단순화시키는" 결과를 낳는다.

> 농업이라는 학문이 다른 학문들과 완전히 분리되었어야 했다는 주장은 구획된 구조를 가지고 있는 대학 안에 직접적인 근거를 두고 있다. 대학에서는 보완적이고 상호지탱해주면 더 풍부해질 수 있는 학문들이 "전문적인 일"이라는 근거로 한쪽 눈만 가진 파편화된 전공들로 구분되어 있다. 그래서 이제 농업은 농과대학에서 책임을 지고, 법은 법대 교수들만 책임을 지며, 도덕성은 철학과에서만 신경 쓰면 되고, 독서는 영문과에서만 하는 일이라는 식의 태도가 나타나게 되는 것이다. 물론 정부 또한 마찬가지다. 정부도 똑같은 파편화를 제도화하는 데 일조해왔다. 하지만 우리가 문화를 원래 그렇듯 하나의 본체로 인식하면 이 모든 학문들이 모든 사람들이 신경 써야 할 일이라는 것을 알게 될 것이다.[18]

공장형 농장이 상징하는 "구획을 짓는" 태도는 그 구성요소들이 자연에서 단절되었을 뿐만 아니라 서로로부터 단절되어 있는 소외의 문화를 일컫는다. 하지만 베리는 "문화는 농업이나 자연자원을 희생시키고는 오래 생존할 수 없다. 생명자원을 희생시켜 살고자 하는 것은 명백한 자살행위"라고 단언한다.[19] 그는 이에 대한 예로서 미국의 전 농무부 장관이었던 얼 버츠Earl Butz와 전 국방부 장관이자 베트남 전쟁의 핵심 기획자였던 로버트 맥나마라Robert McNamara의 말을 지적하고 있다.

> 최근 우리의 농무부 장관은 "식품이 무기"라고 말했다. 국무부장관이 핵무기 사용가능성에 대해 이야기하면서 "입맛에 맞는" 파괴의 수준에 대

해 거론했다는 점에서 이것은 무시무시한 균형을 이루는 말이었다. 고대부터 음식이라는 개념 주위에 있었던 연상들(상호적인 돌봄, 관대함, 이웃의 친밀함, 축제의 즐거움, 함께 하는 기쁨, 종교적인 의식이라는 연상들)을 생각해보라. 그러면 이 두 장관들이 문화적 파멸을 선언하고 있다는 것을 알게 될 것이다. 이제까지 극단적으로 상반되는 것으로 인식되었던 농업과 전쟁의 관심사가 동일해진 것이다.[20]

이런 비평가들이 주장하는 것이 사실이라면 일종의 원과 같은 것이 이미 폐쇄된 것이다. 인간의 정주생활의 기초가 되는 농업을 통해 문명의 발전이 가능했지만, 이 문명은 인류를 생명으로부터 소외시키고 단절시킨다. 우리 문화가 발전시킨 농업 시스템은, 토지에서 사람들을 내모는 데 일조하고, 도시에 사람들이 몰려들게 하며, 식품과 자연환경 모두의 질을 떨어뜨림으로써, 자멸의 위험을 (따라서 문명의 기초 또한 파괴할 위험을) 무릅쓰고 있는 것이다.

"이것은 단순히 역사이기만 한 것이 아니라 우화적인 상황이다."라고 베리는 적고 있다.[21]

우연이 아니다

현재 진행되고 있는 이 재앙의 원인은 우발적인 것도, 단순히 기술발달로 인한 어떤 맹목적인 운명을 타고난 "진보의 행진"의 필연적인 결과도 아니다. (토마토 수확기계의 발명 같은) 기술이 일정한 역할을 하긴 했지만, 이 재앙들은 대체로 포괄적인 거시경제정책의 결과물이다. 그리고 이런 거시경제정책들은 탐욕스런 투기꾼들과 거대 농산업 기업 및 은행들의 헤게모니에 대한 야망, 그리고 특히 미국 정부 같은 국가

정부들의 조세, 국제 무역, 농업 지원 정책 결정 같은 의제 및 이윤 마진을 통해 결정된다.

가족형 농가를 없애고 공산주의자들의 집단농장과 유사한 형태의 산업모델을 토대로 식품 생산을 "합리화"하려는 이들 서로의 목적을 달성해준 기제는 종종 "비용-가격 압착"이라고 부른다. 그리고 이 압착은 무자비하게 진행된다. 내가 예전에 보고서에서 밝힌 것처럼

> 오늘날 평균적인 [식품산업] 기업들은 초국적이고 다양한 산업에 걸쳐있을 뿐 아니라(수평적 통합) 그 안의 각 산업들은 기초 공급품에서 제품 마케팅에 이르기까지 생산 체인 전체를 아우르고 있다(수직적 통합). 개별 농장 경영자(1979년 캐나다 국세청에 따르면 이들의 평균 순수입은 12,598달러였다)가 이들의 거래 상대자들의 금융 권력에 압도되어 거의 무의미한 경제 주체가 된 것은 놀랄 일도 아니다.
> 하지만 그는 거래를 할 수밖에 없다. 한편으로 그는 장비와 공급물(기계, 연료, 사료, 종자, 비료)을 사야 하는데, 이것들은 천정부지로 솟아오르는 토지가격과 대출금 이자와 함께 이 농부의 비용 요소를 구성한다. 다른 한편으로, 작물을 한번 기르고 나면 이것은 생산자가 받게 될 농장도매가격에 영향을 미치는 가공, 배분, 소매 부문의 구매자들에게 판매되어야 한다. 이것이 두 번째 압착요소다. 생산 사이클의 양쪽 끝에서 벌어지는 이 경쟁이 불평등한 것은 자명하다.[22]

가끔씩, 특히 미국 농민들의 경우 종자, 비료, 제초제, 살충제를 구입하는 사이클의 한쪽 끝과, 그 뒤에 최종 생산물을 판매, 가공하여 아메리카 대륙의 슈퍼마켓 체인에 그것을 판매하는 사이클의 다른 한쪽 끝에서 동일한 복합기업을 상대하게 된다. 이 기업들의 법인기구에는 상호연관성 때문에 똑같은 사람이 책임자의 위치에 있을 수도 있다. 어

쩌면 아이러니 하게도 생존을 위해 분투하는 가족형 농가들이, 마을에 있었던 독립적인 가게들이 사라진 뒤 자신들의 농작물을 판매하기 위해] 토요일마다 차를 몰고 가야 하는 행정구의 슈퍼마켓을 이들 [복합기업의—옮긴이] 체인중 하나가 소유하고 있을 수도 있다. 상처받고 모욕까지 당한 꼴이다.

최근까지 캐나다의 농부들은 국가 마케팅 위원회의 중재기능 덕분에 이러한 투쟁에서 협상력이 어느 정도 있었다. 마케팅위원회가 달걀, 우유, 밀 같은 농장 상품을 생산하는 개별 생산자들을 분류하면, 이 생산자들은 생산에 대해 공동 출자를 하고 동일한 가격에 판매하는 데 합의한다. 이는 이 생산자 집단에게 기업에게 대항할 힘을 주고 위원회에 속한 농민구성원들이 비용·가격 압착을 용이하게 헤쳐 나갈 수 있도록 도와준다. 이런 과정이 없었더라면 많은 구성원들이 비용가격압착 때문에 사업에서 밀려나게 되었을 것이다. 결국

> 많은 위원회들이 부분적으로는 농민조합의 역할을 하고 있다. 연방위원회의 공무원들은 보통 정부에서 지명하지만, 대부분의 지방위원회들은 지방노조의 공무원들이 그러는 것처럼 농민구성원들이 선출한다. 이들은 노조가 노동자의 임금을 두고 협상을 벌이는 것과 똑같은 방식으로 농민들의 노동에 대한 보상을 두고 협상을 벌이고 때에 따라 요구하기도 한다.[23]

물론 이 협상능력은 위원회의 협상 파트너인 기업의 이해관계에 역행한다. 기업은 자신의 경제적 이익 때문에 마케팅 위원회를 무력화하거나 제거하려고 할 것이 틀림없다. 전원 작가인 테리 퍼그Terry Pugh는 GATT의 기초의제를 간결하게 요약하고 있다. 1990년대에 몇 차례 진행

되었던 GATT의 국제 협상의 결과 WTO의 기초가 마련되었다. 퍼그에 따르면 무역협상에 카길의 휘트니 맥밀런Whitney MacMillan이 있었던 것이 분명 의미심장한 사실이었다.

예를 들어 곡물부문에서는 6개 기업이 세계가격과 공급에 영향을 미치고, 자신들의 이익을 조절하는 무역정책의 바탕을 짠다. 이러한 과점체제에서 카길 곡물회사가 가장 규모가 크고, 아처 다니엘스 미드랜드Archer Daniels Midland(ADM), 컨티넨탈Continental, 루이스 드레퓌스Louis Dreyfus, 번지앤본Bunge & Borne, 미츠이Mitsui 그리고 페루찌Feruzzi가 그 뒤를 바짝 쫓고 있다. 이 회사들은 가장 값싼 공급자에게서 원재료를 공급받고, 점점 커지고 있는 시장에 어떤 제약도 없이 접근할 절대적인 필요가 있기 때문에 GATT 협상에서 앞선 힘을 발휘하고 직접 지시하기도 했다. 캐나다의 정연한 마케팅 시스템과 공급관리시스템을 포함한 국내 농장 프로그램들은 이러한 상품과 자본 흐름에 장애물일 뿐이다. 결국 마케팅 위원회는 무역 협상에서 제거의 대상이 되었다.[24]

하지만 미국의 전농무부 장관인 얼 버츠("규모를 키우지 않으면 밀려난다"의 주인공), 워터게이트의 명성을 가진 미국의 전 대통령인 리차드 닉슨("나는 사기꾼이 아니다"의 주인공) 같은 인물들은 이 국제 협상이 끝나기도 훨씬 전에 소규모가족형농민들을 전국적인 규모의 제거 대상으로 삼았다. "랄스톤 퓨리나Ralston Purina, 인터내셔널 미네랄/케미컬 회사International Minerals and Chemical Corp., 스토클리 반 캠프Stokely Van Kamp Inc., 제이아이 케이스 앤 컴패니J. I.Case & C. 그리고 인디아나의 스탠다드 생명보험회사Standard Life Insurance Company 같은 거대 농산업체들"[25]로 구성된 위원회의 회원이기도 했던 버츠는 미국 대통령 한 명 이상의 몫을 했지만, 정작 그가 유명해지게 된 것은 닉슨 정권 하에서 농무부 장관으로 종신 재직한 것 때문이었다.

크레브스A.V.Krebs 연구원의 설명처럼 닉슨은 일찍이 "비교우위"(앞서 4장에서 설명했던) 경제이론의 연장선상에서 미국의 농업을 "합리화"하기로 결심했다. 그는 국제무역과 투자정책에 대한 대통령 위원회Presidential Commission on International Trade and Investment Policy가 작성한 1972년 보고서를 계획의 기초로 삼았는데, 이 위원회의 의장은 농민이 아니라 IBM의 재정담당관인 앨버트 윌리엄스Albert L. Williams였다.

크레브스는 다음과 같이 개괄하고 있다.

> 윌리엄스 위원회는 엄청나게 질 좋은 토양과 기후조건, 그리고 여기에 결합된 기술과 자본의 집약적인 사용 때문에 미국이 곡물생산에 있어서 자연스럽게 우위를 점하고 있으며, 이를 통해 미국이 "자본주의적 효율성"의 모델이 될 수 있다고 믿었다.
> 그런 "자유무역" 정책들을 이행하려면 미국의 농업은 농가의 수입을 보호할 목적으로 고안된 국내 농가 프로그램들을 단계적으로 철회하고 "자유시장"형 농업을 지향하면서 효과적인 수출산업으로 전환되어야 한다. 기업형 농산업체들은 이 접근법을 폭넓게 지지했고 따라서 이것은 닉슨행정부 농업 정책의 초석이 될 것이다.[26]

기본적으로 이들의 생각은 농촌을 광활한 대량생산곡물공장으로(그리고 이후 후대 대통령의 정권 하에서는 토마토와 오렌지, 그 외에 무엇이든 제조하는 공장으로) 전환하는 것이었다. 이 야외공장들이 더 클수록 (그리고 따라서 이론적으로 더 "효율적"일수록) 더 좋은 것이었다. 또한 버츠는 농민들에게 "'울타리 이 끝에서 저 끝까지'('빌리러가라 젊은 이여, 더 큰 작물에 모든 돈을 걸어라')작물을 심으라"고 종용하면서 과업에 혼신의 힘을 기울였다.

크레브스는 다음과 같이 이어서 말한다.

> [버츠는] 농업생산물을 가지고 국가의 재정수지를 안정시키는 닉슨 독트린을 지원하는 미국 농무부 프로그램을 만들어서 토지의 전문화를 촉구했다. 또한 버츠는 "울타리 이 끝에서 저 끝까지 심는 것"은 거의 신성한 의무라고 설교했다는 점에서, 자신의 땅에서 쫓겨나 파산하거나 모든 것을 강제로 저당 잡히거나, 우울증, 이혼, 알콜중독, 자살 등의 상태에 이르게 된 수천 농민들의 곤경에 대해 이제는 중대한 책임을 져야 한다.[27]

여기저기 약간의 우회와 변형이 있기는 했지만, 대부분의 미국 행정부들은 특히 로널드 레이건 행정부 이후로 닉슨의 정책을 꾸준히 계승해 왔다. 또한 세계무역기구의 창설로 이어진 1990년대 GATT 협상의 소위 우루과이 라운드는 농업에 대해 이와 유사한 "전지구적 합리화" 철학을 채택했다.

예를 들어 최종 합의문에 있는 수입물 보호 제도의 몇 가지 요소들이 농업에 영향을 미치긴 했지만, 가장 중요한 것은 관세를 부과하는 일, 즉 수입 장벽으로 추정되는 모든 것(간접적인 것일지라도)을 정량화할 수 있는 관세로 전환하는 과정을 처리한 것이었다. 유엔식품농업기구의 한 보고서는 다음과 같이 요약하고 있다.

> 새로운 규정들은 합의문이 효력을 갖게 될 때부터 모든 할당량, 다양한 징세, 기타 수입 장벽들이 일반적인 관세로 전환되어야 한다고 요구했

다. 그리고 이 새로운 관세와 기존의 관세는 이행기간 동안 각각 최소 15퍼센트 감축되어야 하며, 전체로서의 관세 감축은 평균 36퍼센트여야 한다. 개도국은 관세를 24퍼센트까지 줄여야 하는데, 이 감축을 이행하기 위한 기간은 6년이 아니라 10년으로 허용되었다. 비관세장벽들에 관세를 매기고, 이 비관세 수단들을 앞으로 사용하지 못하게 하는 것은 농업에 영향을 미치는 무역규정들을 크게 개정하는 것을 뜻한다. 이를 위해서는 이제까지 대중들에게 드러나지 않았던 장벽들이 투명하게 드러나야 하고 일부 국가의 농업생산자들이 구가했던 높은 수준의 보호를 만천하에 드러내야 한다.[28]

이 합의사항에 대한 대부분의 논평은, 그 중에서도 특히 보수적인 기업형 농산업체의 관점을 대변하는 대변인들의 논평은 국경을 개방한 새로운 체제에 환호했다. 예를 들어 독일 괴팅헨 대학의 경제학자인 스테판 탠저맨Stefan Tangermann은 농업에 대한 협정은 "역사적 돌파구이며 …… 좋은 방향으로 한 단계 중요한 발걸음을 뗀 것"이라는 말을 하여 [이후에—옮긴이] 널리 인용되었다.[29]

국제적인 국경에 있는 장벽들만 붕괴된 것이 아니었다. 탠저맨은 많은 다른 관찰자들이 간과했던 특징에 주의를 기울일 것을 주장하면서 다음과 같이 덧붙였다.

더 이상 수입품에 반하는 보호조치를 마음대로 취할 수 없고 수입보조금이 삭감되어야 하는 곳에는 이것들 대신에 국내 보조금들을 사용할 위험이 있다. 따라서 정부가 제공할 수 있는 국내적 지원의 정도에도 이제는 한계가 있다는 것을 알아두는 것이 좋다.[30]

무역대표단들을 통해 GATT 협상을 지배했던 대부분의 G-7국가들

(프랑스는 확실히 도드라진 예외였다)과 탠저맨의 가정은 국내 농산업에 대한 보호조치를 제거하면 (자동적으로) 이전의 시스템이 향상될 것이라는 것이었다.

영국의 경제학자이자 저술가인 팀 랭Tim Lang과 콜린 하인즈Colin Hines 같은 소수 비평가들을 제외하면 "누구를 위한 향상인가"라는 질문은 아무도 하지 않았다. 팀 랭과 콜린 하인즈는 자신들의 책 『신보호주의』*The New Protectionism*를 통해 자유무역의 가정들을 공격했다.[31] 랭과 하인즈는 그들의 책이 출판되고 난 이후 1996년 1월의 한 기사에서 솔직한 심경을 밝혔다.

> 새로운 GATT가 1970년대 레이건/대처 시대의 판에 박은 공식(탈규제, 경제적 효율성, 국제적 경쟁력, 모든 수요를 충족시키기 위한 시장에 대한 교조적 의존)을 답습해왔다. 하지만 이런 정책들이 공동의 선을 위해 작동되지 않는다는 데에 대한 증거는 많다. 큰 규모의 농부, 무역거래자, 큰 회사들은 이익을 보지만, 이러한 정책들의 논리적 산물인, 집약적이고 투입물이 많은 농업이 환경과 농촌경제, 식품의 질과 식품 안보에 재난을 몰고 온다는 점에 대한 증거가 있다.[32]

새로운 GATT/WTO 체제가 초국적 기업 부문에는 우호적이지만, 캐나다의 농장 마케팅 위원회 시스템을 위협할 것이라는 점은 분명했다. 1995년부터 1996년까지 미국이 NAFTA 조항을 근거로 제기한 소송에서 캐나다가 낙농업제품, 달걀, 닭, 칠면조 마케팅 대행사들에 속해 있는 농부회원들을 보호할 목적으로 고안한 국경 관세를 폐지하라고 요구하면서 밝혀진 대로, NAFTA는 캐나다의 농장 마케팅 위원회를 훨씬 더 직접적으로 위협했다.[33]

악마의 어두운 헛간

오늘날 북미의 농장 대부분을 지배하는 기업의 공장형 농장 식품 시스템은 손에 닿는 거의 모든 것에 파괴력을 행사한다. 그것은 우리가 먹는 음식을 독성물질들로 가득 채워 맛과 영양의 질을 떨어뜨리고, 가족형 농부와 농촌 공동체를 파괴하며, 토지와 환경을 병들게 하고, (윌리엄 블레이크의 표현을 조금 바꿔보자면) 악마의 어두운 헛간 속에서 "제조하는" 생명체들을 고문한다. 공장형농장식품 시스템에서 생산된 미래의 생산물은 미처 대비책을 마련하지 못한 세상에 새로운 역병을 전파하는 유전적인 공포 혹은 극소기계에서 유발되는 공포라는 사실이 드러날 수도 있다.

또한 이 시스템에서 진정으로 이익을 얻게 되는 유일한 집단은 극소수의 부유한 기업들과 그 행정집행자들, 그리고 이들에게 이미 미친 듯이 매수된 정치인들 등이다. 이 공장형농장식품시스템은 "보이지 않는 손"이라는 냉혹한 경제적 운명의 결과가 아니라 이들의 두뇌와 이데올로기의 산물이다.

이 시스템은 과학적이지도, 자연적이지도 않으며, 일반 시민들은 도저히 받아들일 수 없는 것이다.

2부

해법(들)
우리가 숨을 내쉴 때마다
이산화탄소, 녹색물질에 생명을 주네!

우리가 숨을 들이쉴 때마다
셀 수 없는 구획 속의 원생식물
높은 암벽에 들러붙은
이끼들, 가시 돋친 선인장,
조수가 밀려오는 습지의 염생식물,
세쿼이어들, 수천
연(年)/보드풋(boardfoot)/둘레길이/센티미터 두께의
나무껍질, 사슬톱의
스르르 소리에도 불구하고,
톱밥이, 떨어지는데도 불구하고,
둥그런 날의 윙윙거리는 소리에도 불구하고,
대초원 바람에 물결치는 풀잎들,
굽은 등, 튀어 오르는 등, 큰 낫에 베어진,
낫에 베어지지 않은, 오래된 떡갈나무가 화석처럼 서있다
수탉들, 뿌리를 깊이 박은 단풍나무들
시럽이 가득 들어있는, 우르르 굴러다니는
포플러나무 잎사귀, 그리고
활강하는 플랑크톤, 미끄러지고 서서히 움직이면서
미끌미끌한 바다의 표면 위에
둥둥 떠서—
산소를
내보낸다.

이것이 호흡의
비밀이다.

7

전복의 행동

그곳은 그렇게 큰 곳이 아니었다. 오늘날의 기준으로 보면 우표만큼도 안 되는 크기였다. 홀스타인종 몇 마리와, 기억은 잘 나지 않지만 저지종 한두 마리가 착유장 헛간을 함께 썼는데, 이 헛간에서는 깨끗하게 반짝이는 스테인리스 스틸 우유저장탱크가 매일 수 갤런의 제품[우유—옮긴이]을 받아냈다. 우리에는 닭들이 있고, 흰 뼈대의 농가 밖에는 텃밭이, 저 멀리는 곡식이 커가는 들판과 방목장이 있었으며, 그 중간 어딘가에 버드나무가 둘러 서 있는 연못이 있었다.

그곳은 미시건 주의 첼시 근처에 있었던 내 사촌의 혼합형 낙농업농가였다. 그곳은 내게 여름날이란 어떤 것인가, 그러니까 여름의 진정한 의미를 알게 해준 곳이기도 했다.

우리는 인터내셔널 하비스터International Harvester 아니면 콕셧 트랙터Cockshut tractor 뒤에 포장기계를 싣고, 건초 마차를 타고 나가 더운 날에

이틀 동안 건초를 만들었다. 하지만 별문제는 없었다. 물론 그 시절 모든 건초는 사각형으로 포장했다. 오늘날의 크고 둥그런 건초 포장기계가 미시건에 등장하기 전의 일이었기 때문이다. 건초가 컨베이어벨트를 타고 차례차례 줄지어 나오면 무게가 80파운드에 이르는 포장된 건초가 되어 있었고, 밀밭에서 일할 때는 60파운드 정도 되는 짚단이 만들어졌다.

우리는 번갈아가면서 오른손으로 갈고리처럼 생긴 건초쇠스랑을 가지고 건초의 한쪽 끝을 훑고, 건초기계가 사각형의 건초를 묶을 두 줄 가운데 한 줄을 왼손으로 잡고서, 몸을 돌려 우리 뒤에 있는 건초더미 위에 건초를 던져 올렸다. 사람이 한명 더 있을 때는 [건초더미 위에서—옮긴이] 건초를 받아 한 층 한 층 쌓아올려 건초들이 균형을 잡아 쓰러지지 않게 했다. 화창한 햇살 아래서는 덥고 땀나는 일이었다. 따끔따끔하게 몸을 찌르기도 했다. 저물녘이 되면 팔 앞쪽과 허벅지가 여기저기 줄기에 찔려 욱신거렸다.

정오에는 휴식을 취하며 숙모가 싸주신 도시락을 먹고, 집에서 만든 시원한 소다수를 마셨다. 그리고 그늘진 울타리 부근의 나무뿌리 사이에 물병을 걸쳐두고 있다가, 이 물병을 쌌던 젖은 타월 두어 장으로 몸을 식혔다. 우리는 앉아서 밥을 먹다가 빨간 꼬리 매들이 밭 위에서 게으르게 원을 그리며 날고 있는 것을 볼 수 있었다. 이 매들은 우리가 예전에 쥐들이 숨어있던 작물 사이를 지나다니면서 건초를 만들 때 들쥐들이 갑자기 드러나게 되면 재빨리 낚아채려는 것이었다. 매는 종종 날개를 접고 쏜살같이, 허둥지둥 도망 다니는 운 나쁜 먹잇감을 향해 소리 없이 내려오곤 했다.

점심식사가 끝나면 우리는 다시 들일을 마치기 위해 마차로 돌아갔다. 그리고 오후가 되면 덜컹거리는 마차를 타고 헛간을 향해 갔다. 우리는 그곳에 큰 곡물창고를 만들어놓았기 때문에 마차에서 내린 건초더미들을 덜거덕거리는 운반기에 싣고, 이것이 높은 곳까지 올라가는 것을 바라보았다. 우리 중 한둘은 뒤에서 건초를 받아 다시 모양대로 쌓았다. 다음 겨울에 소의 사료로 쓰고 바닥에 깔아주기 위한 것이다. 이것은 고된 일이었다. 저녁을 먹으러 돌아올 때쯤 되면 우리는 정말로 피곤했다.

하지만 저녁 식사시간은 항상 만족스러웠다. 모든 사람들이 건초를 들여놓은 것에 대해서 뿌듯해하기도 했다. 특히 여름 소나기 때문에 비와 경쟁을 해야 할 때는 더욱 그랬다.

나는 그 더웠던 날들 중의 어떤 밤을 지금도 기억한다. 아이들은 연못이 있는 야외로 나가서 버드나무 아래서 캠프를 하기로 했다. 어스름이 질 무렵 우리는 텐트를 치고 침낭을 펼쳤다. 그러고 나서 어둠이 내리면 불을 지피고 머쉬멜로우를 구워먹으며 이야기하고 장난치고 허풍을 떨었다. 나는 그날 밤 "복슬개" 이야기를 했다. 반달이 저 멀리 떠있고, 남은 장작불이 일렁였고, 내 사촌들은 둘러앉아 거칠고 우스워지는 내 이야기를 들었다. 그러고 나서 우리는 침낭에서 정말로 단잠을 갔다.

나는 그날들을 한 번도 잊어본 적이 없었다. 몇 년이 지나고, 시간과 장소가 달라져도, 심지어는 도시에서도 그날의 이미지들이 되살아났다.

통신사의 편집일을 그만 두고 난 뒤 디트로이트에서 실업상태에 있었던 여름날도 그랬다. 지국장은 병적으로 의심이 많았고 직원들은 술꾼에다 각성제 중독자, 아첨꾼을 섞어놓은 것 같았다. 그곳의 성격은 아마 〈길드 지방 통신사〉Wire Service Guild local의 사장을 통해 단적으로 표현될 수 있는데, 그는 파업 한중간에 시위를 방해하여 이런 노조배신행

위에 대한 보상으로 단숨에 뉴스편집장 자리로 승진한 인물이었다. 교정일을 하는 동료 중 하나는 지국 직원들의 말이나 행동에 대해 기록했다가 의심 많은 지국장에게 밤에 몰래 밀고했다.

이렇게 정말로 해로운 환경에서 몇 달 일하고 나서 나는 다른 일자리를 찾게 되었고, 절대 다시는 고용될 수 없을 게 확실한 방식으로 지국 일을 그만두었다. 그런데 내게 새 일을 주겠다고 했던 회사가 약속을 지키지 않았다. 나는 졸지에 실업자가 되었다. 주택 융자를 갚고, 자가용 대출금을 갚아야 했으며, 부양할 가족이 있었다. 즐거운 시절은 아니었다.

그 냉랭하던 여름에 나를 견딜 수 있게 해주었던 것은 첼시에서 보냈던 어린 시절에 대한 기억과 내가 융자로 얻은 집 옆에서 돌본 4×6피트짜리 작은 채마밭이었다. 당근과 콩 몇 가지 말고는 그 밭에 뭐가 있었는지 정확히 기억은 나지 않는다. 다른 때였다면 밭을 돌보는 데 일주일에 삼십분 이상을 쓰기도 힘들었을 테지만, 그때는 다른 때보다 훨씬 더 많은 시간을 보냈다. 사실 나는 일자리를 구하러 가기 전에 매일 아침 밖에 나가 잡초를 뽑고 물을 주며 모든 식물에게서 일어나는 모든 작은 변화를 살피면서 몸을 굽혀 밭을 바라보았다. 나는 그냥 서서 20분이고 40분이고 밭을 바라보기도 했는데, 그래서 아내는 내 신경이 쇠약해진 것이라고 생각할 때도 있었다.

하지만 나는 신경이 쇠약해지는 것이 아니었다. 나는 살아있는 것, 나를 진정시켜주고 내 생각이 완전한 비관주의에 빠지지 않게 해준 그것들과 교감했던 것이었다. 수확물로 보자면 한두 접시 정도의 콩과 거의 노력을 들이지 않은 샐러드 한두 접시 정도였을 것이다. 하지만 그 밭은 내게 그보다 훨씬 더 많은 것을, 셀 수 없이 많은 것을 주었다.

단조로운 서스캐처원의 내 콘도미니엄 밖 뜰에서 지난 2년간 가꾸었던 화단크기의 작은 텃밭도 그랬다. 내가 사는 단지의 콘도미니엄 조합 규정 때문에 모든 사람들은 "화초 경계"라는 특정한 지역을 제외하고는 뜰에 평범한 풀을 가꿔야 한다. 나는 그 경계에 꽃을 심는 대신 채소를 심었고 2년 동안 이 작은 사각형 땅을 가꿔 많은 결실을 보았다. 첫해에는 대부분이 토마토였고, 둘째 해에는 콩이 많았다. 이 경계지역 밖으로 확장할 수 있는 여지가 없었기 때문에 나는 격자형 울타리와 줄로 그물을 설치했고, 이것을 타고 콩이 무성하게 자라났다. 첫 해에는 토마토를 족히 1.5부셸[54리터 정도—옮긴이]정도 수확했고, 두 번째 해에는 20쿼트[19리터정도—옮긴이]가 넘는 통조림 콩과 당근, 사탕무, 근대, 그 외에 몇 가지 신선한 샐러드들과 신선한 콩 몇 접시를 얻었다.

또한 뜰에 서서 푸른 것들이 자라는 것을 마냥 바라보는 아침은 화창하고 경이로웠다.

나는 한때 퀘벡과 온타리오에서 곡식과 밭작물, 가금류, 심지어는 나무(울타리용 삼나무와 설탕단풍)를 키우며 내 소유의 진정한 혼합농가를 운영한 적이 있었다. 하지만 이 작은 정원들은 내게 그 농장들만큼이나 큰 의욕을 주었다. 텃밭은 그런 것이다.

텃밭은 이 대륙의 수많은 것들을 삼켜버리고 우리의 사회경제적 관계, 자연환경뿐만 아니라 우리의 건강과 식품을 위협하는 산업적인 식품 시스템에 대응하는 방법과 관련된 문제를 약간 우회적인 방식으로 우리에게 들이민다. 이 위협에 대해서는 많은 대응들이 있지만, (가장 바로 만족할만한 것이기도 하고) 가장 우선적이며 가장 쉬운 것은 텃밭을 가꾸는 간단한 행동이다.

기업이 지배하고 있는 현재 북미의 분위기를 생각해보면 이런 행동은 거의 전복에 가까운 것이다. 수천 년 동안 불평등한 모든 사회에서, "기존 권력"이 조장한 형태의 현실보다 생명이 더 중요하다는 믿음을 가졌던 언덕의 로빈 훗을 비롯한 많은 사람들이 반역자 취급을 받았다. 텃밭을 가꾸는 사람이라고 해서 예외라는 법은 없다. 게릴라 텃밭경작자. 참 울림이 좋은 말이다.

흙이 있는 곳이면 어디든지

누구든, 어디에서든 텃밭을 가꿀 수 있다. 대도시 중심지에 살고 있더라도 약간의 흙이 있는 장소만 찾을 수 있다면 생명체가 자라날 수 있다. 당신이 임대하고 있는 아파트 건물도 가능하다. 발코니에 화분을 놓고 꽃 대신 채소 씨를 뿌릴 수도 있고 건물 옥상에 있는 지붕 한 귀퉁이에 유아용 플라스틱 욕조를 놓고 식물을 기르면 "유아용 욕조정원"이 생겨날 수 있다(이 경우 표토로 가득 채운 욕조가 지붕대들보에 부담이 될 정도로 무거워서 그 아래에서 사는 운 나쁜 아파트 임대인의 거실에 떨어지는 일이 없도록 주의하라!)

지상의 화초 경계지역이든 발코니의 난간이든 간에 끈을 위로 연결해서 덩굴성 식물과 덩굴제비콩, 포도와 같은 종들을 지지해주는 것도 가능하다. 몬트리올의 유명한 "발콘빌"에서는 프랑스 사람들뿐만 아니라 이탈리아 이주자가족들 사이에서 이렇게 끈을 가지고 만든 상승식 텃밭들이 한때 유행했었다. 이들의 콩, 토마토, 포도가 건물 전면을 가리며 타고 올라갔고, 이들의 지하실에는 발효 중인 하우스와인들이 가득 차 있었다.

뒤뜰이 공간적으로 여유 있는 도시와 교외의 주택소유자들은 식물을 키울 수 있는 공간이 훨씬 크기 때문에 텃밭을 가꾸기가 더 좋다. 이들은 나무(사과나무, 야생능금나무, 자두나무, 배나무 등)도 심는다.

반면 실외풍경에 대한 규정이 엄격한 편인 콘도미니엄 단지에 사는 사람들은 텃밭 공간을 극대화하려면 약간의 독창성을 발휘해야 할 수도 있다. 하지만 뜻이 있는 곳에 길이 있는 법. 콘도미니엄에서 사실상 텃밭을 금지하고 있다면(감사하게도 이것은 드문 경우다) 이웃들과 상의하여 다음번 콘도미니엄 위원회 회의에서 이 규정을 바꿀 수 있도록 행동하라. 혹은 당신이 직접 위원회 의장에 출마하라.

텃밭을 만들 만한 장소를 찾았으면 어떤 종자를 심든, 어떤 재배방식을 사용하든 슈퍼마켓 제품보다는 나을 것이다. 당신의 작물은 집에서 기른 것이라는 점만으로도 냉동된 상태로 수천 마일을 트럭에 실려 달려온 뒤, 인공적으로 숙성되어 체인 가게 선반에 진열된, 화장한 것 같은 훌륭한 외양을 띠고 있는 슈퍼마켓 제품보다는 신선할 것이기 때문이다. 하지만 유기경작방식을 사용하고, 대량시장 종자보다는 토종종자를 사용하면 식품의 질, 맛, 종자 선택이라는 세 가지 이익을 얻을 수 있다.

경험이 없는 텃밭 경작자들과 많은 도시 거주자들은 때로 "유기"라는 용어가 무슨 의미인지 잘 알지 못한 채 유기농을 일종의 신비스럽고 난해하여 전문가들만 접근할 수 있는 전문분야로 치부한다. 하지만 진실은 정반대다. 유기농은 가장 오래되고 단순한 재배형태로, 수천 년간 모든 작물을 생산한 방식이다. 반면, 오늘날의 화학/산업적인 경작 방식은 과거의 규범에서 벗어난 지 얼마 안 된 것으로 기껏해야 몇 십 년의 역사를 가졌을 뿐이며, 자연적인 방식의 경작보다 더 비싸고 복잡하다.

유기농에 대한 기본적인 지침서는 서점이나 공공도서관의 서가에서 쉽게 찾을 수 있는데, 초급/중급/전문가급 가정단위 경작자에 맞게 다양한 제목들이 붙어 있다. 가장 유서 깊은 책 중에서 이 주제와 관련된 최고의 책은 『유기농 백과사전』*The Encyclopedia of Organic Gardening*으로 펜실베니아 엠마우스의 〈로데일〉Rodale이라는 조직에서 매년 내용을 갱신해서 출판한다.[1] 이 책은 퇴비 만들기에서부터 동반경작과 화학물질을 사용하지 않고 해충을 퇴치하는 방법에 이르기까지 모든 것에 대한 체계적인 지침과 권위 있는 조언을 담고 있다. 내가 소장하고 있는 두꺼운 표지의 이 책은 귀퉁이가 접히고 때가 묻고 줄을 쳐두고 여러 가지색 볼펜과 연필로 여백에 메모를 해놓은 데다 페이지 사이사이에 관련된 내용을 적어둔 메모지와 오려놓은 신문을 끼워놓아서 그 자체가 마치 작은 도서관처럼 보인다.

예전에는 『늙은 농부 연감』*The Old Farmers' Almanac*(미국판)[2]과 『캐나다 농부 연감』*Canadian Farmer's Almanac*[3]처럼 매년 발생되는 연감에 실린 전반적인 지역날씨와 식생 자료가 유용하고 정확하다고 생각했다. 하지만 대부분의 전통적인 연감들은 대체로 과거에 기록한 기후와 기상 자료의 평균에 근거해서 예측을 한다. 오염으로 인한 전지구적 온난화 현상이 유발한 기후변화가 이미 과거의 정상적인 기상 패턴을 예측할 수 없게 바꾸기 시작했고, 이런 변동은 지구의 대기가 새로운 평형상태를 찾기 위해 분투하는 동안 더욱 악화될 것으로 보인다. 나는 예측할 수 없는 것에 의존하려는 의도보다는 이제는 주로 오락적 가치 때문에 연감들을 읽는다.

로데일 연감의 조언과 뒷마당에 있는 퇴비기(9월말 세일기간에 커내디언 타이어Canadian Tire 가게에서 40달러에 구입했다), 그리고 무독성 규조토 "버그 더스트"로 무장한 나는 양배추 벌레와 민달팽이를 비롯한 여러 경쟁자들과 매년 투쟁하여 대부분은 승리한다. 아니면 최소한 무승부에 이른다.

텃밭의 씨앗은 현재 [종자—옮긴이] 시장에서 천천히 독점을 이루거나 최소한 과점적인 통제를 하고 있는 대기업소유의 종자회사에서 구입하지 않으려고 최선을 다한다. 그 대신 국제적인 종자위기에 대한 대응에서 싹트게 된 토종 종자 공급자와 종자보관집단의 광범위한 네트워크에서 우편 주문을 통해 종자를 구입한다.

도시 거주민들 중에서는 이 각별한 위기에 대해 아는 사람이 거의 없지만, 이에 대해 알아둘 필요가 있다.

5장에서 설명한 것처럼 산업농은 다양성과 변화보다는 단순성과 획일성을 더 좋아하는 편이다. 외벽이 두껍고, 돌처럼 단단하며, 맛이 없고, 종류는 단 한가지이지만 색깔과 크기가 획일적인 토마토가 항상 동시에 익는 것까지 가능하다면 수백 가지 종자를 가지고 괴로워할 이유가 무엇인가? 다른 종류가 영양학적으로 우수하다거나 맛이 더 좋다는 사실, 혹은 단지 매일매일 똑같은 것을 먹는 단조로움에서 해방될 수 있다는 사실은 기업회계사의 관심 밖 영역이다.

또한 기업형 농산업은 수평적인 경제통합과 수직적인 경제통합 모두를 선호한다. 다시 말해서 농장 기계류 같은 단일한 영역에서 활동하는 대부분의 기업을 소유하는 것(수평적 통합)과 종자판매에서 비료, 살충제, 제초제 제조, 식품 운송에 이르기까지 작물 생산시스템의 여러 단계에서 활동하는 기업들을 소유하는 것(수직적 통합) 모두를 선호한다.

전 세계의 종자생산과 판매를 점점 더 적은 기업의 손에 통합시키는 일과 함께 유전자원을 무책임하고 주제넘게 훼손하는 일이 기록적인 수준으로 벌어지고 있다. 유전자원 훼손과 관련된 최악의 예 중 하나는

2000년 여름 당시 세계 최대의 채소종자회사였던 세미니스Seminis가 "비용절감 차원에서 2천 가지 종자들(전체 생산라인의 25퍼센트)을 없애겠다"고 결정한 것이었다.[4] 〈농업 진흥 재단〉Rural Advancement Foundation은 뉴스보도를 통해 이 상황을 다음과 같이 설명했다.

> 멕시코의 복합기업 사비아Savia 의 자회사인 세미니스는 전 세계의 과수 채소종자 시장의 5분의 1을 통제하고 있으며 미국에서 판매되는 채소종자 전체의 약 40퍼센트를 보유하고 있다. 이 회사는 십여 개의 종자회사를 인수하여 종자제국을 건설했는데, 애스그로우Asgrow, 페트로시드Petroseed, 로열 슬루이스Royal Sluis가 텃밭 및 종자부문을 맡고 있는 가장 유명한 곳이다. 2000년 6월 28일 세미니스는 "전지구적 구조조정과 최적화계획"의 차원에서 2000개의 종자(보유종의 25퍼센트)를 없앨 것이라고 발표했다.
> 어떤 종자가 세미니스의 상업라인에서 낙오될지 확실히 아는 사람은 없지만, 오래되고, 수익성이 적으며, 열린 공간에서 수정이 이루어지는 종들이 가장 먼저 사라지게 될 것이다. 종자회사들은 잡종을 선호하는데, 왜냐하면 [잡종종자의—옮긴이] 이윤폭이 더 크고, 채소경작자와 농부들이 잡종종자의 씨를 저장할 수 없으며(그래서 고객들이 다시 사게 만들 수 있고), 식물종보호법에 따라 최신 종자들은 특허를 설정하거나 보호하기가 더 쉽기 때문이다.[5]

미래세대에게 어떤 가치를 줄 수 있는지 지금으로서는 전혀 알 수 없는 수천가지의 독특한 식물들을 고의적으로 폐기하여 사라지게 하는 것은 단순히 무책임한 수준을 넘어 바람직하지 못한 행동이다. 이것은 환경적 죄악이다. 이렇게 사라지는 종자들 중에서 많은 것들이 새로운 작물 질병을 예방하거나, 이제까지 발견되지 않았던 식물성화학물질을 발견하여 의약품으로 활용됨으로써 인간의 질병을 치료할 수 있는 열쇠를 쥐고 있을지 모를 일이다. 사라진 종자 중 어떤 것들은 우리가 곧 오염과 지구온난화의 결과로 맞닥뜨리게 될 새로운 기후조건이나 토양조건에 대응할 수 있는 식물 형질을 개발하는 데 사용될 수도 있고, 새로운 화학제품이나 산업제품을 만드는 데 사용될 수 있는 합성물질을 가지고 있을지도 모른다. 이제 우리는 그 안에 어떤 보물들이 있는지 전혀 알 수 없을 것이다. 그것들은 좁은 사무공간에서 일하는 회계사의 장부에 이윤폭이 약간 더 많이 기록되게 하기 위해 사라져버린 것이다.

물론 단종된 것들 중 몇 가지가 지금도 세미니스의 종자은행이나 정부, 다른 실험실 어딘가에 보존되어 있을지 모르며, 따라서 완전히 사라져버린 것은 아닐지도 모른다. 세미니스의 결정에 대한 뉴스 중에서 이런 가능성에 대해서는 언급한 곳은 없었다. 하지만 특정회사가 저장고에 아주 적은 양의 식물생식질을 보유하고 있건 말건, 재배자들은 더 이상 이 종자들을 사용할 수 없다.

종자를 지키는 사람들

일군의 시민집단, 가내 채소재배자, 유기농 농부들이 이런 경향에 반대하여 유전자를 변형하지 않고 전통적이며/이거나 희귀한 식물 종자를 보호하기 위한 새로운 운동을 일구고 있다. 15년 전 만해도 북미에는 그런 집단이 그렇게 많지 않았는데, 당시 가장 유명한 단체는 아이오와 데코라Decorah의 켄트 휠리와 다이앤 휠리Kent and Diane Whealy가 설립한 〈씨앗을 나누는 사람들〉Seed Savers Exchange과, 온타리오의 토론토에 본부를 두고 있는 〈헤리티지 시드 프로그램〉Heritage Seed Programme(이제는

〈캐나다 종자의 다양성〉Seeds of Diversity Canada이 되었다)이 있었다.

오늘날에는 구글 검색엔진에서 간단히 검색만 해봐도 수백 개의 집단이 뜰 것이며, 전 세계 거의 모든 국가에 이런 집단들이 있다는 것을 확인할 수 있을 것이다. 이 주제에 대한 최고의 웹사이트는 다음 두 가지다.

종자보호와 종자지킴이들에 대한 자료
Seedsaving and Seedsavers' Resources

http://homepage.tinet.ie/~merlyn/seedsaving.html
이곳에는 토종 종자를 거래하고 매매하는 회사, 집단, 개인들과, 도구, 책, 기타 공급품 같은 자원들과 관련된 링크가 있다. 자료는 편리하게 국가별 국기로 분류되어 있어서, 어떤 것이 어디에 위치하고 있는지, 이들의 자료는 어떤 언어로 표현되어 있는지를 알려준다.

캐나다 종자의 다양성 자료목록 Seeds of Diversity Canada Resource List

http://www.seeds.ca/rl/rl.php
이곳에는 토종 종자와 유기농 종자의 우편주문 자료들이 긴 목록을 이루고 있다. 이 목록과 종자의 다양성 홈페이지는 영어판과 불어판으로 제공된다.[6]

〈씨앗을 나누는 사람들〉은 종자저장 기술에 대한 최고의 지침서 중 하나인 수잔 애쉬워스Suzanne Ashworth의 『종자에서 종자로 : 채소 경작자들을 위한 종자저장 및 재배기법』*Seed to Seed : Seed Saving and Growing Techniques for Vegetable Gardeners*을 발행한다.[7] 애쉬워스의 책은 초보자의 언어로 쉽게 서술되어 있으며, 종자세척과 저장방법에서부터 수정과 종

순수성 유지에 이르는 모든 것들을 망라하고 있다. 애쉬워스는 채소를 키우는 여덟 곳의 주요한 가정과 각 가정에서 가장 잘 키운 종들을 자세히 설명하고 있다. 나는 이 주제에 대해 이보다 더 잘 다루고 있는 책을 본적이 없다.

이용할 수 있는 많은 우편주문 카탈록을 읽어보는 일은 늦겨울과 초봄에 채소재배자들이 안락의자에 앉아서 만끽할 수 있는 엄청난 즐거움이다. 『남부의 종자거래 카탈록과 경작 지침』*Southern Exposure Seed Exchange Catalogue and Garden Guide*에 실려 있는 토마토 종에 대한 다음과 같은 설명을 읽은 뒤에 백일몽에 빠지지 않을 수 있는 사람이 있을까?

> **독일산 붉은 딸기**German Red Strawberry : 외양이 독특하고 맛이 뛰어나다. 이 독일산 종자는 색깔과 모양이 딸기와 비슷한데, 훨씬 더 크다! 독일산 붉은 딸기는 전형적인 샌드위치 토마토가 그렇듯 샐러드로 먹으면 훌륭하다. 속이 알차고 씨와 과즙이 적으며, 맛의 폭이 넓고 깊다. 과실의 평균 무게는 10온스[약 280g ―옮긴이]이며 폭은 3인치, 길이는 3.5인치이다. 크기는 조금 편차가 있지만 모양이 거의 똑같고 송이 당 평균 2개의 과실이 달린다.[8]

『종자 변화를 위한 연감』*Seeds of Change Annual Seed Book*[9]에 실린 당근, 사탕옥수수, 덩굴완두, 마늘, 통통하고 동그란 멜론의 사진을 보고 있으면 군침이 돈다.

하지만 경작자들은 이런 내용과 사진에 넋을 잃기 전에 카탈록에 실린 뉴멕시코 산타페 산 종자들이 북부 서스캐처원의 바람 많은 대평원이나 퀘벡의 로렌티안 마운틴Laurentian Mountain 계곡에서는 잘 크지 않을 수도 있다는 것을 명심해야 한다. 북쪽으로 갈수록 경작기간이 짧아지고, 서리가 처음 내리는 날과 마지막으로 내리는 날이 남부보다 두 달 정도 더 빠르거나 느릴 수 있다. 토양 또한 지질학적 기원에 따라 지역별로 엄청나게 다를 수 있다. 봄에 뿌릴 종자를 주문하기 전에 먼저 기후대와 토양지도를 미국 농무부와 캐나다 농업 및 농식품부Agriculture and Agri-Food Canada의 웹사이트에서 확인 한 후 "이 과일이 이 땅에 맞는지" 확인하면서 종자 카탈록의 설명을 자세히 읽도록 한다.

화분을 이용하는 발코니 경작자들에게는 지역철물점이나 화원에서 구입한 표토봉지에서 흙을 화분에 옮겨 담을 때 사용할 작은 모종삽만 있으면 된다. 여기에 장갑이 필요할 수도 있다. 뒤뜰에서 경작하는 경우는 삽과 갈퀴만 있으면 된다. 뜰이 크다면 잡초가 올라오지 않게 할 때 사용할 괭이가 있으면 좋을 것이다.

대부분의 종자 묶음은 포장 뒷면에 재배 지침이 인쇄된 상태로 배송된다. 여기에는 씨앗을 심기에 가장 좋은 날짜와 심는 깊이, 씨앗을 심은 날에서 첫 수확까지 걸리는 날짜 등이 상세하게 적혀있다. 내 경험상으로 해충을 가장 잘 피하는 방법은 규조토를 이용하는 것이다. 이 흙은 규조라고 하는 아주 작은 생물들이 만들어내는 미세한 미네랄로 이루어진 흰색 가루다. 이것은 인간에게는 독성이 없지만, 규조가 만들어낸 알갱이의 아주 작고 날카로운 면이 해충들에게는 날카로운 날이 달린 철선과 같은 역할을 한다. 나는 양배추벌레, 민달팽이, 그 외에 몇 가지 일반적인 정원 해충들을 없앨 때 이것을 사용한다. 대부분의 철물점과 화원에서 살 수 있다.

여러분들은 정원의자를 사고 싶을 수도 있다. 시원한 맥주를 마시면서 작물들이 자라는 것을 감상할 때 앉을 수 있도록 말이다.

계절의 초중반에는 재배자가 신선한 농산물과 샐러드를 팔아서 수익을 남길 수 있다. 겨울의 비중이 큰 북부지역에서는 계절의 중후반에 수확한 농산물을 냉동, 통조림, 건조, 피클로 만들기 등 여러 가지 방식으로 "지속시키"거나 저장한다. 식품보존에 대한 여러 가지 방법에 대한 지침은 많은 일반 요리책과 도서관이나 서점에서 구할 수 있는 전문서적에서 얻을 수 있다.

가장 값이 적게 들고 가장 간단한 식품저장 방법은 냉동시키는 것이다. 가게에서 비닐로 된 지퍼식 냉동 주머니만 구입하면 되기 때문이다.

집에서 통조림을 만들기 위해서는 유리단지, 뚜껑과 고리, 그리고 통조림 제조기(저렴하게 하려면 금속으로 된 "뜨거운 중탕냄비"를 스토브위에 올려놓고 끓이면 된다. 압력식 통조림 제조기도 있는데, 이것은 좀 비싼 편이다)가 필요하다. 나는 압력식통조림제조기를 선호하는데, 왜냐면 압력식이 보통 중탕방식보다 더 빠르고 정확하기 때문이다. 압력식 통조림제조기(압력조리기와 사실상 똑같지만 1리터가 넘는 통조림단지 몇 개를 넣을 수 있을 정도로 충분히 크다)는 제조사가 여러 곳 있다. 가능하면 좀 더 보편적인 알루미늄 통조림기보다는 스텐리스 스틸로 된 모델을 알아보도록 한다.

그리고 통조림기의 압력이 빠져나가는 곳에서 압력을 조절할 때 어떤 종류의 무게추를 사용하는지 살펴보도록 한다. 어떤 제조사는 구식 원숭이 퍼즐 게임처럼 세 조각으로 나뉜 무게추를 사용한다. 압력배출구에 설치된 한 조각은 10파운드로 압력을 유지하고, 여기에 다른 한 조각을 더하면 15파운드, 그리고 세 개를 함께 사용하면 30파운드가 된다. 이로 인한 문제점은 각 조각들을 분리시키는 것이 쉽지 않고, 이것을 제자리에 놓으려고 하거나 이것을 압력배출구에서 분리시킬 때는 서로 떨어지려 한다는 점이다. 어떤 제조사들은 가장자리에 10, 15, 20파운드 압력 눈금구멍이 세 개 새겨져 있는, 간단하고 둥글며 한 조각으로 된 무게추를 사용한다. 그래서 압력배출구에서 희망하는 압력 구멍에 설정해놓기만 하면 추가 따로 떨어질 걱정을 할 필요가 없다! 통조림기는 깔끔하고 잘 작성된 지침서와 함께 오는데, 대부분에는 기본적인 조리법도 적혀있다.

대부분의 슈퍼마켓 청과상에는 12개가 한 세트로 된 통조림용 단지와 뚜껑, 밴드로 된 조임용 고리를 판매한다. 버나딘사Bernardin는 지침서/요리책과 통조림도구세트를 함께 판매하는 데 이것도 청과상에서 구입할 수 있다. 버나딘사의 통조림도구세트에는 단지 집게, 온도계, 그 외 여러 가지 유용한 통조림 도구들이 들어있다. 통조림하는 데 사용하는 단지는 피클 만드는 데도 사용한다. 따라서 어떤 방법을 사용하든 단지는 유용할 것이다. 그리고 단지는 해마다 두고두고 쓸 수 있다. 내가 쓰고 있는 큰 단지 몇 개는 20년 넘도록 계절마다 사용했다.

슈퍼마켓에서 파는 평범한 밀봉 뚜껑은 재사용이 안 되지만 밴드로 된 조임용 고리는 재사용할 수 있다. 예전에는 고무로 된 봉인고리들*을 뚜껑에서 분리해서 몇 번 재사용할 수 있었다. 하지만 요즘에는 뚜껑 제조사들이 뚜껑 테두리에 보통은 빨간 색으로 된 봉합제를 얇게 한층 바른 철제 뚜껑을 생산하고 있다. 이 봉합제는 한번 이상 사용하면 제기능을 하지 못한다. 재사용할 수 있는 뚜껑은 인터넷에 광고하는 다양한 회사들에 우편주문을 해야만 이용할 수 있다. 재사용할 수 있는 뚜껑을 찾으려면 구글 검색엔진에 "재사용할 수 있는 뚜껑reusable lids"라고 치고 검색결과 목록을 확인하기만 하면 된다. 나는 재사용할 수 있는 뚜껑과

* 뚜껑 안쪽에 붙어있어서 뚜껑과 유리단지 사이에 공기가 들어가지 않도록 밀봉해주는 고무 고리를 말함.

일회용 뚜껑을 모두 사용해봤는데, 둘 다 훌륭하다.

식품 건조 혹은 탈수도 손쉬운 보존 방식이다. 시장에는 적당한 가격의 건조기가 나와 있으니 선택할 수 있다. 가장 평범한 것은 태양열 외에는 다른 전원이 필요하지 않은 태양열 식품건조기와, 이것보다는 좀 더 빠르고 정확하지만 더 비싸기도 한 플러그식 전기 탈수기다. 나는 두 가지를 다 사용해봤는데, 식품을 완벽하게 저장을 하고 싶어 하는 사람들에게 그 차이는 호수를 무동력보트를 타고 건너는 것과 모터달린 유람용 보트를 타고 건너는 것 간의 차이와 비슷하다. 두 가지 모두 원하는 곳까지 데려다주기는 하지만 한 가지가 다른 한가지보다 더 빠르고 기술도 적게 필요하다. 스스로 만드는 태양열 건조기 설계도도 있는데, 이중 몇 가지 인터넷에서 무료로 얻을 수 있다. 나는 건조기를 이용해서 골파chive나 파슬리 같은 양념들을 보관하고, 집에서 허브차를 만들기 위해 허브를 건조시키며, 건과일을 만들고, 생선토막을 보관한다. 거의 모든 식품을 건조시킬 수 있다는 점에서 취향에 따라 마음껏 활용할 수 있다.

땅을 평균보다 많이 가진 좀 더 야심 있는 사람들은 곡식을 키워 곡물가루를 만들어볼 수도 있다. 나는 예전에 2에이커[약 2400평—옮긴이]의 땅을 가지고 일부에는 채소를, 일부에는 밀을 심었다. 그리고 우편주문으로 다용도 수동분쇄기(전기모터로 돌아가는 모델도 가능하다)를 구입해서 가을마다 손 낫질로 밀을 베고, 손으로 키질을 한 후 밀알을 갈아서 통밀가루로 만들었다. 그리고 이것을 지역의 식품 생협에서 구입한 플라스틱으로 된 밀폐 양동이에 보관했다.

이것은 우리 할아버지와 증조할아버지들이 사용했던 방식, 그리고 제3세계의 저개발국가 사람들이 지금도 하고 있는 방식으로 만들어낸 진정한 수동식 취향이었다.

그리고 집에서 기른 이 밀가루로 구워낸 가정식 빵은 단연코 내가 이제껏 먹어본 것 중에서 최고의 빵이었다.

지엽枝葉의 확장

시간이나 공간이 부족해서 식품생산과 관련된 선택사항들과 자신의 야망을 마음껏 펼칠 수 없는 개별재배자들은 일을 분담하여 이웃들과 공동 작업을 할 수도 있다. 이것은 소위 "도시농업" 혹은 공동체 텃밭운동Community Gardens movement이 있게 한 숨은 동력이었다. 이 운동은 1970년대 북미에서 본격적으로 시작되었지만, 그 영감은 훨씬 이전에 있었던 20세기 양대 전쟁의 "승리텃밭"Victory Gardens까지 거슬러 올라간다. 당시 시민들은 전쟁기의 식량 부족을 해결하는 한 방안으로 집에서 텃밭을 가꾸라는 독려를 받았다.

그 이면에 있는 생각은 단순하다. 텃밭을 가꾸고 싶은 사람들은 무리를 이루어 텃밭 공간과 필요한 여러 가지 것들을 공유한다. 지역의 자치단체가 우호적인 곳에서는 도시 공원용지, 도로변의 땅, 공터, 대로나 공원도로 사이에 있는 중간지대 등을 사용할 수 있다. 아파트 단지 근처에 있는 녹지와 학교운동장에 딸린 여유공간들(땅이 있는 곳이면 어디든)도 사용할 수 있을 것이다.

어떤 경우는 도시 토지 안에 있는 소농지에 각각 작물을 심으면 경작자들이 그 농지에서 나오는 모든 산물에 대한 권리를 가지게 된다. 어떤 경우에 재배자들이 공간이나 작업을 공유하고 이후에 서로 수확물을 배분할 수도 있다. 사람 수와 공동체수 만큼이나 많은 여러 가지 배치가 가능하다.

1970년대의 공동체텃밭운동은 거의 전적으로 개인적이고 자발적이었다. 하지만 오늘날은 대학 부설 연구소, 비정부기구, 그리고 종종 지방정부들이 관여하면서 수많은 양상을 띠게 되었다. 유엔식량농업기구마저도 이런 흐름에 동참하여, 국제적인 무역 협약들 때문에 제3세계 농민들이 키우던 농가의 수출상품 가격이 폭락하고 농민들이 파산하여 강제로 토지를 떠나게 된 뒤, 어쩔 수 없이 도시에서 살게 된 가진 것 없는 제 3세계의 도시 빈민들이 빈민가와 판자촌에서 자급할 수 있도록 경작을 장려하고 있다.

아마 지역공동체 텃밭집단을 접할 수 있는 가장 손쉬운 방법은 여러분들이 살고 있는 지방자치단체에 있는 공원휴양부서Parks and Recreation나 산림부서에 전화를 걸어서 이들이 지원하고 있는지, 아니면 최소한 그런 집단을 알고 있는지 물어보는 일일 것이다. 요즘에는 거의 모든 도시에서 이런 정보를 제공하고 있다.

예를 들어 미국 오레곤 주의 포틀랜드 같은 도시들은 수십 년간 공동체 텃밭 프로젝트를 지원해왔다. 포틀랜드의 공원휴양부 프로그램은 1975년 이후 꾸준히 진행되고 있는데, 이 프로그램은 현재 자원봉사자들과 직원을 동원하여 포틀랜드 시 전역에 위치한 28개 공동체 텃밭을 관리하고 있다.[10]

캐나다에서는 브리티시 컬럼비아 주의 밴쿠버에 있는 〈도시의 농부〉City Farmer 조직이 1978년에 최초의 공동체 텃밭 프로젝트중 하나를 시작했는데, 지금도 여전히 튼튼하게 유지되고 있다.[11] 이 프로그램은 국가적으로 유명한 시험텃밭을 앞세워, 빠른 분해를 위한 지렁이 이용에서 짚으로 된 집짓기에 이르기까지 최신 적정기술과 유기농재배방식을 차용하고 있다. 최근에는 밴쿠버 가정의 44퍼센트가 자신들이 먹는 식품의 일부 혹은 전부를 재배하는 것으로 추정되었고, 다른 나라의 방문객들이 도시의 텃밭을 구경하기 위해 찾아오고 있다.

이와 유사한 프로젝트들이 아이다호와 온타리오에 이르기까지 북미 대륙에 있는 도시들에서 번성하고 있다.

공동체텃밭에 대한 정보를 얻고자 한다면 다음과 같은 웹사이트들이 도움 될 것이다.

텃밭 웹 Garden Web

http://forums.gardenweb.com/forums/commgard
매사추세츠의 플로렌스에 있는 버추얼 미러 사Virtual Mirror Inc.가 만든 사이트로 경작자들이 조언을 얻고 공통된 문제에 대해 토론하며 재배와 관련된 아이디어를 교류할 수 있도록 포럼/토론 목록을 갖추고 있다.

도시의 농부 – 캐나다의 도시농업국

City Farmer-Canada's Office of Urban Agriculture

http://www.cityfarmer.org
뉴스 아이템, 링크, 지침이 될 만한 자료들의 긴 목록과 유기농 및 공동체 경작에 대한 캐나다인들의 토론목록/포럼을 제공한다.

미국 공동체 텃밭 연합 American Community Garden Association

http://www.communitygarden.org
국가 단위의 비영리 조직으로, 교육프로그램, 출판물, 미국 전역에 있는 모임과 회의에 대한 정보를 제공한다.

"도시농업"city farming이나 "공동체 텃밭"community garden으로 구글에서 간단히 단순검색을 해보면 지역적이고 국제적 도시텃밭 조직에 대한 말 그대로 수백 개의 더 많은 참고자료와 관련 링크가 나타날 것이다. 여러분들이 살고 있는 동네에도 하나쯤 있을 확률이 충분히 높다.

작물재배에 재능이 없다면?

텃밭을 집에서 가꾼다는 생각에 별 감응이 없는 경우(작물재배에 재능이 없어서 무언가를 기른다는 것이 불가능한 도전이거나 너무 바빠서 먹거리를 재배할 시간이 없는 사람도 있다) 다른 대안도 있다.

하나는 식재료를 공동체 텃밭 집단에게서 구입하는 것이다. 이런 곳에서는 매달 일정량의 농산물을 구입하여 근린관계가 돈독해지는 데 도움이 될 뿐 아니라 재정적인 보탬을 주는 데 동의하는 "신청자들"을 모집한다. 어떤 경우 텃밭 집단은 한상자분을 신청자의 문 앞까지 배달해주지만, 어떤 경우에는 신청자들이 텃밭부지에 가서 위탁생산물을 가져와야 한다. 산타 크루즈 캘리포니아 대학의 농업 확대강좌 담당자Agricultural extensionist인 조지 무라모토Joji Muramoto 박사는 대학의 농업생태학과 지속가능식품시스템센터Center for Agroecology and Sustainable Food Systems의 지원을 받는 공동체 경작자와 교육자들로 이루어진 집단과 함께 일하고 있다. 일본에서 태어난 그는 자신의 어머니가 도쿄 대도시 구역 안에서 최초의 식품 구매 신청자 집단 중 하나를 설립하는 데 어떤 식으로 기여했는지 기억하고 있다. 이로 인해 그는 유기농업에 대한 관심을 처음으로 가지게 되었고 결국 이로 인해 전문적인 농업 연구자가 되었다.

"1970년대 초반이었죠. 식품안전성과 관련된 모든 문제들이 전 세계로 정말 커졌어요. [마소노부Masonobu] 후꾸오까Fukuoka가 글을 쓰고, 레이첼 카슨의 『침묵의 봄』*Silent Spring*이 일본어로 번역되었죠. 그리고 우리 어머니가 많은 관심을 가졌어요. 어머니는 항상 토양 문제 등에 대해 이야기하셨죠. (웃음) 그게 나의 '유기농 병'의 시작이었어요."

"어머니가 설립에 참여했던 집단은 아직도 있어요. 삼사십년동안 동일한 재배자 집단에게서 물건을 구입하고 있죠. 대도쿄권 지역에는 구매 신청한 가구가 수천가구에 이르죠. 재배자들은 재배 작물을 문 앞까지 배달해줘요. 그래서 각 가정은 대면접촉을 통해 자신들이 누구에게서 물건을 구매하는지 알게 되죠."

이 대학의 공동체지원농업Community Supported Agriculture 프로그램은 규모가 다르고 캘리포니아 주의 고속도로는 혼잡한 편이기 때문에 배달을 할 수가 없다. 하지만 여기에 참여하는 구성원들은 열정적이고 많은 아이디어를 쏟아놓는다. 이 프로그램은 대학에 있는 생태경작 입문 프로그램Apprenticeship in Ecological Horticulture과 밀접한 연관을 맺고 있는데, 이 프로그램은 매년 지속가능농업과 유기농방법에 관해 40명 씩 교육한다. 대학직원의 지도를 받으며 일하는 입문과정 사람들은 여러 가지 유기농작물을 재배하고 수확하여 "지분"share 단위로 시장에 판매한다.

네 사람에게 식품을 공급해 주는 최고지분은 600달러로, 신청자들에게는 6월부터 10월까지 총 22주의 재배기간 내내 "신선하게 수확한 유기농 과일과 채소를 다양하게 공급"해준다. 그러니까 4인가구가 매주 대략 27달러의 돈으로 예외적일만큼 훌륭하게 먹을 수 있다는 것이다. 두 명을 먹일 수 있는 절반짜리지분은 총 380달러 아니면 매주 약 14달러에 이용할 수 있다. 저소득가정은 절반가격에 이용할 수 있다. 신청자들은 공동체지원농업의 헛간에 매주 가서 위탁생산물을 골라온다. 이 헛간에 가면 사람들이 직접 수확할 수 있는 허브 정원과 화훼 정원도 있다.

"그들[입문과정 프로그램의 학생들]은 여기 6개월 동안 있으면서 세 가지 성격이 다른 장소들을 순환하게 되어 있죠. 두 곳의 정원과 들판인데, 이 들판은 작물과 과수를 10에이커에 걸쳐 줄지어 심어놓은 곳으로 트랙터로 경작해요"라고 프로그램 조정자인 낸시 베일Nancy Vail이 말한다. 그들은 현재 "약 100가구"에 물건을 공급하고 있다. 이 프로그램을 졸업한 사람들이 고향 공동체로 돌아가 유사한 프로그램을 거기서 만들 수 있다면 "이상적"일 것이다.

유기농으로 재배한 신선한 식품이 점점 더 많아지는 또 다른 훌륭한 곳은 지역의 재래시장이다.

대략 20세기 중반까지 북미에서는 야외의 재래시장이 지배적이거나 최소한 두각을 나타냈다. 작은 마을에서는 장이 서는 날이 보통 토요일이었는데, 이날이 되면 마을 인근지역의 농부들이 판매할 물건이 담긴 부셸 바구니를 가지고 차를 몰고 와서 장터의 테이블 위에 올려놓곤 했다. 디트로이트나 시카고, 토론토 같은 더 큰 도시에서는 한 개 이상의 야외장터가 매일 문을 열었다. 디트로이트의 동쪽과 서쪽에 있었던 동부시장Eastern Market과 서부시장Western Market은 대부분의 가정이 쇼핑하기 가장 좋아하는 장소였다. "근교지 청과농"truck farming의 신선한 농작물은 대부분의 도시 인근지역에 사는 가족농가에게 든든한 수입원이었다.

슈퍼마켓 체인점이 등장하고 식품 산업에서 수직적 집중과 수평적 집중경향이 나타나면서, 약탈적인 성격의 가격경쟁뿐만 아니라 복잡한 포장, 판매촉진, 광고계획들을 포괄하는 실내형 체인점들이 점점 식품 산업을 잠식하게 되었다. 이로 인해 지역의 농부들이 강제로 내몰리고 한때 도처에 있었던 야외 장터들이 천천히 사라져갔다. 어떤 점에서 전통시장들은 결국 완전히 사라지고 "할아버지 시대"의 단순한 향수성 기억이 될 것처럼 보였다.

재래시장의 종말을 고하는 것은 다행스럽게도 일부 건전한 미국인들과 캐나다인들에게 있어서 마크 트웨인Mark Twain의 표현을 빌자면 "지나치게 과장"된 것이었다. 최근 몇 년간 재래시장은 부활했고, 주로 1960년대와 70년대에 유기농운동을 추진했던 환경운동과 개인 건강에 대한 대중들의 관심 증가가 이런 흐름에 박차를 가했다.

미국 농무부의 농업 마케팅 서비스Agricultural Marketing Service, AMS에 따르면 미국 재래시장의 수는 1994년에서 2002년까지 79퍼센트 증가했고, 그 숫자는 지금도 증가하고 있다. 캐나다에서도 이와 유사한 발전이 일어나고 있다. 많은 주와 지방들이 한때는 "전통적"이지만 이제는 선도적인 판매수단[인 재래시장—옮긴이]의 성장을 촉진하고 지원하는 것을 목적으로 하는 재래시장 연합이나 연맹을 결성했다.

예를 들어 캘리포니아에는 재래시장연합이 몇 군데 있는데, 어떤 것은 독립적으로 운영되고 어떤 것은 대학 시스템의 지원을 받는다. 이 가운데 〈캘리포니아 재래시장 연합〉California Association of Farmers' Markets (www.cafarmersmarkets.com)과 〈캘리포니아 인증재래시장 연합〉California Federation of Certified Farmers' Markets (www.farmersmarket.ucdavis.edu)이 가장 유명하다. 캘리포니아 인증재래시장연합은 데이비스 캘리포니아 대학의 후원을 받는다. 캐나다에서는 〈온타리오의 재래시장〉Farmers' Markets for Ontario에 후원자 층이 많은데, 이곳의 웹사이트는 지역의 부속지점들을

열거해놓은 "시장 찾기"가 전면에 배치되어 있다.[12]

미국에 본부를 두고 있는 〈로컬 하비스트〉Local Harvest 조직은 웹 페이지에 유기농가, 지역적으로 농산물을 판매하는 가족농, 풀을 먹여 고기를 키우는 생산자, 그 외에 진보적인 건강식품원들뿐만 아니라 전국적인 차원의 재래시장 목록을 제공한다.[13] 이들의 페이지에는 가장 가까운 곳에 있는 업체를 쉽게 찾을 수 있도록 전국지도 위를 바로 클릭할 수 있게 해놓았다.

기업형 체인점과 수많은 소읍들을 동질화시킨 데 일조한 소형 가게들에 대한 대안으로 농촌지역에도 소유구조가 독립적인 전통 "시골 가게"를 만들려는 노력이 진행되고 있다. 이런 시골가게 가운데 많은 곳들도 지역에서 생산된 농산물, 그리고/또는 유기농제품을 전면에 내세운다.[14]

종자지킴이들과 공동체 텃밭과 마찬가지로, 재래시장의 근간을 이루는 수백 개의 공급원 및 집단들은 구글 검색을 통해 간단하게 찾아낼 수 있다. 대부분의 재래시장에는 이제 자유롭게 풀어 키운 닭의 달걀을 파는 판매자와 풀을 먹고 자란 소의 낙농업제품을 파는 판매자들이 있다.

이런 시장에 오가는 일부 농부들은 희귀한 품종의 가금류나 가축을 키우면서, 미리 예약한 도시인들이 주문을 통해 이것을 이용할 수 있도록 해놓았다. 예를 들어 캘리포니아 프레스노Fresno의 메리 핏맨과 릭 핏맨Mary and Rick Pittman은 이들의 칠면조가 슈퍼마켓에서 판매되는 대량생산된 칠면조보다 더 맛있고 향이 좋다고 생각하는 미식가적 취향의 요리사들을 위해 토종 칠면조를 기른다.[15] 페탈루마Petaluma의 실비아 마발왈라Sylvia Mavalwalla도 마찬가지다. 미국 전역에 있는 고객들은 대부분의 슈퍼마켓에서 판매되는 가슴살이 많은 대량생산 흰색 칠면조에 만족하지 않고 핏맨의 칠면조를 주문한다.

대부분의 도시민들은 대규모 생산자들이 상업적으로 판매하고 있는 것은 한때 전 세계의 농장에 가득 찼던 수천종의 소, 돼지, 닭, 칠면조 가운데 눈물 날 정도로 극소수일 뿐이라는 점을 모르고 있다. 자넷 버월드 도너Janet Vorwald Dohner의 설명에 따르면

> 오늘날 북미와 유럽에 있는 젖소 5마리 가운데 4마리는 우리에게 익숙한 흑백 얼룩이 있는 홀스타인-프리슬란드 종이다. 많은 사람들은 아마 모든 젖소에 흑백 얼룩이 있다고 생각할지 모른다. 더욱이 인공수정의 경이로움 때문에 많은 홀스타인-프리슬란드 종은 똑같은 혈통을 공유하고 있다. 불과 80년 전만해도 유럽과 북미에 3백 종의 소가 있었다는 사실을 믿기 어려울 수도 있다.
> 오늘날 농장에 있는 돼지는 곡식을 먹고 빨리 성장하는 고기 제조기로 변형되었다. 단 세 가지 종류와 이들의 교배종 새끼들이 시장 대다수를 섬하고 있다. 이늘은 소수의 가공업자와 계약을 맺은 상태에서 거대한 실내 축사에서 사육된다.
> 오늘날 대부분의 달걀과 닭고기는 소수의 잡종 닭 종자[대부분 흰 레그혼—옮긴이]에서 온 것이며, 상업적으로 사육되는 칠면조는 한 가지에 불과하다. 사람들이 바람직하다고 여기는 가슴살을 너무 발육시킨 나머지 칠면조들은 이제 더 이상 자연적으로는 짝짓기를 할 수 없을 정도다. 이렇게 기업들이 소유하고 있는 제한된 숫자의 전문화된 종이 북미와 유럽 가금식품원의 95퍼센트를 점하고 있지만, 50년 전에는 북미에서 수백 가지의 개별 부화장에서 각각 여러 가지 종류의 가금류를 길렀다.[16]

기업형/산업적인 식품 생산자들은 전형적인 단견 때문에 (최소한 표

면상으로는) 가장 빠르거나 양이 가장 많이 늘어나는 것으로 보이는 한 두 종에만 노력을 집중시킨다. 다른 모든 종들은 맛, 질병에 대한 내성, 지역 환경조건에 대한 적응 등 특정한 장점들이 있더라도 모두 무시해 버린다. 좀 더 정확하게 말하면 폐기한다. 결정을 내리는 것은 농부가 아니라 회계사들이기 때문이다.

지역 재래시장에 단골로 드나드는 소비자들은 자신의 가정에 좀 더 건강한 식품을 확실하게 공급할 수 있을 뿐 아니라 북미 전 대륙에서 투쟁하고 있는 독립적인 가족형 농부들의 생존과, 우리의 지구를 함께 공유하고 있는 동식물의 유전적 다양성을 지탱하는 데 큰 도움을 준다.

많은 가족형 농부들은 재빠르게 재래시장과 공동체 구매자 집단의 잠재력을 포착해왔다. 한때 위기에 처했던 근교지 농부라는 직업은 이제 대부분 유기농으로 경작하는 근교지 농부들이 늘어나고 마케팅 경쟁이 부활하면서 작은 르네상스를 만끽하고 있다.

이제는 고전이 된 베스트셀러 『조화로운 삶』*Living the Good Life**에 이에 대한 글을 남긴 전설적인 인물 헬렌 니어링과 스콧 니어링의 모범을 따르고자 "땅으로 돌아간" 대담한 사람들 중에서 좀 더 야심 있는 사람들은 이 속에서 확실한 기회를 찾을 수 있다.[17] 니어링 부부의 작업은 1960년대 후반과 1970년대 후반의 모든 귀농세대에게 영감을 불어넣어 주었고, 미국의 『어머니 지구 뉴스』*Mother Earth News*, 블레어Blair와 케첨Ketchum의 『컨트리 저널』*Country Journal*, 캐나다의 『해로스미스』*Harrowsmith* 같은 전국적인 잡지를 탄생시켰다. 니어링 부부에 필적하는 많은 사람들은 아직도 시골에 있으며, 아직도 조화로운 삶을 살고, 새로운 이웃 몇몇이 옆집에 이사 온다고 해도 신경 쓰지 않을 것이다.

---

* 스코트 니어링 · 헬렌 니어링, 『조화로운 삶』, 류시화 옮김, 보리, 2000.

이 책의 저자인 나 또한 니어링 같은 채식주의자는 아니지만 1년 안에 한때(1970년대에) 가담했던 운동에 복귀하여 퀘벡과 온타리오에서 만끽했던 농장의 삶으로 돌아갈 계획을 갖고 있다.

하지만 이것은 또 다른 책에 담을 새로운 이야기다.

8

지역적인 사고와 지역적인 투쟁

마치 여우가 아무리 훈련을 받아도 닭장을 지키는 일을 할 수 없는 것처럼 국제적인 기업형 농산업은 그 본성상 "개혁되거나" 압력을 받아도 책임감 있고 믿을만한 건강식품을 제공하거나 환경의 수호자가 되는 것은 불가능하다. 기업, 그중에서도 특히 미국기업의 관심은 단 한가지다. 고급 관리직 임원들의 월급과 다른 수당을 극대화함과 동시에 단기적인 이익, 일반적으로는 분기단위의 이익을 극대화하는 것이다. 이것이 의심스럽다면 최근의 엔론 사례나 그 외 기업 비도덕성이 구체화된 수많은 사례들을 살펴볼 것을 권한다.

서유럽과 일본의 기업임원들은 미국의 임원들보다는 더 멀리 다음번 사업 분기 이후의 미래를 내다보는 경향이 있고 개인적인 보상 혜택들의 경우 [미국보다—옮긴이] 서유럽과 일본이 약간 더 적은 편이지만, 그곳에서도 이윤을 극대화하기 위해 불필요한 것은 무엇이든 잘라내는 경향이 있다. 시카고학파 경제학자들의 완고한 신자유주의 이데올로기를 따라 기업들은 오직 이윤이라는 한 가지 목표만을 가지고 있다. "세계를 먹여 살린다"는 선량한 느낌의 광고도 내보내지만, 실제로는 여러분들과 나의 건강을 포함한 그 외 모든 것은 쓸데없고 성가실 뿐이다.

그리고 대기업들은 다음 두 가지 이유로 자신들의 정책에 대한 책임을 효과적으로 회피할 수 있다.

1) 미국 기업들은 사실 종이[사업자등록증—옮긴이]에 인쇄된 법적 합의에 불과하며, 이를 가지고 불법적 행위나 여타 해로운 행동들에 대한 책임에서 임원과 주주들을 보호하고자 한다. 하지만 이들 기업은 1886년 이후로 법적으로 "인간"과 동일시되어 살아 숨 쉬는 인간이 권리를 주장할 수 있는 모든 것에 대해 동등한 권리를 법적으로 보장받게 되었다. 이런 제도의 옹호론자들은 이 법이 산타클라라지방과 유니온 퍼시픽 철도회사Union Pacific Railroad 사이의 소송에서 미국 대법원이 판결한 결과라고 주장하는 것을 좋아한다. 하지만 실제로는 그렇지 않다. 법정 자체는 그런 판결을 내리지 않았다. 하지만,

> 법원의 기록담당자(밴크로프트 데이비스J. C. Bancroft Davis라는 이름을 가진 이 남자는 예전에 작은 철도회사의 대표였다)가 재판장이 모든 판사들이 기업이 사람이라는 사실에 대해 동의했다고 말했다고 이 소송에 대한 개인적인 주석(두주頭註라고 하는)을 달았다. 그러면서 그는 (대법원이 아니라 대법원의 서기담당자가) 역사를 바꾸고, 의회와 유권자, 심지어는 대법원도 인정하지 않은 막대한 권력을 기업에게 주게 될 진술을 삽입한 것이다. 데이비스의 두주에 법적인 지위는 없었지만, 후세대의 법률 전문가들(대법원을 포함해서)은 판결문 대신 두주만 읽고 이것을 전례로 간주했다.[1]

이로 인해 기업은 이미 가지고 있던 거대한 경제적 영향력에다가 엄청난 법적 권력까지 갖추게 되었고, 이로 인해 이 추상적인 존재의 권리는 실제 인간의 권리를 능가하는 수준에까지 올라가게 되었다.

2) 최근 몇 년간 정치에 대해 관심을 가진 사람이라면, 그리고 가망 없을 정도로 순진한 사람이 아니라면 자명하게 알게 되는 것처럼, 미국과, 정도는 조금 덜하지만 캐나다의 정부는 과거와 현재 거대한 초국적 기업들의 CEO, 혹은 변호사들을 통해 기업을 대변하는 대부분 부유한 백인 남성들로 구성된 파벌 등 이들에 의한, 이들을 위한 정부다. 자신이 백만장자이거나 아니면 백만장자의 지원을 받고 백만장자의 은혜를 입은 사람들만 언론의 시공간을 구입하고 국내 사무실을 운영하는 데 필요한 막대한 자금을 댈 수 있다.

다양한 시각에 선 많은 수의 기자들이 반복되는 폭로기사를 통해 서로 엮여서 우리의 눈을 가리고 있는 이들 간의 결탁을 폭로하곤 했다.[2] 대통령, 상원의원, 하원의원, 총리, 국회 구성원(캐나다 신민주당New Democratic Party의 일부 구성원들은 예외가 될 수도 있다)들은 대부분 정치적인 이유로 몸을 파는 이들로, 선거운동에 자금을 지원해주고, 앞으로 수익성이 높은 조언과 출판거래, 연설료 등을 통해 정계에서 은퇴한 후 고소득 직업에 자금을 제공해줄 특정 이익집단에게 간접적인 보상을 해준다.

북미의 대기업들이 결집해놓은 사실상 계산할 수 없는 경제적, 법적, 정치적 권력은 생존을 위해 투쟁하는 가족형 농부들과 일반소비자들의 힘을 거의 완전하게 잠식해버렸다. 이런 비극이 어떻게 그리고 왜 일어났는지에 대해 역사적으로 정확하게 기술하는 것은 이 책의 목적이 아니며, 이에 대해서는 미국 연구자인 크레브스A. V. Krebs와 캐나다의 브류스터 닌Brewster Kneen 같은 연구자들이 다른 곳에서 상세히 다루고 있다. 닌의 경우 현재 공공선에 대한 자기희생적이고 헌신적인 관심에 대한 찬미의 성격을 가진 작업을 진행하고 있다.[3] 하지만 이 사회-정치적 발전의 결과는 거부할 수 없다.

국가 수준에서 자신과 가족들을 보호하고자 하는 평범한 사람들은 거의 목소리를 낼 수가 없다. 명목상 이들을 대변하기로 되어 있던 사람들이 이미 [다른 사람에 의해—옮긴이] "소유당하고 조종당하고" 있기 때문이다. 기껏해야 이 정치적 매춘부들은 선거기간 동안 대중적인 대의에 대해 립서비스를 하겠지만, 한번 당선되고 나면 마치 뜨거운 감자를 물고 있었던 것처럼 그것을 던져버리고 기업의 노선을 따르게 될 것이다.

그러는 동안 거대 농산업과 관련 산업들은 적절한 규제를 받지 않고 자기 길을 가게 된다. 미국 식의약청의 감시견으로서의 역할에 대해 강한 어조의 편집인 사설로 공격한 바 있는 『미국 의학 협회 저널』*Journal of the American Medical Association*은 일반적으로 연방의 약한 규제가 어느 정도인가에 대한 최근의 예를 보여주고 있다. 2004년 11월 사설의 공동 서명자중 하나인 드러몬드 레니Drummond Rennie 박사는 나중에 인터뷰에서 다음과 같이 말했다. "식의약청의 나이 많은 사람들은 자신들의 주 고객이 대중들이 아니라 제약회사인 것처럼 행동하고 있다는 건 의심할 여지가 없습니다."[4]

미국의 기업들은 일확천금식 계획만 뒤쫓고 있다. 이런 계획 가운데 하나에서 문제가 발생하면 시간을 들여 그것을 철저하게 조사하는 것이 아니라 "일확천금식 조정"을 찾아 나선다. 이때 조정방식은 간단할수록 좋다. 이런 방식의 문제 해결이 오히려 새로운 문제를 야기하는 것은 식상할 정도로 자주 일어나는 일이다.

유전자 조작된 작물과 가축을 도입하려는 많은 압력도 이런 접근법에서 기인한 것이었다. 잡초와 해충을 통제하기 위해 작물을 계절별로 순환시키느라 시간과 돈을 "낭비"하고 싶지 않은 욕망은 화학 살충제와 제초제 개발에 박차를 가하는 데 도움을 주었다. 이러한 생각에서 매년 같은 땅에서 정해진 고수익 작물 생산을 극대화하였고, 이로 인해 발생한 해충들에 대해서는 화학물질을 만병통치약인양 사용했다. 해충과 잡초가 이런 화학물질에 내성이 생기면 훨씬 더 치명적인 화학물질이 도입되었고 결국 화학물질이 작물 자체의 생존을 위협하는 수준에 이르게 된 것이다.

이에 대해 유전자 조작자들이 구원자로 나서서 독성 화학물질에 영향을 받지 않는, 혹은 문제가 되는 해충에 그 자체가 독성을 가진 작물 종들을 만들어냈다. 하지만 불행하게도 새로운 종들은 정해진 산업형 농장의 경작지에만 가만히 들어앉아있지를 못했다. 유전자가 조작된 종들의 종자와 꽃가루가 바람을 타고 옆에 있는 경작지로 넘어가 예상하지 못한 곳에서 발아하거나 아니면 다른 종들과 타화수분을 하게 된 것이다. 이런 종들은 원래 가지고 있던 제초제 내성 때문에 사실상 제거할 수 없으며 결국 근처에 사는 사람들이 제거할 수 없는 슈퍼잡초가 되어 농가를 오염시키고 다른 식물 형질의 순수성과 생존마저 위협하게 되었다.

이런 현상의 가장 위협적인 사례는 "도망간" 유전자조작 옥수수가 멕시코에서 발견된 것이었다. 멕시코는 옥수수의 지리적 원산지로 옥수수가 최초로 진화한 곳이기 때문에 미래에 사용하기 위해 유전자 "은행"으로 순수한 원래의 형질을 그대로 보존하는 것이 중요한 곳이다. 그런데 2001년 멕시코의 두 개주에서 유전적으로 변형된 옥수수 종자가 발견되었고, 이 때문에 전 세계가 경악했다. 이후 138개 멕시코 공동체의 농부들이 재배한 옥수수를 유전적으로 검사해본 결과 다음과 같은 사실이 밝혀졌다.

> 치후아후아Chihuahua, 모렐로스Morelos, 두란고Durango, 에스타도 데 멕시코Estado de Mexico, 뿌에블라Puebla, 오악사까Oaxaca, 산 루이스 뽀토시San Luis Potosi, 뜰락칼라Tlaxcala, 베라크루즈Veracruz 등 9개 주의 들판이 오염된 것이 사실상 확인되었다.
>
> 총 2천 개의 옥수수를 검사해본 결과 9개 멕시코주의 33개 공동체에서 가져온 샘플에서 오염에 대한 양성반응이 나왔다. 어떤 경우는 모두 다국적 거대 유전자 기업들이 특허를 낸 네 가지 유전자조작 형질들이 단일 작물에서 검출되기도 했다. [검사에 참여한—옮긴이] 조직들은 특히 (예전에 아벤티스 크랍사이언스Aventis CropScience가 판매한) 스타링크StarLink 옥수수에서 발견된 유전자조작 형질인 살충독성형질Cry9c을 검출하고 경악했다. 미국 정부는 알레르기 빈응을 유발할 수 있다는 우려 때문에 스타링크를 인간 소비용으로 인정하지 않았다. 2000년 미국의 식품에서 스타링크의 불법 형질이 검출되었다. 오염된 식품들을 대량 리콜하는 전례를 따라 아벤티스도 스타링스를 시장에서 회수했다.[5]

캐나다에서도 유전자조작 작물에 의한 유사한 오염사례들이 보고되었는데, 여기에는 유전자조작 밀, 콩, 카놀라(평지씨)가 인근 경작지까지 퍼져나가 지역 농민들의 생계를 위협하는 사건들이 포함된다.

그러는 동안 유전자조작 종자들이 참아낼 수 있는 독성화학물질들이 꾸준히 사용되었고, 이는 식물 해충뿐만 아니라 유익한 곤충과 식물들을 점점 더 많이 죽이게 되었다. 예를 들어 2003년 영국에서 있었던 실험에서는 "농가규모의 실험에서 검사한 유전자조작작물의 세 가지 중 한 가지 종류는 전통적인 농작물보다 야생생물들에게 더 해롭다"는 사실을 밝혔다.[6] "이제까지 수행되었던 것 중에서 가장 많은 종류를" 대상으로 하는 이 평가에서는 "밭에서 실험이 반복될수록 야생생물을 부양하는 잡초와 잡초의 씨가 점점 적어졌다는 점으로 보아 유전자 조작된 사탕무와 식용유용 봄평지는 일부 새와 벌레의 수를 감소시켰다"는 사실을 발견했다. 연구팀장인 레스 퍼뱅크Les Firbank 박사는 "만일 이 추세가 꾸준히 지속된다면, 새들에게 중요한 식량원인 이 잡초들이 장기적으로 감소할 수 있다"고 말했다.

일부 해충에게 독성이 있도록 유전적으로 조작된 식물들 또한 꿀벌이나 나비처럼 해충이 아닌 종들이나 새를 비롯한 다른 야생생물들에게 중요한 식량원인 곤충들 혹은 주요한 농가 작물들이 수분하는 데 필요한 곤충들에게 잠재적인 위험이 될 수 있다.

〈전 지구적 책임성을 가진 과학자들〉Scientists for Global Responsibility의 에바 노보트니Eva Novotny는 이런 상황을 영국의 『가디언』지에 실린 한 기사를 통해 간결하게 요약했다.

> 과학자들은 이제 과학자들의 상상력과 기술적 역량이 그 결과를 평가하고 통제할 수 있는 사회의 능력을 압도하는 지점에 이르게 되었다. 많은 과학자들은 과학에서 할 수 있는 모든 것은 해야 한다(우리가 하지 않으면 경쟁자가 할 것이다)는 의식을 가지고 있다. 하지만 자연계에 대한 과학자들의 이론적 모델은 실제 자연계의 복잡성을 충분히 담아내지 못하고 있다. 자연은 우리가 아직 제대로 이해하지 못하는 방식으로 아주 미묘하고 복잡하게 균형을 잡고 있으며 서로 연결된 방식으로 작동하고 있다. 이 때문에 독립과학자들은 우리가 상이한 종뿐만 아니라 상이한

계[동물계와 식물계—옮긴이]를 교차시켜 만들어낸 작물과 식품을 환경과 우리의 몸에 풀어놓기 전에 주의를 기울여야 한다고 촉구하는 것이다. 이로 인한 장기적인 결과는 예측할 수 없다.[7]

북미 기업들이 순수한 탐욕의 논리인 그 내부 논리에 따라 처방한 발 빠른 조정과 일확천금을 위한 계획은 여러분들과 나와 같은 대중의 최선의 이익을 보장해주지 못한다. 또한 국가정부는 이들의 상상 속에 존재하는 노다지를 향한 성급한 돌진에 크게 제동을 걸지 못할 것이다.

풀뿌리 권력

그러면 북미 대륙 식품산업의 오늘날과 같은 상황에 대해 너무나도 당연하게 경악한 사람들은 이 사태를 어디에서 전환시켜 기업권력과 맞서야 하는가?

최소한 단기적인 관점에서 그 답은 맞서는 것이 아니라 우회하는 것이다. 합기도에서 기본원칙은 정면충돌을 피하고 비스듬히 움직여 상대방의 힘을 주변화시킴으로써 무력화하는 것이다. 기업권력을 물리치는 방법은 우리만의 대안적인 시스템을 만들어서 성장, 성숙시켜 효과적으로 독립함으로써 우리 일상이 기업 권력과 최대한 무관해지도록 하는 것이다.

아미쉬Amish 공동체 사람들을 보자. 이들은 수십 년 동안 이런 일을 하고 있다. 물론 이들은 오늘날의 사회적 관습과 기술을 거부하는 정도에 있어서 대부분의 우리가 원하는 것보다 좀 더 깊이 들어가기는 했다. 턱수염을 기른다거나 말이 끄는 마차를 타는 생활이 모든 사람들이 좋아할만한 취향은 아닌 것이 사실이다. 하지만 아미쉬와 메너나이트 Mennonite 공동체 사람들은 분명 자급할 수 있는 대안적인 현실을 구축하여 다른 시스템에 상대적으로 적게 의존하는 삶을 선택하여 살아왔다.

다른 사람들도 진정한 적정기술을 거부하거나 시계를 19세기로 돌리지 않고서 이와 똑같은 일을 할 수 있다. 가내 텃밭이나 공동체 텃밭에 토종씨를 심어 가꾸는 것이 첫 단계다. 대안적인 식품 체계, 대안적인 현실을 창조하는 그 다음 단계는 재래시장과 독립적인 지방의 가게들을 후원하고 지역의 근거리 청과농들을 지원하는 것이다.

대부분의 장기 프로젝트들과 마찬가지로, 이 일을 시작할 장소는 바로 우리가 살고 있는 마을과 지역의 지방자치단체다. 1960년대에 유명했던 "지구적으로 생각하고 지역적으로 행동하라"는 격언을 조금 바꿔서, 우리에게 당면한 과제는 "지역적으로 생각하고, 지역적으로 행동하라"가 되어야 한다.

힘이 전국적으로 모아지기 충분하지 않을 때는 지역적인 수준에서 직업적인 정치, 경제적 대응을 하는 것도 가능하다. 시청이나 군면 단위 위원회, 학교 운영위원회 같은 곳의 역할들처럼 지방 기관에 들어가기 위한 정치선거 비용은 그렇게 많이 들지 않지만, 이런 자리들은 백만장자나 사악할 정도로 부유한 이들의 후원을 받는 사람들을 배제하는 데 효과적이다. 상대적으로 적은 시민들의 지원을 받는 평범한 사람들도 이런 형태의 정치적 경쟁의 장에 진입하는 비용을 감당할 수 있다.

정치적 의견을 강력하게 진술하는 것뿐만 아니라 지자체의 정책들 또한 효과적인 수단이다. 국가정부에서 당연한 우선과제로서 빠르게 도입하려고 했던 유전자가 조작된 혹은 유전적으로 변형된 식품문제를 생각해보자. 캘리포니아에서는 (기업형 농업이라는 왕관에 박힌 보석이라

할 수 있는) 샌프란시스코 북쪽에 있는 마린 카운티Marin County의 유권자들이 이 지역 경계 안에서 유전적으로 변형된 동식물을 키우거나 재배하는 것을 금지하는 투표안을 2004년 11월 승인했다.[8] 그 결과 마린 카운티는 같은 해 좀 더 빨리 금지안을 제정한 멘도시노Mendocino와 트리니티Trinity 카운티에 이어 캘리포니아 주에서 세 번째로 유전자조작 작물을 금지한 지역이 되었다. 『USA 투데이』의 기자인 엘리자베스 웨이즈Elizabeth Weise에 따르면

> 이 법안들은 캘리포니아 주와 그 외 전국적인 단위에서 생명공학으로 만들어진 작물을 사용하는 데 대한 풀뿌리 투쟁의 성장을 보여주고 있다. 캘리포니아의 와인 지역에 속해있는 농업지역인 소노마 카운티Sonoma County에서도 반생명공학작물 법안을 만들기 위한 서명이 이미 시작되었다.
> 〈유전자조작 해방 농업을 위한 캘리포니아인들〉Californians for GE-Free Agriculture의 책임자인 레나타 벨린저Renata Bellinger는 "최소한 12개"의 다른 지방에서도 활동가들이 캠페인을 시작하려고 고민 중에 있는 것으로 안다고 말했다.[9]

분명한 것은 이런 풀뿌리 캠페인들이 다른 공동체들에게 전례가 되고 있으며, 이것이 확산되면 결국 정부 정책의 방향 전체를 결정할 수 있다는 것이다. 유럽연합에서는 유전자조작 식품들이 거의 예외 없이 금지되었다. 산업과 결탁관계에 있는 연방의 높은 분들이 그런 식으로 타협했기 때문이 아니라, 유럽의 평범한 사람들이 유전자조작 작물 도입을 지지하지 않을 것이기 때문이다. 프랑스와 이탈리아 같은 나라들은 식품의 질에 대한 관점과 요리법을 아우르는 수세기에 걸친 전통이

있다. 정부가 유전자조작식품을 허용한다 하더라도 소비자들이 구입하지 않을 것이다.

많은 북미인들도 식료품점 선반위에 놓인 어떤 제품에 유전자조작식품이 함유되어 있는지를 알 수 있다면 이런 식품들을 구입하지 않을 가능성이 높다. 하지만 이들은 알 수가 없다. 제조자들은 유전자조작식품이라고 표기해야할 의무가 없기 때문에 기업들은 소비자들에게 알리지도 않고 북미의 슈퍼마켓 선반에 엄청나게 많은 유전자조작물질이 함유된 제품들을 갖다놓을 수가 있었다. 『인터내셔널 헤럴드 트리뷴』*International Herald Tribune*의 보도에 따르면

> 미국에 있는 대다수의 옥수수와 콩은 이제 예를 들어 해충에 대한 내성을 높이거나 물을 적게 소비하게 만들기 위해 변형된 유전자 조작된 종자에서 재배된 것이다. 지난 10년간 미국인들은 유전자 조작된 식품 수백만 그릇을 (몰랐기 때문에) 행복하게 먹어치웠다. 미국식의약청은 부작용이 발견되지 않았다고 말하고 있으며, 따라서 특별한 표기를 하지 않는다.[10]

그런데 앞에서 언급한 『미국 의학 협회 저널』의 사설을 쓴 이들도 똑같은 식의약청을 근거로 들었다.

청과상들과 식품제조업자들이 생명공학 물질을 함유하고 있는 식품 생산물에 분명하게 표기하는 것을 의무로 삼아야 한다는 캠페인이 꾸준히 진행되어 왔다. 이런 캠페인 이면에 있는 운동들은 기본적으로 그 본성상 풀뿌리적이거나, 아니면 〈공익을 위한 과학센터〉Center for Science in the Public Interest 같은 비영리, 비정부 조직들이 이끌고 있다. 이런 운동들은 빠르게 성장하고 있다.

소비자들의 보이콧 또한 오만한 기업권력에 반대하는 전투에서 위력적인 무기임이 드러났다. 4장에서 언급한 1960년대의 포도 보이콧은 어마어마한 정치적 영향을 미쳐서 결국 재배자들이 〈시저 차베스의 연합 농장 노동자 노조〉Cesar Chavez's United Farm Workers를 인정하게 만들었다.

맨체스터판 『가디언』지가 최근 기사에서 보도한 내용처럼 "소비자 보이콧은 큰 브랜드의 경우 1년에 49억 2천만 달러의 손실을 입힌다." 그래서 초점을 날카롭게 맞춘 일부 보이콧은 빠른 성과를 내기도 했다.[11] 기사에 따르면 "작년 속옷 제조사인 트라이엄프Triumph 사에 대한 버마의 보이콧운동에서 예기치 못했던 요인은 광고였다. 이 광고에서 한 모델이 '독재자 대신 차라리 야수를 지원하자'는 구호 아래 가시철망으로 된 브래지어를 착용하고 나왔다. 자신들의 브래지어를 [영국에 있는—옮긴이] 셀프리지 Selfridges 백화점에 돌려보내겠다는 중산층 여성들의 거센 항의와 소비자들의 불만은 트라이엄프에 큰 부담이 되었다. 결국 트라이엄프 사는 버마에서 두 달 철수했다."

정치선거에 자금을 대는 대기업들이 정치인들에게 계속 압력을 넣고 있기 때문에 연방수준의 정치인들이 당장 평범한 사람들의 희망사항에 반응을 보이지 않고 있지만, 그렇다고 해서 이것이 우리가 국지적인 영향을 미치지 못한다는 의미는 아니다. 그리고 국지적 영향력의 수가 증가할수록 국가 정책이 직접적인 영향을 미치기가 점점 더 어려워지게 되기 때문에 주정부와 지방정부도 신경 쓰기 시작할 것이다.

물론 때에 따라 이들이 쓰는 신경은 풀뿌리조직가들이 원했던 것과 다른 종류의 것일 수 있다. 식품산업은 공개적으로 드러내는 것을 두려워하고 공장형 농업관행에 대한 비판을 우회하고 싶어 하기 때문에 다양한 법적 전술들을 구사하며 비평가들을 괴롭혔다. 최근에는 새로운 형태의 입법을 이런 전술로 이용하고 있는데, 이것은 미국역사상 언론의 자유를 탄압하는 가장 뻔뻔한 시도인 소위 "식품 모독" 법안이다. 『치명적인 수확물 : 산업형 농업의 비극』*Fatal Harvest : The Tragedy of Industrial Agriculture*의 저자들에 따르면

> 식품산업은 13개 주에 압력을 행사하여 "식품 모독" 법안을 통과시켰다. 이 법안은 산업적인 식품 체계의 해로운 영향을 폭로하려는 사람들에게 불이익을 주기 위해 이용될 수 있다. 많은 이들은 이 법안이 명백히 위헌이라고 믿고 있지만, 이 법안이 없어지기 전까지는 식품안전성에 대한 진실된 정보를 제공하고자 하는 사람들과 집단을 위협하는 데 사용될 것이다.[12]

결국 이 법안은 식품에 대한 한결같은 칭찬 이외의 사실이나 의견을 말하고, 글로 쓰거나 보도하는 것을 금지하고 있다. 최소한 이론적으로는 식당 비평가가 지역의 요식업체에 대한 정직한 품평을 해도 미국의 몇몇 주에서는 고소당할 수 있다. 오프라 윈프리Oprah Winfrey마저도 이 법안 때문에 낭패를 본 적이 있었다. 육류산업 임원들이 전국적으로 방영되는 윈프리의 텔레비전 쇼에서 햄버거에 대한 부정적인 말을 한 윈프리와 한 초대 손님을 고소했기 때문이다.

이 소식이 캐나다에 전해지자 한 신문사 사무실의 장난기 많은 친구는 신문에 글을 쓰는 연극 비평가에게 말했다. "이봐, 자네가 어떤 배우를 혹평하면 그 사람들이 자네를 배우 모독죄로 고소할 것 같나?" 모든 사람들이 웃었지만, 이 상황은 우리 대부분이 인정하는 것과 다르게 현실에 가까워지고 있다.

하지만 "진실을 밝혀진다"는 말처럼 지자체뿐만 아니라 주와 지방의 의원들이 국민들의 편에서 의안을 제출하기 시작하면 연방의 정치인들도 원하든 원치 않든 귀 기울일 수밖에 없을 것이다. 특히 캐나다에서는 캐나다연방의 규정에 따라 미국이 워싱턴에게 주는 것보다 더 큰 권력을 연방정부에 필적하는 수준으로 지방에게 부여하고 있기 때문에 지방의 주지사들이 다수 내각의 수상도 무시할 수 없는 [권력—옮긴이]블록을 구성하고 있다. 소수 내각은 훨씬 더 취약하다.

하지만 가장 높은 곳이 변하게 하려면 탄탄한 기초를 세운 후에 맨 바닥에서부터 차근차근 올라가야 한다.

탐색과 발견

인터넷의 교육적 힘과 네트워크를 확장하는 힘에 대해서는 많은 이야기가 진행되었다. 어쩌면 너무나도 많은 이야기가 나와서 인터넷에 대한 이야기는 단순한 과대광고쯤으로 여기고 주의를 잘 기울이지 않는 수준에 이르렀는지도 모르겠다. 하지만 이것은 과장된 광고가 아니다. 식품산업에서 무슨 일이 벌어지고 있는지 알고 싶은 사람은 자기 컴퓨터만 잘 들여다보기만 해도 된다. 수많은 비정부기구, 시민집단, 소비자 조직, 가족형농가연합이 그 속에서 식품산업의 기업형 선수들의 모든 움직임을 감시하고 공격할 준비를 하고 있으며, 일반인들과 가족들의 이익을 위해 노력하며 선전하고 있다. 미국과 캐나다에 있는 〈전국 농민 연맹〉National Farmers Union 같은 일부집단들은 농가와 식품에 관련된 미결법안을 추적하고, 자신들의 웹사이트 방문객들에게 이를 알리며, 필요에 따라 지원이나 반대를 조직하고 있다.

이것은 모두 구글 검색엔진이나 가까운 인터넷 게시판, 토론집단처럼 접근이 용이하다. 이베이eBay를 찾을 수 있으면 이런 정보들도 찾을 수 있다.

10장에서는 자료(도구, 실제적인 정보, 지침, 보편적인 영양학적 이익을 위해 일하고 있는 네트워크 집단들)의 목록을 제공하고 있다. 인터넷과 진보적인 행동주의의 세계는 매일매일 변하고 있기 때문에 모든 것을 포괄할 수는 없다. 하지만 최소한 출발지점은 알려줄 수 있을 것이다.

하지만 그 목록을 살펴보기 전에 식품을 둘러싼 논란 전체가 의미하는 것이 무엇인지 살펴보는 일도 의미 있을 것이다.

9

인간이 된다는 것

우리가 친구들과 어울리며 살았던 온타리오의 해로스미스에는 농장이 있었고, 우리 집 부엌에는 크고 둥글고 단단한 떡갈나무 식탁이 있었다. 어느 크리스마스 이브날 우리는 저녁식사를 하기 위해 이 식탁에 둘러앉아있었는데, 메뉴는 프론테낙 카운티Frontenac County에 사는 대부분의 사람들의 방식대로 하자면 자고partridge라고 부르는 목도리뇌조ruffed grouse로, 우리가 울타리용 나무로 지역 목재상에 팔려고 식목지에서 키우던 삼나무에 앉아 있다가 날개에 총을 맞아 잡힌 것이었다. 이 새들을 배나무 숲에서 잡았다면 좀 더 전통적인 방식을 따르는 것이 되었겠지만, 삼나무도 상관없었다. 『캐나다의 야생동물 요리책』*Canadian Wild Game Cookbook*의 요리사가 자신의 취향에 맞게 작성해놓은 요리법은 너무 복잡해서 기억이 나지 않지만(난 아마 세상에서 요리를 제일 못할 것이기 때문에 통조림 스프를 데우는 법도 잘 기억하지 못하는 편이다) 어쨌든 맛있었다.

자고가 놓여있던 접시에는 당근과 녹색덩굴제비콩이 함께 놓여있었는데, 이것은 우리의 1에이커짜리 텃밭에서 키워서 그해 가을에 수확한 것이었다. 우리는 양배추벌레에서 민달팽이에 이르기까지 기어 다니고 스치듯 날아다니면서 작물에 해를 입히는 여러 가지 것들과 마못, 갉아먹는 것이 특기인 토끼에게서 우리 밭을 지키기 위해 약간의 투쟁을 해야 했지만 결국에는 냉동시키고 통조림으로 만들고 건조시켜 보관하기에 충분한 채소를 수확했고, 이것에 양념을 할 때 쓸 말린 허브들도 충분히 수확해서 그해 겨울은 끄떡없었다. 아이들과 나는 밭고랑 사이에서 몇 시간 씩 풀을 뽑고 경작을 하고 뿌리를 덮어주는 일을 하며 보냈고, 그래서 아이들은 투덜거리기도 했다. 그리고 그 가을에 마지막 수확이 끝나고 난 뒤 나는 여러 가지 용도로 사용하는 우리의 낡은 인터내셔널 디젤 트랙터로 그 밭을 갈아엎어서 먹지 못해서 버려진 것들을 땅과 뒤섞어 내년 거름으로 삼았다. 우리가 그 땅을 살 때까지만 해도 화학 살충제나 제초제는 한 방울 닿은 적도 없었다.

자고와 당근, 콩이 담겨있던 그 접시에는 야생쌀Zizania aquatica도 넉넉하게 남겨있었는데, 이것은 내 친구 악단장 해롤드 페리Band Chief Harrod Perry가 머드레이크Mud Lake에서 북미원주민의 전통적인 방식으로 그해에 수확한 것이었다. 그는 카누를 타고 야생쌀이 자라고 있는 곳까지 누비고 간 다음 곡식 줄기를 카누 가장자리 쪽으로 구부려 삼나무 막대기 두 개를 가지고 낱알을 두드려 카누 속에 떨어지게 했던 것이다. 그 시기에 해로드와 내 아들 에드, 그리고 내가 함께 오리사냥을 한 적이 있었는데, 그가 내게 이 값진 쌀을 불룩한 큰 자루에 담아 준 것이었다. 미식가 요리를 준비하는 사람에게 소매로 판매하면 엄청난 돈을 벌었을 텐데 내게 공짜로 주었다. 오지브웨이Ojibway 사람들은 이것은 주신主神의 진미인 마노민manomin이라고 부른다. 그들의 표현은 정확하다.

그 식탁에는 갓 구운 통밀빵도 있었는데, 이 빵은 내가 내 땅에서 손으로 밀을 수확하여 낡은 홑이불로 키질을 한 후 수동식 제분기로 직접 갈아서 만든 밀가루로 만든 것이었다. 식후 마실 것으로는 들판에서 꽃을 따 말려서 만든 흰클로버차와 곳곳에 널려있는 노란 꽃의 "잡초" 뿌리를 오븐에 구워 만든, 비타민이 풍부한 민들레 커피가 있었다. 우유는 도로 아래쪽에 사는 이웃인 도로시와 클라우드가 소유하고 있는 에어셰어 종과 저지 종 두 마리에서 짠 것이었다. 저지종 소 덕분에 우유에는 버터지방이 약간 지나칠 정도로 풍부했다.

이듬해에는 내가 손수 사워 매시 옥수수 위스키를 제조하기도 했지만(물론, 불법으로) 이 당시에는 식후 음료가 프랑스 꼬냑이었다. 제과점의 과일 케잌 약간과 이 프랑스 꼬냑이 우리가 먹었던 모든 식사 중에서 유일하게 가게에서 사온 것이었다.

나는 20여 년이 지난 지금에도 그날 저녁식사를 기억하고 있다. 거기에 무엇이 있었는지가 아니라 어떻게 거기에 그런 식사가 차려지게 되었는가를 말이다. 우리는 우리가 가지고 있는 기술과 노동으로 스스로 그곳의 모든 것들을 마련했다. 그런 식으로 차려진 음식은 풍미가 더해져서 명절 분위기를 한껏 돋운다.

적당한 관심

하지만 먹을 만한 음식을 장만하려면 반드시 집에서 기르거나, 집에서 사냥을 하거나 카누를 타고 누비면서 수확해야 하는 것은 아니다. 나는 캘리포니아 버클리에 있는 앨리스 워터스Alice Waters의 유명한 식당인 쉐 파니세Chez Panisse에서 내 질녀인 아넷Annette과 아넷의 남편인 마틴Martin과 함께 어느 여름 저녁에 함께 먹었던 식사를 생각하면 역시 충만한 기쁨을 느낀다. 그 식당의 이름은 프랑스 극작가인 마르셀 파뇰Marcel Pagnol의 고전인 『파니』*Fanny**에 나오는 한 등장인물의 이름을 따서 지은 것이다. 워터스 여사는 프랑스 요리법을 처음으로 접했던 경험에 고무 받아 미식식당 주인이라는 직업을 갖게 되었는데, 프랑스문화에 대한 사랑은 가게 이름에 드러나 있다.

나는 두 가지 언어를 할 수 있는 캐나다인으로서 젊은 시절 프랑스에서 1년을 보낸 적이 있었는데, 그곳에서 나는 전설적인 배우 레이뮤Raimu가 파니**의 아버지인 시저Cesar 역을 맡은 『파니』를 1930년대 원본으로 보았기 때문에 그 곳이 마음에 들었다. 그리고 종업원이 한때 파뇰이 살았던 미디Midi 출신의 젊은 프랑스 인인 것을 알고는 더욱더 마음에 들게 되었다. 내가 프랑스어로 주문하자 그는 내 퀘벡식 억양에 깔깔댔고, 나는 그의 반쯤 이탈리아인 같은 미디지역의 느린 말투에 깔깔댔다.

음식은 물론 최상급이었다. 나는 블랑꿰뜨 드 보blanquette de veau를 먹었는데, 이것은 "마발왈라 대목장Mavalwalla Ranch 방목지에서 기른 송아지를 크림과 함께 천천히 익힌 것을 그물버섯과 치노 대목장Chino Ranch 당근과 곁들인 것"이었다. 여기서 마발왈라라는 이름은 앞장에서 희귀한 가축을 구할 수 있는 캘리포니아의 농장이름과 같다는 점에 주목하라. 식사 전에 먹었던 녹색 샐러드는 내가 식당에서 먹어본 것 중에

---

* 영화이름.

** 등장인물의 이름.

서 가장 아삭거리고 맛있었다. 이 두 가지 점은 워터스 여사의 요리철학, 즉 "제철일 때만, 최상품만을" 제공한다는 신념에 부합하는 것이다. 워터스 여사의 웹사이트는 다음과 같이 설명하고 있다.

> 삼십년의 세월을 거치면서 쉐 파니세는 대부분 지역 농부와 방목자들로 구성된 네트워크를 만들어냈다. 쉐 파니세는 지속가능 농업에 대한 이들의 헌신을 보고 순수하고 신선한 물품을 꾸준히 공급받을 수 있겠다는 확신을 가지게 되었다.
> 앨리스는 건전하고 지속가능한 농업과 재래시장을 강력하게 옹호한다. 1996년에 있었던 식당 25주년 축하연에서 앨리스는 쉐 파니세 기금을 만들어 먹을 수 있는 학교 텃밭Edible Schoolyard에서 진행하는 것 같은 문화 및 교육 프로그램의 비용을 조달하는 데 보탬이 되도록 했다. 먹을 수 있는 학교 텃밭에서는 식품을 재배하고 요리하고 공유하면서 발생하는 변화의 힘을 보여준다.[1]

여기서 핵심 단어는 "공유"다. 음식은 굶지 않기 위해 입속에 밀어 넣고 빨리 삼켜버리는 그런 것이 아니다. 음식은 사회적 상호활동의 기초다. 아기가 처음으로 엄마의 젖을 물고서 엄마와 유대관계를 맺을 때부터 인간은 음식을 가족과 가문, 공동체를 동시에 유지시켜주는 수단으로 사용해왔다. 전 세계의 모든 종교와 문화에서 음식을 나누는 것은 중요한 행사에 필수적인 사회적 요소로 인식되어 왔다. 크리스마스, 부활절, 이프타*, 결혼식, 세례식, 철야식 같은 대부분의 행사에서 식사를 함께 하는 것은 삶을 공유하는 데 핵심이다.

일의 압박과 여러 가지 일상적인 걱정거리 때문에 우리는 이런 의식

---

* 이슬람 라마단 기간 중 단식을 마무리하는 식사를 말함.

에 제대로 된 관심을 항상 기울이지는 못할 수도 있다. 하지만 우리는 음식에 대해 오늘날의 문화에서 가지는 것보다 훨씬 더 많은 관심을 기울여야 한다. 음식을 무시하는 것이 습관이 되고, 음식을 단순히 기업회계장부에서 계산하여 컨베이어벨트식 조립라인에서 판에 박힌 듯 생산해내는 것으로 여기며, 음식을 섭취하는 것을 빨리 치러야 하는 주변적인 일쯤으로 생각하게 되면 우리가 인간일 수 있게 해주는 것이 무엇인가를 습관처럼 잊게 된다.

우리 인간은 사회적이다. 린 마굴리스Lynn Margulis가 개척자적 저서인 『진생세포의 기원』*Origin of Eukaryotic Cells*과 『공생의 행성』*Symbiotic Planet*에서 지적하고 있는 것처럼[2] 인간이라는 종의 생존(실제로 말하자면 모든 생물학적 생명체의 생존)을 보장해주는 것은 바로 이 사회적이고 협력적이며 공동체적 속성인지도 모른다. 우리가 다른 인간과 식사를 함께 하고 의식적으로 시간을 들여 함께 음식을 즐길 때 우리의 협력은 상징화되고 강조된다.

유대교의 잔치든, 이슬람교의 잔치든, 힌두교의 잔치든, 기독교의 잔치든, 아니면 그저 세속적인 잔치든 간에 가족이나 친구, 공동체의 구성원들이 모이는 일은 세심하게 준비하고 주의 깊게 감상하며 오래오래 두고 기억해야 하는 일이다. 내 아들 에드와 그의 친구들은 이 사실을 알고 있다. 신이 그들을 축복하기를. 에드가 폴란드 스타일의 비고스(사냥꾼들의 스튜)를 만들고 친구중 하나가 집에서 만든 와인을 가져오는 순간 이들은 자신들의 취향을 훨씬 더 바람직하게 향상시키게 되는 것이다.

이것은 이제 슬로푸드운동이라고 널리 알려진 운동의 기초가 되는 사고다. 세계 최고의 파스타와 토마토, 그리고 (프랑스 사람들은 절대

인정하지 않을 테지만) 적포도주의 고장인 이탈리아에서 시작된 이 생각은 패스트푸드와 정반대되는 개념이다. 마이클 폴란Michael Pollan이 『머더 존스』*Mother Johns*라는 잡지에서 쓰고 있는 것처럼

> [슬로푸드는] 카를로 페트리니의 머리에 17년 전에 자리를 잡았다. 그는 이탈리아의 좌익 언론인으로, 맥도날드가 로마의 스페인 광장Piazza di Spagna에 개점한데 당황했고, 짐작건대 그의 좌익 동지들이 의기소침하고 뚱한데 대해서도 똑같이 실망한 듯하다. 수년간의 활동 이후 그는 다음과 같은 결론을 내리게 되었다. "다른 사람들을 위해서 고생을 사서하는 사람들은 즐겁게 사는 사람들보다 인성이 더 많이 손상된다. 즐거움은 여러분 자신과 다른 사람들이 하나가 될 수 있는 방법이다." 따라서 페트리니는 로마 중심부에서 맥도날드의 새로운 기지를 감시하거나 [프랑스의 가족농 지지자인] 조제 보베Jose Bove처럼 트랙터를 몰고 맥도날드 상점에 돌진하기보다는 활동가인 동시에 미식가인 비슷한 취향의 사람들을 모아서 맥도날드가 냉혹하게 동질화시켜가고 있는 전 세계 맛의 모든 속성들을 찬미했다. 그가 예찬하는 것은 든든한 지역산물, 다른 것으로 대체할 수 없는 유일한 것, 즐거우며 함께 공유할 수 있는 것이었다.
>
> 17년 뒤 맥도날드는 여전히 [로마에 있는—옮긴이] 스페인 계단Spanish Steps 옆에서 해피밀을 팔고 있지만(페트리니가 황금아치를 사용하지 않도록 맥도날드를 설득시켰는데도), 슬로푸드는 세계 45개국의 6만 5천명 이상이 함께 하는 유망한 국제조직으로 부상했다.[3]

앨리스워터스가 슬로푸드의 회원이라는 점은 아마 당연하게 여겨지리라. 페트리니와 워터스는 올바르게 이해하고 있었다. 음식은 국제적이고 보편적이지만, 동시에 음식을 만들어내는 인간들처럼 강력하게 지역

적이고 개별적이어야 한다. 샤를 드 골Charles de Gaulle은 한때 분노한 척 하며 다음과 같이 불평했던 것으로 유명했다. "어떻게 [한—옮긴이] 사람이 수천가지 치즈가 있는 한 나라를 통치하겠다는 마음을 먹을 수가 있단 말인가!" 하지만 그는 똑같이 가망이 없을 정도로 개별화되어 있고 말썽이 많은 똑같은 프랑스에 대해 다음과 같이 말하기도 했다. "오 어머니*, 우리가 변변치는 못하지만 당신을 위해 일하려고 여기 있나이다!" 그리고 그는 사랑하는 프랑스를 위해 몇 번이나 목숨을 걸었다.

음식은 저장하는 것이 아니라 공유하는 것이다. 훌륭한 프랑스 음식을 해외에 전파하는 데 가장 열심인 사람들은 바로 프랑스인들 자신이며, 중국인, 이탈리아인, 레바논인들 또한 마찬가지다. 각각의 국가적, 종교적 혹은 지역적 요리법들은 서로 고립될 것이 아니라 보호하고 강화해야하는 보물이다. 음식이 진정으로 번성하려면 서로 공유해야 한다.

여기에는 오지브웨이의 마노민에서부터 크리Cree 평원의 밴녹**에 이르기까지 북미 원주민들의 요리법도 포함된다. 유엘 기본스Euell Gibbons는 미국인들에게 토종식물종을 식품으로 활용할 때의 즐거움을 소개하는 그의 고전인 『야생 아스파라거스 퍼뜨리기』*Stalking the Wild Asparagus*를 1962년에 출판하면서 센세이션을 불러 일으켰다.[4] 당시 지배적이던 백인의, 근본적으로는 유럽의 문화에서는 그 누구도 토종 식물들을 식재료로 생각해보지 않았던 것이다. 대부분의 사람들은 이들이 "인디언들"로부터 전유한 옥수수와 호박 같은 몇 가지 주식을 제외하고는 선조들이 신세계에 갈 때 가지고 간 유럽의 익숙한 채소들만 진정한 음식이라고 생각했다.

---

* 모국 프랑스를 말함.

** 과자빵의 일종

하지만 아메리카 대륙에 살고 있던 원주민들은 백인 침략자들이 오기 수천 년 전부터 그곳에 있으면서 오랜 시간동안 그곳에서 자라고 있었던 채소와 과일을 채취하여 실험하고 향상시키며 많은 시간을 보내왔다. 주요한 북미 기후지역에서 생태계전반이 진화해왔고, 원주민들은 그것을 말 그대로 빵으로부터 이해했다. 크리족과 시옥스족Sioux 사람들의 주식이자 평원의 들소들이 뜯어먹는 풀들은 대평원의 허브와 과일, 꽃들과 함께 인식되고 이해할 수 있게 되었다. 동부에는 이로쿼이족Iroquois과 모혹족Mohawk이 야생에서 채취한 식물과 텃밭에서 재배한 식물을 사용해서 자신들만의 맛깔 나는 여러 가지 요리법들을 개발했다.

이 요리법은 지금도 남아있지만, 북미의 대부분의 사람들은 이것을 제대로 알지 못해서 더욱 척박하게 지내고 있다. 나는 평원의 들소와 밴녹, 마노민을 먹어봤기 때문에 더 풍요롭다. 대부분의 경우 "인디언들"이 사용하는 음식은 야생생물들도 사용했고 지금도 사용하는 것들이다. 따라서 이런 것을 기르는 사람들은 먹거리와 함께 새와 동물들도 함께 기르게 되는 것이다.

바로 전 세계의 많은 사람들은 이것을 생명의 "대순환"이라고 부른다. 지구는 거대한 통일의 잠재력과 함께 거의 무한한 다양성의 잠재력을 가지고 있다. 통일성과 다양성은 상호 배타적인 것이 아니라 서로를 보완해준다.

우리는 맞춤식 양복에 구찌 넥타이를 매고 저 높은 어딘가에 있는 회의용 탁자에 젠체하며 둘러 앉아 있는 탐욕스런 얼간이 몇몇에게 높은 수익을 올려줄 목적으로 소를 육식동물로 만들거나, 음식에 작고 무시무시한 분자들로 구성된 장치들을 주입하거나, 토양을 파괴할 필요가 없다. 우리는 지구를 오염시켜서 결국 소일렌트 그린* 같은 인공물질만 먹고 살 이유도 없다.

우리는 우리의 식품과 식사, 인성에 대한 통제력을 되찾아야 한다.

---

* <Soylent Green> : 1973년에 나온 영화로 암울한 미래를 그린 공상과학영화다. 환경오염과 빈곤의 결과 미래 사람들은 진짜 음식이 아닌 가공식품을 배급받아 먹게 되는데, 그 배급물의 이름이 소일렌트 그린이다.

10

관련 자료들

1968년에 『전 지구에 대한 카탈록』*Whole Earth Catalog*이 처음으로 발간되었을 때 이것은 이상주의적인 젊은 세대의 모습을 드러내주었다. 이들은 자신들을 둘러싼 사회를 변화시키는 방법을 찾고 있었고, 이들을 제대로 인도해줄 수 없는 막다른 길이나 잘못된 길을 향해 달려가기도 했다. 하지만 여기에는 케네디에게 영감을 받아 만들어진 당시에는 그 누구도 시도해 본 적이 없었던 평화봉사단Peace Corps에서 일하면서 긴급한 문제들에 대한 답을 들판에서 찾을 수 있다는 사실을 알아차린 이들과 같은 단단하고 실제적인 무언가가 있었다. 이것은 귀농운동과, 귀농운동의 일촌쯤 되는 1970년대 도시농업운동의 중요한 자원으로 기능하기도 했다.

이 카탈록은 단숨에 성공작이 되었고 레이건이 집권하면서 60년대의 이상주의가 소멸되어 히피들이 결혼하고 아이를 낳고, 이들의 동생들이 "여피(젊고 이동성이 높은 전문직들)"라고 불리는 집단이 되기 전까지 수년 동안 인기를 누렸다. 투자포트폴리오가 풀뽑기보다 더 중요해졌고 사회전반은 급격히 우경화되었다.

하지만 60년대의 낡은 이상주의가 진정으로 소멸된 것은 아니었다. 그것은 동면기에 들어갔을 뿐이었다. 이제 새봄을 맞아 다시 일어날 때가 되었다. 『전 지구를 위한 카탈록』은 1996년 마지막 판을 낸 이후로 인쇄가 중단되어 이제 더 이상 접할 수 없게 되었다. 하지만 그 안에 인용된 많은 자료들과 새로운 자료들은 지금도 이용할 수 있다. 그런 자료에서 영감을 받은 캐나다의 잡지 『해로스미스』 또한 더 이상 접할 수 없지만, 카탈록의 정신은 내가 해로스미스의 편집자로 일하면서 살았고 [언젠가—옮긴이] 다시 돌아가 살 계획인 프론테낙 카운티Frontenac County 같은 장소에 살아있다.

좋았던 그 시절로 돌아가기 위한 새로운 추진력을 만들고 싶은 사람이라면, 자신과 가족들이 좀 더 건강하고 진정으로 인간다운 삶을 살았으면 하는 바람이 있는 사람이라면, 다음 자료들이 도움이 될 것이다. 몇몇 책들은 이제 절판되었을지도 모르지만 대부분은 공공도서관이나 대학도서관에서, 아니면 절판된 책들을 전문적으로 취급하는 〈아베북스〉Abebooks나 〈알리브리스〉Alibris 같은 조직들을 통해 온라인으로 구할 수 있다. 이 목록이 모든 것을 망라하지는 않고 있으며, 내 취향에 따라 취사선택하여 선별한 것이다.

텃밭관리에 대한 정보

펀 마샬 브래들리 · 바바라 엘리스 편집, 『로데일의 최신 유기농 백과

사전 : 모든 경작자에게 꼭 필요한 자료』(Fern Marshall Bradley and Ellis, Barbara W., eds., *Rodales All-New Encyclopedia of Organic Gardening : The Indispensable Resource for Every Gardener*, Emmaus, Pennsylvania : Rodale Books Inc., 2004.)

제목에 있는 "꼭 필요한"indispensable이라는 말이 전혀 과장이 아니다. 이것은 뒤뜰에서 텃밭관리를 시작하려는 초보자에서부터 전문적인 근교 채소재배자에 이르기까지 누구에게나 이 주제에 대해 존재하는 최고의 책이다. 나는 1973년부터 이 책을 사용했는데, 그 좋은 점을 이루 다 말할 수가 없다. 이 점에 대해 말하자면, 『유기농업』*Organic Gardening* 이라는 잡지를 비롯해서 로데일에서 출판하는 거의 모든 것이 일류에 속한다. 이들의 웹사이트(www.rodale.com)를 방문하거나 로데일 출판사(Rodale Inc. 33 East Minor St., Emmaus, Pennsylvania, 18098, USA, (610) 967-5171)로 연락하면 된다.

탄야 덴클라, 『A-Z까지 유기농식품 재배에 대한 경작자 지침서』 (Tanya L. K. Denckla, *The Gardener's A-Z Guide to Growing Organic Food*, North Adams, MA : Storey, 2003.)

훌륭한 일반적인 지침서다. 텃밭의 "문제해결" 부분이 유용하다.

스투 캠프벨, 『썩게 하자! 퇴비제작에 대한 경작자 지침서』 (Stu Campbell, *Let it Rot! The Gardener's Guide to Composting*, North Adams, MA. Storey, 1998.)

어떤 것은 로데일 백과사전에 나와 있지만, 어떤 것은 나와 있지 않기도 하다. 여러 가지 부산물과 그 외에 유용한 재료들을 속속들이 다루고 있다.

캐롤 루빈, 『약물 없이 잔디밭과 정원을 관리하는 방법』(Carole Rubin, *How to Get Your Lawn & Garden off Drugs*, Madeira Park, B.C.: Harbour Publishing, 1990.)

이 책을 읽고 [텃밭에 살포하는—옮긴이] 약물을 끊도록.

빌 메릴리스, 『야생생물을 위한 경작: 자연애호가를 위한 지침서』 (Bill Merilees, *Gardening for Wildlife: A Guide for Nature Lovers*, Vancouver, B. C.: Whitecap Books, 2000.)

새뿐만 아니라 나비, 개구리, 다람쥐, 너구리를 뒷마당에 오게 하는 방법에 대한 책이다. 다시 말해서 혼자만을 위해 재배하는 식물들을 이런 초대 손님들이 야금야금 먹는다고 해도 신경 쓰지 않는 것을 전제로 한다!

트레버 콜 편집, 『캐나다의 정원 어디에 무엇을 재배할 것인가』 (Trevor Cole, ed., *What Grows Where in Canadian Gardens*, Toronto: Dorling Kindersley, 2004.)

다양한 텃밭식물들을 그늘, 양지바른 곳, 점토나 모래흙, 물냉이 옆 등 어디에 심는 것이 가장 좋은지 알려주는 아주 유용한 지침서다. 캐나다의 조건에 맞춰 작성되긴 했지만 대부분의 정보는 미국에서도 적용가능하다.

로레인 존슨, 『온타리오의 자연정원: 토착식물 이용에 대한 완벽한 지침서』 (Lorraine Johnson, *The Ontario Naturalized Garden: The Complete Guide to Using Native Plants*, Vancouver, B.C.: Whitecap

Books, 1995)

유럽에서 수입된 것이 아니라 북미가 원산지인 식물들을 잘 활용하는 방법에 대한 자세하고 훌륭한 지침서다.

J. T. **가렛, 『체로키의 식물지』** (J. T. Garret, *The Cherokee Herbal*, Rochester, Vermont : Bear & Company, 2003.)

우리 주변의 녹색세계에 대한 북미대륙 원주민들의 인정받지 못했던 지식들을 방대하게 모아놓은 입문서다.

수잔 애쉬워스, 『종자에서 종자로 : 채소재배자를 위한 종자저장과 재배기술』 (Suzanne Ashworth, *Seed to Seed : Seed Saving and Growing Techniques for Vegetable Gardeners*, Decorah, Iowa : Seed Savers Exchange, 2002)

토종 종자를 매년 저장하고 다시 심는 기술에 대한 최고의 책이다. 정말 "최고"라 할 수 있다.

제니퍼 베넷, 『해로스미스의 북부 경작자』 (Jennifer Bennett, *The Harrowsmith Northern Gardener*, Camden East, Ontario : Camden House, 1982.)

서리가 일찍 오고 오래 머무는 곳에서 식용 녹색작물을 재배하는 기술에 대한 책이다.

좀 더 진지한 사람들을 위한 책

뒤뜰 텃밭을 넘어서 전문적인 근교농업이나 한때 "자작농"homesteading이라고 부르던 분야로 전환하는 데 관심 있는 사람들에게는 다음 책들이 도움이 될 것이다.

리차드 랭어, 『재배하자! 자연과 조화로운 소농에 대한 초보자용 완벽 지침서』 (Richard W. Langer, *Grow It! The Beginner's Complete In-Harmony -with-Nature Small Farm Guide*, New York : Avon Books, 1972.)

1970년대 귀농자들에게 이 책은 구원자와도 같았다. 이제 이 책은 역사적 산물로서 소위 "[귀농—옮긴이]운동 시대"의 문화적 마음가짐과, 이제는 백발이 된 이상주의적 젊은이들에게 동기를 부여한 것이 무엇인가 엿볼 수 있게 해준다.

프랭크 가드너, 『미국 전통 경작 기술』 (Frank D. Gardner, *Traditional American Farming Techniques*, Guilford, Connecticut : The Globe Peguot Press, 2001.)

가족농이 오늘날보다 훨씬 더 많았던 1916년에 발행된 초판을 재발행한 것으로, 산업적인 농업시대 이전의 작물 재배 및 가공방법에 대한 거의 잊혀진 실제적인 정보들을 풍부하게 모아놓았다. 어떤 지식은 시대에 뒤떨어졌지만, 이 책에 실린 대부분의 조언들은 유기농에 관심 있는 모든 사람들에게 여전히 유용하다. 우리 조부모세대도 바보는 아니었다. 이들은 이런 방법을 이용해서 생존하고 번영했다. 그렇지 않았더라면 우리가 세상에 나오지도 못했을 것이다.

링컨 피어스, 『채소 : 특징, 생산, 마케팅』(Lincoln C. Pierce, *Vegetables: Characteristics, Production and Marketing*, New York : John Wiley, 1987.)

뉴햄프셔 대학 교수가 쓴, 채소생산에 대한 뛰어난 전문서적이다.

V. I. **샤툭 · M. 맥나이트, 『채소 경작 문화』**(V.I. Shattuck and M. McKnight(Revised by A. McKeown and M. McDonald), *Vegetable Crop Culture*, Guelph, Ontario : University of Guelph Department of Plant Agriculture, 2003.)

겔프대학의 원예학 3510 수업학생들을 위한 단순한 "강의노트"라고 겸손하게 말하고 있지만, 가장 훌륭한 원예학 교재 중 하나로 캐나다 최고농업학교 중 한 학교의 교수들이 쓴 것이다.

트레이시 버트 편집, 『밭작물을 위한 농경학 지침서』(Tracey Baute, ed., *Agronomy Guide for Field Crops*, Toronto : Ontario Ministry of Agriculture, Food and Rural Affairs, 2002.)

옥수수와 콩, 카놀라에 이르기까지 모든 것을 다루고 있는 이 책은 진지한 소농들이 믿을만한 교재다. 특히 작물 순환재배에 대한 부분이 훌륭하다.

로저 B. **옙센 주니어, 『정원, 과수원, 식림지용 수목』**(Roger B. Yepsen, Jr., *Trees for the Yard, Orchard and Woodlot*, Emmaus, Pennsylvania : Rodale Press Inc., 1976.)

한때 나무를 키워 본적이 있는 사람으로서(울타리용 삼나무와 설탕

단풍) 난 이 책이 아주 유용했다.

클라우디아 위스버드, 『자기만의 가축 기르기』(Claudia Weisburd, *Raising Your Own Livestock*, Englewood Cliffs, NJ : Prentice Hall, 1980.)

소, 염소, 돼지, 양, 닭, 말을 작은 규모로 키우는 방법에 대한 책이다.

패트리시아 클리브랜드-펙, 『자기만의 젖소 : 집에서 소를 관리하는 방법에 대한 필수지침서』(Patricia Cleveland-Peck, *Your Own Dairy Cow : Essential Guidelines for the Management of a House Cow*, Wellingborough, Northhamptonshire, UK : Thorsons Publishers, 1979.)

집에서 소를 관리하는 방법에 대한 영국식 접근법에 대한 책이다.

F. **페바스 외, 『토끼 : 축산, 건강, 생산』**(F. Lebas, P. Coudert, R. Rouvier, and H. De Rochambeau, *The Rabbit : Husbandry, Health and Production*, Rome : Food and Agriculture Organization of the United Nations, 1986.)

토끼 스튜요리를 좋아한다면 여기 토끼 키우는 법에 대한 책이 있다.

다단트와 손스 편집, 『벌통과 꿀벌』(Dadant & Sons, eds., *The Hive and the Honeybee*, Chicago : Dadant & Sons, Inc., 1975.)

『미국 양봉 저널』*American Bee Journal*의 편집자와 기고자들이 깊이 있게 작성한 양봉(꿀을 목적으로 벌을 키우고 식물을 수분하는 방법)에 대한 책이다.

지속가능 농업에 대한 일반서

마사노부 후쿠오카, 『짚 한 오라기의 혁명』(Masanobu Fukuoka, *The One-Straw Revolution*, New York : Bantam Books, 1985; [최성현 옮김, 한살림, 1996.])

세계적으로 유명한 일본의 전통적인 유기농 옹호론자가 저술한 가장 유명한 책으로 아시아뿐만 아니라 전 세계 있는 한 세대의 농부들에게 영향을 미친 베스트셀러다.

마사노부 후쿠오카, 『자연으로 돌아가는 길 : 실낙원 되찾기(Masanobu Fukuoka, *The Road Back to Nature : Regaining the Paradise Lost*, Tokyo : Japan Publications, Inc., 1987; [최성현 옮김, 『생명의 농업』, 정신세계사, 1988.])

후쿠오카는 일본의 전통방식과 캘리포니아 농산업의 방식을 비교한다. 어느 것이 더 안 좋을지 추측해보길.

마사노부 후쿠오카, 『자연스런 경작법』(Masanobu Fukuoka, *The Natural Way of Farming*, Tokyo : Japan Publications, Inc., 1985.)

저자는 『짚 한 오라기의 혁명』*The One-Straw Revolution*에서 처음으로 채택한 원칙들을 좀 더 자세히 짚어간다. 내가 후쿠오카를 좋아하냐고? 그게 뭐 중요한가…….

스테판 R. 글리스만, 『농업생태학 : 지속가능농업의 생태적 과정』 (Stephen R. Gliessman, *Agroecology : Ecological Processes in Sustainable Agriculture*, Boca Raton, Fla. : Lewis Publishers, 2000.)

산타크루즈 캘리포니아 대학의 농업생태학 프로그램을 만든 사람이 쓴 이 교재는 농부를 생태계의 적이 아니라 그 일부로 보는 농업의 기본 원리를 소개하고 있다.

전미연구위원회의 농업분과, 『대안농업』 (Board on Agriculture, National Research council, *Alternative Agriculture*, Washington, D.C. : National Academy Press, 1989.)

모든 사람들이 전통적인 유기농방식을 재발견하고 난 뒤 대략 20년 후에야 미국 정부도 재발견 및 지지하고 있다. 진지한 농업연구자들에게 지표가 될 만한 자료이자 기본교재로 적합하다.

반다나 시바, 『녹색혁명의 폭력』 (Vandana Shiva, *The Violence of the Green Revolution*, Penang, Malaysia : Third World Network, 1991.)

노먼 볼로그Norman Borlaug와 그의 동료들이 어떤 점에서 잘못 되었는지에 대해 설명하고 있다.

반다나 시바, 『단작의 정신』 (Vandana Shiva, *Monocultures of the Mind*, Penang, Malaysia : Third World Network, 1993.)

제3세계에서 볼 수 있는 산업적인 농업방식의 정신적 태도를 그리고 있다.

신시아 바스토우, 『에코식품 지침서 : 지구에 이로운 것은 여러분에게도 이롭다』(Cynthia Barstow, *The Eco-Foods Guide : What's Good for the Earth Is Good for You*, Gabriola Island, B.C. : New Society Publishers, 2002.)

산업적인 식품을 최소한만 접하면서 건강하게 물건을 구입하고 먹을 수 있는 방법을 설명하고 있다.

장비와 도구

레만스, 『전기가 필요 없는 전통유산 카탈록』(Lehman's, *Heritage Non-Electric Catalog*, Kidron, Ohio : Lehman Hardware and Appliance, Inc., 2003.)

전통적인 농가를 운영할 때 아미쉬 공동체와 메논 공동체 사람들이 사용하는 우편주문 카탈록이다. 세상에서 가장 환상적인 카탈록 가운데 하나로, 나무스토브, 수동 과즙기, 낫 같은 품목들이 합리적인 가격에 제시되어 있다. 제3세계 국가에서 해외개발을 맡고 있는 노동자들에게 중요한 자원중 하나다. 매년 발행된다.

카탈록을 받고 싶으면 아래 주소로 편지를 쓰거나 온라인에 접속하면 된다. 레만스 철물전기사(Lehman's Hardware and Appliances, Inc. One Lehman Circle, P.O. Box 41, Kidron, Ohio, 44636, USA; (888) 438-5346; www.Lehmans.com)

켄 다로우와 마이트 색서미안, 『적정 기술 자료집』(Ken Darrow and

Mike Saxemian, *Appropriate Technology Sourcebook*, Stanford, Appropriate Technology Project/Volunteers In Asia, 1993.)

『전 지구를 위한 카탈록』*Whole Earth Catalog*을 국제적으로 계승한 것으로, 아주 간단한 것에서부터 아주 선진적인 첨단기술 도구들을 수록하고 있다. 작업을 위한 것이기도 하지만, 변화를 이루기 위한 것이기도 하다.

해리스 피어선 스미스, 『농기계와 설비』(Harris Pearson Smith, *Farm Machinery and Equipment*, New York : McGraw-Hill, 1965.)

내가 처음 농가의 도구들에 대해 공부할 때 사용했던 (이제는 낡았지만) 기본적인 교재였다.

유엔식품농업기구, 『견인동물의 힘에 대한 매뉴얼 : 농업 자문단이 만든 사용훈련 매뉴얼』(Food and Agriculture Organization of the United Nations, *Draught Animal Power Manual : A Training Manual for Use by Extension Agents*, Rome : Food and Agriculture Organization, 1994.)

작은 농가나 소작농가에서 동물이 끄는 짐수레 이용법에 대해 알고 싶은 사람에게 필요한 모든 것이 담겨있다.

산업농업의 문제점에 대한 폭로

카렌 데이비스, 『감옥에 갇힌 닭, 독에 오염된 달걀』(Karen Davis, *Prisoned Chickens, Poisoned Eggs*, Summertown, TN : Book Publishing Company, 1996.)

현대적인 기업형 가금 산업을 그림과 함께 무시무시하게 설명하고 있다.

게일 A. 에이스니츠, 『도축장 : 미국육류산업의 탐욕과 태만, 비인도적 처우에 대한 충격적인 이야기』(Gail A. Eisnitz, *Slaughterhouse : The Shocking Story of Greed, Neglect and Inhumane Treatment Inside the U. S. Meat Industry*. Amherst, N. Y. : Prometheus Books, 1997.)

제목이 모든 것을 말해주는 책이다.

알렉산더 M. 어빈 외 편집, 『공장형 축산을 넘어서 : 기업형 양돈장과 공중보건에 대한 위협, 환경과 농촌공동체』(Alexander M. Ervin, Cathy Holtslander, Darrin Qualman, Rick Sawa, eds, *Beyond Factory Farming : Corporate Hog Barns and the Threat to Public Health, the Environment and Rural Communities*, Saskatoon, Saskatchewan : Canadian Centre for Policy Alternatives, 2003)

현대의 산업적 돼지농가와 그곳의 공포를 적나라하게 그리고 있는 책이다.

프랭크 브라우닝, 『사라지는 토지 : 미국기업의 절도행위』(Frank Browning, *The Vanishing Land : The Corporate Theft of America*, New York : Harper Colophon Books, 1975.)

미국의 농업을 기업에서 인수하는 과정에 대해, 좀 지난 이야기지만 정확하게 묘사하고 있다.

니콜스 폭스, 『엉망진창 : 식품체인이 엉망이 된 것에 대한 위험한 진실』 (Nicols Fox, *Spoiled : The Dangerous Truth About a Food Chain Gone Haywire*, New York : Basic Books, 1997.)

당신이 절대 알고 싶지 않았던 육류산업의 어두운 이면에 대한 책이다.

에릭 슐로서, 『패스트푸드의 제국』 (Eric Schlosser, *Fast Food Nation*, New York : Perennial/Harper Collins Publishers, 2002; [김은령 옮김, 에코리브르, 2001.])

[패스트푸드가—옮긴이] 빠를지는 몰라도 좋은 것은 아니다. 그 이유에 대해 전하고 있는 베스트셀러다.

웬델 베리, 『미국의 동요 : 문화와 농업』 (Wendell Berry, *The Unsettling of America : Culture and Agriculture*, San Francisco : Sierra Club Books, 1986.)

농업에 대한 기업의 통제에 반대하는 농부이자 시인의 열정적인 이야기를 담고 있다.

해리 P. 디아즈 외 편집, 『기로에 서 있는 농업공동체 : 도전과 저항』 (Harry P. Diaz, Joann Jaffe and Robert Stirling, eds., *Farm Communities at the Crossroads : Challenge and Resistance*, Regina, Saskatchewan : Canadian Plains Research Centre, 2003.)

대초원의 농업공동체에 대한 여러 저자들의 광범위한 시각을 담은 책이다.

거시경제 : 공장형 농업과 세계식품산업의 성장

브뤼스터 닌, 『토지에서 입까지 : 식품시스템의 이해』 (Brewster Kneen, *From Land to Mouth : Understanding the Food System*, Toronto : NC Press Limited, 1995.)

캐나다 최고의 식품산업 비평가가 바라본 현대 농산업의 역사와 이론, 범죄를 다루고 있다.

A. V. **크렙스, 『기업형 수확자 : 농산업에 대한 책』** (A. V. Krebs, *The Corporate Reapers : The Book of Agrobusiness*, Washington, D.C. : Essential Books, 1992.)

『농경산업 뉴스레터』*Agribusiness Newsletter*와 『비관론자』*Calamity Howler*의 발간인인 크렙스는 가족농을 헌신적으로 옹호하는 꼼꼼한 연구자다. 이 책은 미국 농산업의 발달과 성장에 대한 크렙스의 분석을 담고 있다.

월든 벨로, 『어두운 승리 : 미국, 구조조정, 전지구적 빈곤』 (Walden Bello, *Dark Victory : The United States, Structural Adjustment and Global Poverty*, Penang, Malaysia : Third World Network, 1994.)

국제적인 식품산업시스템이 어떤 식으로 빈민을 계속 빈곤하게, 부자를 계속 부유하게 만드는지를 탐구하고 있다.

팀 랭 · 콜린 하인스, 『신보호주의 : 자유무역에서 미래를 구하는 방법』

(Tim Lang and Colin Hines, *The New Protectionism : Protecting the Future Against Free Trade*, London : Earthscan Publications, 1993.)

비정통파 경제학자 두 명이 새로운 세계 무역시스템과 그 속에서 농업의 지위를 경제적으로 분석한 책이다.

앤드류 킴프렐 편집, 『치명적인 수확 : 산업농업의 비극』 (Andrew Kimbrell, ed., *Fatal Harvest : The Tragedy of Industrial Agriculture*, Washington, D.C. : Island Press, 2002.)

식품과 농업 부문에서 북미인들이 직면하고 있는 문제들을 풍부하게 설명하고 있는 뛰어난 개론서다. 이 책의 유일한 문제는 출판사에서 이 책을 대형 호화판 양장으로 출판하기로 결정하면서 일반인들이 지불할 수 있는 가격을 넘어선 데다, 여기저기 들고 다니기에는 너무 무겁다는 점이다. 한번 확인해보길.

여러 가지 재미있는 것들

랠프 화이트록, 『희귀종』 (Ralph Whitlock, *Rare Breeds*, New York : Van Nostrand Reinhold Company, 1980.)

희귀한 가축들과 이것이 멸종되지 않도록 보호하는 조직들을 설명해놓은 개설서.

자넷 보월드 도너, 『역사적으로 중요한 위기종 가축과 가금류』 (Janet Vorwald Dohner, *The Encyclopedia of Historic and Endangered Livestock and Poultry Breeds*, New Haven, CT : Yale University Press,

2001.)

앞의 책을 국제적인 형태로 바꿔 좀 더 많은 내용을 담은 책이다.

브라이언 캐폰, 『경작자를 위한 식물학 : 소개와 안내』(Brian Capon, *Botany for Gardeners : An Introduction and Guide*, Portland, Oregon : Timber press, 1990.)

과학적인 성향의 재배자들의 아마추어적인 노력에 식물학적 배경지식을 제공해주는 책이다.

베릴 브린트널 심슨 · 몰리 코너 오고잘리, 『경제 식물학 : 우리 세계의 식물들』(Beryl Brintnall Simpson and Molly Conner Ogorzaly, *Economic Botany : Plants in Our World*, New York : McGraw Hill Higher Education, 2001.)

왜 국가에서 식물을 둘러싼 전쟁을 벌이고 있는지 이해가 안 되는 사람들의 눈이 뜨이게 해주는 책이다.

앤드류 달비 편집, 『카토의 '경작에 관하여'』(Andrew Dalby, ed., *Cato On Farming : De Agricultura*, Blackawton, Totnes, Devon : Prospect Books, 1998.)

고대 로마를 사랑했던 어떤 이가 로마인들을 위해 작성한 농업기술에 대한 최초의 학술논문 중 하나다. 현대의 독자들이 시저 시대 전에 살았던 고대인들도 식품 재배에 대한 기술과 지식에 대해 공부하고 사유했다는 사실을 깨닫게 해준다.

헨리 데이빗 소로, 『월든』 (Henry David Thoreau. Walden. Koln : Konemann Versgesellschaft mbH, 1996; [강승영 옮김, 이레, 2004. 이외에도 여러 출판사에서 번역서를 냈다.])

저자인 소로가 월든 호숫가에 혼자 살았던 시기를 그린 책이다. 이 미국고전이 한때 나치의 본고장이었던 현대 민주 독일에서 출판되어야 했다는 것은 아이러니하면서도 당연한 일인 듯싶다. 기업의 지배를 받고 있는 오늘날의 미국에서였다면 소로는 기업의 "권력 의지"에 저항했다는 이유로 체포되어 시민권을 박탈당하고 관타나모 수용소로 이송되었을지도 모른다.

리 앨런 피터슨, 『먹을 수 있는 야생식물』 (Lee Allen Peterson, *Edible Wild Plants*, Boston : Houghton Hifflin, 1977.)

매년 갱신되어 재발행 되는 이 책은 미국과 캐나다에 있는 먹을 수 있는 식물에 대한 정보를 담고 있는 정확하고도 권위 있는 들판 안내서다. 원주민들이 주식으로 섭취하는 여러 종들에 대한 안내를 포함하고 있다.

로스 매러블 · 린다매러블, 『원주민의 요리 : 가보 만들기』 (Ross & Linda Marable, *First Nations Cooking : Creating a Family Heirloom*, Deseronto, Ontario : Epic Press, 2003.)

북미원주민들에게 구전되어 오던 요리법을 책으로 엮은 것이다.

엘리노어 로스 휘트니 · 샤론 래디 롤프스, 『영양의 이해』 (Eleanor Noss Whitney and Sharon Rady Rolfes, *Understanding Nutrition*,

Belmont, California : Wadsworth/Thomson Learning, 2002.)

일반인도 쉽게 이해할 수 있는 대학수준의 교재. 영어권에서 접할 수 있는 인간의 영양물질이 가지고 있는 모든 측면에 대해 훌륭하게 논하고 있다. 안타깝게도 대부분의 양장본 교재가 그렇듯이 값이 비싸다.

조직, 시민집단

〈전국 농민 연맹〉 National Farmers Union(NFU)

공동의 목표를 공유하는 가족형 농업 집단으로, 농업생산의 가장 적절하고 효율적인 수단으로서 가족형 농업을 촉진한다. 미국과 캐나다에 지부가 있다. ([미국] National Farmers Union, 400 North Capitol St. NW, Suite 790, Washington, D. C., 20001 USA. (202) 554-1600, www.nfu.org; [캐나다] National Farmers Union, 2717 Wentz Ave., Saskatoon, Saskatchewan, S7K 4B6, Canada. (306) 652-9465, www.nfu.ca)

〈전국 가족농 연합〉 National Family Farm Coalition

낮은 농산품 가격과 농업에 대한 식품통제 증가 때문에 유발된 농업공동체의 경제적 침체 심화에 대응하고자 하는 30개주의 가족농가와 농촌집단을 대표한다. (National Family Farm Coalition, 110 Maryland Ave. NE, Suite 307, Washington, D.C. 20002 USA. (202) 543-5675, www.nffc.net)

〈씨앗을 나누는 사람들〉 Seed Savers Exchange

토종종자를 지키는 미국에서 가장 오래되고 가장 큰 조직이다. 매년 발행하는 카탈록은 정말 귀중한 자료다. (Seed Savers Exchange, 3076 North Winn Road, Decorah, Iowa 52101 USA. (563) 382-5990, www.seedsavers.org)

〈종자의 다양성〉 Seeds of Diversity Canada

씨앗을 나누는 사람들과 똑같은 기능을 하는 캐나다 조직이다. (Seeds of Diversity Canada, P.O. Boz 36, Station Q, Toronto, Ontario M4T 2L7 Canada. (905) 623-0353, www.seeds.ca)

〈공익 과학 센터〉 Center for Science in the Public Interest

미국과 캐나다에 지부를 두고 있는 소비자 보건조직으로 식품 표기의 진실성도 다루고 있다. ([미국] Center for Science in the Public Interest, 1875 Connecticut Ave. NW, Suite 300, Washington, D.C., 20009 USA. (202) 332-9110, www.cspinet.org; [캐나다] Centre for Science in the Public Interest, Suite 4550, CTTC Building, 1125 Colonel By Drive, Ottawa, Ontario K1S 5R1 Canada. (613) 244-7337, www.cspinet.org/canada)

〈도시의 농부〉 City Farmer

캐나다에 있는 도시 농업을 위한 부서다. 1970년대부터 운영되어온 이 조직은 많은 전문적 지식을 가지고 있으며 다른 지역들과도 연계가 잘 되어 있다. (City Farmer, Box 74561, Kitsilano, RPO, Vancouver, B.C. V6K4P4 Canada. (604) 685-5832, www.cityfarmer.org)

〈슬로푸드〉 Slow Food

이탈리아 음식을 좋아해야 이 집단의 진면목을 알 수 있는 것은 아니다. 이들은 양질의 삶을 증진시키는 데 헌신하는 조직이기 때문이다. (Slow Food, Via della Mendicta Istruita 8, 12042 Bra(Cuneo), Italy. 39 0712-419611, www.slowfood.com)

〈지역적인 수확〉 Local Harvest

재래시장과 공동체를 지원하는 미국의 농업 집단

(www.localharvest.org)

〈토종 씨앗〉 Native Seeds/SEARCH

원주민의 전통 작물, 종자, 경작발식을 보존하기 위해 일하는 비영리 조직. (Native Seeds/SEARCH, 526 N 4th Ave., Tucson, Arizona 85705 USA. (520) 622-5561)

〈ETC 그룹〉 ETC Group

캐나다에 본부를 두고 있는 국제적인 시민사회집단으로 문화 및 생태적 다양성과 인권을 증진하기 위해 노력한다. 예전에는 〈농촌 진흥 기금〉 Rural Advancement Foundation(RAFI)이라는 조직이었기 때문에 농촌문제에 특히 강하다. (ETC Group, 1 Nicholas St., Suite 200B, Ottawa, Ontario K1N 7B7 Canada. (613) 241-2267, www.etcgroup.org)

:: 후주

1장

1. 이것은 미국 농무부 웹사이트에 있는 국립 농업 도서관(National Agricultural Library, www.nal.usda.gov)에서 무료로 다운로드 받을 수 있다. 47페이지 밖에 되지 않으므로 모두 인쇄해도 잉크가 그렇게 많이 들지는 않는다.
2. 역시 USDA 국립농업도서관 웹사이트에서 다운받을 수 있다. 하지만 이 문서는 분량이 방대하고 채소 부분만 1,520페이지나 된다는 사실에 주의하라.
3. United States Department of Agriculture, Agricultural Research Service, Agriculture Handbook #8: Composition of Foods (Washington, D. C.: USDA, 1963).
4. Whitney, E. N. and Rolfes, S. R., *Understanding Nutrition* (Belmont, CA: Wadsworth Thomson Learning, 2002), 379.
5. Watt, B. K. and Merrill, A. L., *Agriculture Handbook #8, Composition of Food - Raw, Processed, Prepared* (Washington, D. C.: USDA, 1950).
6. Whitney and Rolfes, *Understanding Nutrition*, 398.
7. 같은 책.
8. 같은 책, 399.
9. 같은 책.
10. 관련 정보는 www.seedsavers.org에서 얻을 수 있다.
11. Whealy, Kent. 2003년 5월 개인적인 인터뷰.
12. Hartz, Timothy. 2003년 5월 개인적인 인터뷰.
13. <캘리포니아 토마토 재배인 연합> 홈페이지 www.ctga.org에서 가져온 정보임.
14. <플로리다 토마토 위원회> 홈페이지 www.floridatomatoes.org에서 가져온 정보임.
15. Florida Department of Agriculture, Florida Agricultural Statistics, Vegetable Summary (Orlando, FL; Florida Department of Agriculture, 2001). www.nass.usda.gov에서 다운받을 수 있다.
16. Campil-Agro Industrial do Campo do Tejo, Ld., Tomato Varieties (Cartaxo, Portugal : Campil, 1999). www.campil.web.pt에서 다운받을 수 있다.
17. University of California, Davis, Department of Vegetable Crops, California Tomato Research Institute, 2002 Annual Project Report, 2002 California Top 50 Varieties (Davis, CA : California Tomato Research Institute, 2003), 2.
18. Simonne, Eric, ANR 1143 "Tomato Varieties for Commercial Production." Alabama Cooperative Extension System (Auburn, AL : Alabana Department of Agriculture, 1998).
19. Simpson, B.B. and Ogorzaly, M. C., *Economic Botany : Plants in Our World* (New York : McGraw Hill, 2001), 89.
20. Maul, F., "Tomato Flavor and Aroma Quality as Affected by Storage Temperature." *Journal of Food Science* 65(7). Oct, 2000, 1228-1237.

2장

1. Picard, Andre, "Today's Fruits, Vegetables Lack Yesterday's Nutrition," *The Globe and Mail*, July 6, 2002, A1.
2. Mayer, Anne-Marie, "Historical Changes in the Mineral Content of Fruits and Vegetables," *British Food Journal* 99(6), 1997, 207-211.
3. 같은 글, 209.
4. Perrinato, John R., "Green-Eyed and Depressed", *Discover* 24(6), June 2003, 23-24.
5. 같은 글, 24.
6. 같은 글, 23.
7. Whitney and Rolfes, *Understanding Nutrition*, 447.
8. Holmes, H. Nancy, *Professional Guide to Diseases* (Springhouse, PA : Springhouse Corporation, 2001), 883.
9. Whitney and Rolfes, *Understanding Nutrition*, 335.
10. Picard, "Today's Fruits," A4.
11. 화학적으로 말해서 태운다는 것은 어떤 물질이나 요소를 산소와 결합시키는 것으로, 이 과정에서 열에너지와 빛에너지가 부산물로 발생한다. 나무를 태우면 나무는 산소와 결합하게 되고, 그러면서 열과 빛, 그리고 재를 만들어낸다. 쇠가 녹스는 것 또한 녹을 만들어내는 일종의 "느린 화재"를 거치며 산소와 결합되는 것이다.
12. Krogh, David, *Biology : A Guide to the Natural World* (Upper Saddle River, NJ : Prentice Hall, 2000), 26.
13. 같은 책.
14. 같은 책.
15. Whitney and Roles, *Understanding Nutrition*, 358-9.
16. 같은 책.
17. 같은 책.
18. 같은 책.
19. 같은 책, 434.
20. 같은 책.
21. Kneen, Brewster, *From Land to Mouth : Understanding the Food System* (Toronto : NC Press Limited, 1995), 52.
22. Kimbrell, Andrew, ed., *Fatal Harvest : The Tragedy of Industrial Agriculture* (Washington : Island Press, 2002), 79.
23. 같은 책, 58.
24. "The Harrowsmith Bread Test," *Harrowsmith* Ⅳ (4), December 1979, 34.
25. Robertson, David, Moya Beal and Paul Schmidt, "Richest of the Enriched," *Harrowsmith* Ⅳ (4), December 1979, 32.
26. Do, Sylvie, "38 marques sur le gril," *Protegez-vous*, August 2003, 9.
27. 같은 글, 8.
28. 같은 글, 11.
29. 같은 글.

30. Picard, Andre, "Multivitamin Supplements a Fix for Food's Shortcomings, Experts Say," *The Globe and Mail*, July 6, 2002, A4.

31. 같은 글.

32. Whitney and Rolefes, *Understanding Nutrition*, 350.

33. Meikle, James, "Vitamin Pills Could Damage Health," *The Guardian*, May 8, 2003, online edition, www.guardian,co.uk/Print/0,3858,4663560,00.html.

34. 같은 글.

35. "Vitamin E, Beta-Carotene Do Little for Heart : Study," The Associated Press, June, 12, 2003, online edition, reprinted by *The Globe and Mail*, www.globemandmail.com/servlet/RTGAMArticleHTMLTe.

36. 같은 글.

37. 같은 글.

38. Whitney and Rolefes, *Understanding Nutrition*, 350.

3장

1. Washington, Mary, "Pre-Seasoned Meat Could Be the Death of You," *The Westsider* 2(5), 2002 : 2.

2. 같은 글.

3. 같은 글.

4. "Enhanced meat," *Virtual Weber Bullet* www.virtualweberbullet.com/enhancedmeat.html. June 23, 2003, 2.

5. 같은 글, 4.

6. Reveill, Jo, "McDonald's Bows to Critics and Slashes Slat Ration," *The Observer* online edition www.observer.co.uk. March 6, 2004, 1-2.

7. Munro, Margaret, "Health Canada Keeps Riskiest Chip a Secret," *The National Post*, October 1, 2002, A2.

8. Kaufman, Marc, "FDA Finds Potential Cancer Agent in Fries," *The Washington Post*, December 5, 2002, A10.

9. Center for Science in the Public Interest (CSPI), "Chemical Cuisine : CSPI's Guide to Food Additives," www.cspinet.org/reports/chemcuisine.htm. January 19, 2001, 20.

10. Press Association, "Dangerous Dye Levels Found in Tikka," reprinted in *The Guardian*, online edition www.guardian,co.uk. March 23, 2004, 1-2.

11. Khoo, Michael, "Want Drugs with Those Fries?" *Tom Paine* online edition www.tompaine.com/feature,cfm/ID/7630/view/print. May 1, 2003, 1.

12. Burton, G.R.W. and Engelkirk, P.G., *Microbiology for the Health Sciences*, (Philadelphia : Lippincott Williams & Wilkins, 2000), 200.

13. 같은 책.

14. Holmes, *Professional Guide to Diseases*, 165.

15. 같은 책.

16. 같은 책, 195-6.

17. Associated Press. "Antibiotic-Resistant Syphilis Spreading," *The Globe and Mail* online edition www.theglobeandmail.com/servlet/story/RTGAM.20040708. July 8, 2004, 1.
18. Gibson Richard, "Resistance to McDonald's New Antibiotic Feed Ban Policy," *Dow Jones Newswires* (The Agribusiness Examiner, No. 261, June 24, 2003, 7에 인용).
19. Canadian Press, "Superbug : Nightmare Now Reality," as reprinted in the *Globe and Mail*, July 8, 2002, A1.
20. 같은 글.
21. Kirkey, Sharon, "Antibiotics Not Good for Infants," *Regina Leader-Post*, October 1, 2003, A1.
22. Meikle, James, "Danger Warning after Increase in Drug Residues Found in Eggs," *The Guardian* online edition www.guardian,co.uk. April 30, 2004, 1.
23. Netscape Home & Real Estate page channels,netscape,com/ns/homerealestate/package.jsp?name=f. January 28, 2004
24. 같은 글.
25. Hansen, Michael, Jean M. Halloran, Edward Groth Ⅲ, Lisa Leferts, "Potential Public Health Impacts of the Use of Recombinant Bobine Somatotropin in Dairy Production," Joint WHO/FAO Expert Committee on Food Additives, September 1997, U.S. Consumers Union의 웹사이트인 www.consumersunion.org/food /bgh-codex.htm., 7에 게시되어 있음.
26. 같은 글.
27. 같은 글, 9.
28. 같은 글, 2.
29. 같은 글, 5.
30. 같은 글, 12.
31. 같은 글, 12-13.
32. 같은 글.
33. Wright, George, "Coca-Cola Withdraws Bottled Water from the U.K." *The Guardian* online edition www.guardian.co.uk. March 19, 2004, 1-2.
34. Mittelstaedt, Martin. "Comtaminants in Gull Eggs Raising alarm," Toronto *Globe and Mail* online edition www.theglobeandmail.com/servlet/story/RTGAM.20040507 May 7, 2004, 1-2.
35. 같은 글.
36. Venes, Donald, editor, *Taber's Cyclopedic Medical Dictionary* (Philadelphia : F. A. Davis Company, 2001), 601.
37. Canadian Press, "Dioxins Taint Food Samples," *Regina Leader-Post*, September 16, 2002, A1.
38. 같은 글.
39. 같은 글.
40. Ontario Ministry of the Environment, *Guide to Eating Ontario Sport Fish 2001-2002*, 21st edition, (Toronto : Queen's Printer for Ontario, 2001).
41. Picard, Andre, "Salmon : A Slippery Subject," Toronto *Globe and Mail* online edition www.theglobeandmail.com/servlet/story/RTGAM.20040116. January 16, 2004, 1-5.
42. Picard, Andre, "Girls Warned to Cut Back on Meat, Whole Milk," *The Globe and Mail*, online edition, www.sympatico.globeandmai...M&site=Front&configLabel=front&hub=Front. July 13, 2003, 1.
43. 같은 글.

44. 같은 글.

45. Turning Point Project. "Unlabelled, Untested and You're Eating It," 유전자조작에 대한 광고시리즈 중 제2호, October 14, 1999.

46. 같은 글.

47. Ho, Mae-Wan, "GM DNA in Human Gut Underestimated," Institute of Science in Society (ISIS) Report July 21, 2002, 1-5.

48. Iyer, Vik, "Crop Gene 'Could Weaken Medicines,'" Press Association (PA) News, August 16, 2002, 1-2.

49. Rebecca Goldburg, "Pause at the Amber Light," *Ceres* 27(3), 1995, 21.

50. Christpeels, Maarten J., and Sadava, David E., *Plants, Genes, and Agriculture* (London : Jones and Bartlett Publishers, 1994) 423.

51. Weiss, Rick, "Insect Bambi Threatened by Gene-Altered Corn," *The Ottawa Citizen*, May 20, 1999, A13.

52. Whitney and Rolfes, *Understanding Nutrition*, 649.

53. 같은 책.

54. Holmes, *Professional Guide to Diseases*, 1304.

55. Venes, *Taber's Cyclopedic Medical Dictionary*, 502.

56. 같은 책.

57. Parker-Pope, Tara, "Canadian Mad Cow Discovery Exposes U.S. Beef's Industry's 'Dirty Little Secret,'" *The Wall Street Journal*, as posted in *Agribusiness Examiner* #252, February 6, 2003.

58. CTV News. Bell Globemedia Inc., online edition www.ctv.ca. June 5, 2003, 1.

59. Johnson, Carleen, "Mad Cow Scare Now Hurting State Potato Industry," KOMO TV online edition www.konotv.com/news/printstory.asp?id=29056. January 8, 2004, 1.

60. Meikle, James, "Vets Investigate Mystery Brain Disease in Cattle," *The Guardian* online edition www.guardian.co.uk. June 8, 2004, 1-2.

61. Mittelstaedt, Martin, "Canada's Food Rich in Heavy Metals, Group Says," *The Globe and Mail*, May 5, 2003, A1.

62. 같은 글.

63. Whitney and Rolfes, *Understanding Nutrition*, 451.

64. Harding, Anne, "Hole the Tuna," *Grist magazine*, reprinted in *Tom Paine*, online edition, April 2, 2004, 1.

65. Lawrence, Felicity, "Beef and Pork Proteins Found in Imported Chicken," *The Guardian*, online edition, www.guardian.co.uk/Print/0,3858,4621718,00.html. March 10, 2003, 1.

66. 같은 글.

67. 같은 글.

68. Rosenfeld, Steven, "Body Burden," Tom Paine, online edition, www.tompaine.com/feature.cfm/ID7353 /view/print. June 3, 2003, 1.

69. 같은 글.

70. 같은 글.

71. 같은 글, 3.

72. 같은 글, 1.
73. Stevenson, Mark, "Tests Find Drug Taint in Water," *The Globe and Mail*, October 21, 2002, A1.
74. Webster's Dictionary Online www.webster-dictionary.org/definition/nanotechnology. July 9, 2004.
75. Merkle, Ralph, "Nanotechnology," Zyvex website www.zyvex.com/nano. July 9, 2004, 1.
76. ETC Group discussion list, "Tenth Toxic Warning : More Evidence to Support Nano-Moratorium." April 1, 2004.
77. ETC Group discussion list, "Jazzing Up Jasmine : Atomically Modified Rice in Asia?" March 25, 2004.
78. Commission de police du Quebec (CECO), *Rapport Officiel : la Lutte au Crime Organise* (Montreal : Stanke, Editeur officiel du Quebec, 1976) 301-2.
79. Canadian Press, "Beef Recall Ordered in Ontario," reprinted in *The Globe and Mail* online edition, August 25, 2003, 1-2.
80. Canadian Press, "Ontario Meat Plant Shut Down," reprinted in *The Globe and Mail* online edition, October 8, 2003, 1.
81. Robert Benzie, "Food Safety Overhaul Urged," *Toronto Star* online edition, July 23, 2004, 1.
82. Canadian Press, "E.Coli Fear Prompts Massive Beef Recall," reprinted in *The Globe and Mail* online edition, August 8, 2004, 1.
83. Jane Armstrong, "Alert Issued about Meat from Pickton's Pig Farm," *The Globe and Mail*, March 11, 2004, 1A.
84. Fox, Nicols, *Spoiled : The Dangerous Truth About a Food Chain Gone Haywire* (New York : Basic Books, 1997).
85. Eric Schlosser, *Fast Food Nation* (New York : Perennial, 2002) 197.
86. Associated Press, "Fresh Fruits and Veggies New Frontier of Poisoning," reprinted in *The Globe and Mail* online edition, August 2, 2004, 1.
87. 같은 글.
88. Witten, Mark, "On the Healthy Promise of Organic Foods," *CSL*, May/June 2003, 37.
89. 같은 글.
90. Harvard University Department of Nutrition, "Trans Fatty and Coronary Heart Disease," www.hsph,harvard,edu/review/transfats.html. July 13, 2004, 1-16.
91. *The Globe and Mail*, "What to do about Trans Fatty Acids?" *The Globe and Mail* online edition, www.theglobeandmail.com/servlet/ArticleNews/TPPrint/LA. December 11, 2003, 1-4.
92. Harvard University Department of Nutrition, "Trans Fatty Acids and Coronary Heart Disease," 1-16.

4장

1. FAO, The State of Food and Agriculture (SOFA) 1994 (Rome : FAO, 1994).
2. Berry Wendel, *The Unsettling of America* (San Francisco : Sierra Club Books, 1977).
3. Collinson, Mike, "Green Evolution," *Ceres* 27(4), 23-24.
4. Conway, Gordon R, and Pretty, Jules N., *Unwelcome Harvest : Agriculture and Pollution* (London : Earthscan Publications, 1991), 1.

5. Mozafar, A., *Plant Vitamins : Agronomic, Physiological, and Nutritional Aspects* (Boca Raton, FL : CRC Press, 1994), ⅳ.
6. Lockeretz, Williams, ed., *Agricultural Production, and Nutrition* (Medford, MA : School of Nutrition Science and Policy, Tufts University 1997).
7. Tremblay, N., ed., *Toward Ecologically Sound Fertilizer Strategies for Field Vegetable Production,* proceedings of the ⅩⅩⅥ International Horticultural Congress (reprinted in Acta Horticulturae 627, October 2003).
8. Rubin, Sandra, "Feeding Class Actions : Are Obesity Suits the Fodder?" *Financial Post*, September 24, 2003, 12.
9. 이 문제에 대한 완벽한 논의는 Ernest Sternglass, *Secret Fallout : Low-Level Radiation from Hiroshima to Three-Mile Island* (New York : McGraw Hill, 1981)과 Harvey Wasserman and Norman Soloman, *Killing Our Own : the Disaster of America's Experience with Atomic Radiation* (New York : Delta/Dell Publishing Co. 1982)를 참조하라.
10. Soil Improvement Committee, California Fertilizer Association, *Western Fertilizer Handbook : Second Horticulture Edition* (Danville, IL : Interstate Publishers Inc., 1998) 106.
11. 같은 책, 107.
12. Mozafar, *Plant Vitamins*, 168-9.
13. 같은 책.
14. 같은 책, 169-171.
15. 같은 책, 171.
16. 같은 책, 172.
17. 같은 책, 173.
18. 같은 책, 174.
19. 같은 책, 186.
20. 같은 책, 187.
21. 같은 책, 196.
22. Joji Muramoto, "Comparison of Nitrate Content in Leafy Vegetables from Organic and Conventional Farms in California," *Research Reviews*, Center for Agroecology and Sustainable Food Systems, University of California at Santa Cruz, Summer 2000(8), 23-25.
23. Mozafar, *Plant Vitamins*, 199.
24. Raven, Peter H., Evert Ray F., and Eichhorn, Susan E., *Biology of Plants, 6th edition* (New York : W. H. Freeman and Company, Worth Publishers, 1999), 727.
25. 같은 책.
26. Mozafar, *Plant Vitamins*, 175.
27. 같은 책.
28. 같은 책.
29. 같은 책.
30. Lockeretz, *Agricultural Production*, 98.
31. 같은 책, 100.
32. 같은 책, 155.
33. Tremblay, *Toward Ecologically*, 28.

34. 같은 책.

35. 이와 비슷하게 멕시코농장노동자들에 대한 착취적인 태도는 미시건 같은 다른 농업주들에서도 마찬가지다. 미시건 주에서 매년 진행하는 체리 수확은 대부분 멕시코 노동자들을 통해 이루어진다. 내가 미시건 주립대학에서 예비수의학을 듣던 어린 학생이었을 때 트래버스(Traverse) 시("체리의 수도")에서 온 한 농업 지역 출신 학생이 자신과 자신의 친구들이 자기 아버지의 헛간에서 어린 멕시코 소녀들을 어떻게 집단강간하곤 했는지를 자랑스럽게 이야기하던 것을 들은 기억이 지금도 생생하다. "걔네가 누구한테 말했으면 우리는 INS에 전화해서 다시 걔네들을 멕시코로 쫓아버렸을 것"이라고 그는 웃으며 이야기했다.

36. Mississippi State University, College of Agricultural and Life Science, Agro-Ecosystem Information Systems www.ais.missate.edu/AEE/2613/cases/diffusion-case.html. Case Study #2, 1-5.

37. Brewer, Harold, "Give us this day," VDARE.com (Center for American Unity), www.vdare.com/misc/archive00/mechanization.htm. November 1, 2000, 1-3.

38. Mississippi State University, Case Study #2.

39. Mines, Richard, "What Kind of Transition is Necessary to Secure the Future of U.S. Fruit, Vegetable and Horticultural Agriculture?" *Labor Management Decisions*, 8(1), Winder-Spring 1999, 3.

40. Gould, Wilbur A., Tomato Production, *Processing & Technology* (Timonium, MD : CTI Publications, 1992), 104-5.

41. Mines, "What Kind of Transition," 3.

42. Gould, *Tomato Production*, 104.

43. Mozafar, *Plant Vitamins*, 253.

44. Marathon Products, Inc., "About Ethylene Gas," www.marathonproducts.com/products/ethyover.html. May 14, 2003, 1.

45. Kader, Adel E. ed., *Postharvest Technology of Horticultural Crops* (Oakland, California : University of California Agriculture and Natural Resources Communication Services, Publication 3311, Third Edition, 2002), 150-1.

46. Extoxnet Extension Technology Network, "Ethephon," pmep.cce.cornell.edu/profiles/extoxnet.dienochlor-glyphosate. August 28, 2004, 1.

47. 같은 글.

48. Mozafar, *Plant Vitamins*, 253.

49. 같은 책.

50. David Carle, *Introduction to Water in California* (Berkeley : University of California Press, 2004), 147.

51. 같은 책, 3-4.

52. Mozafar, *Plant Vitamins*, 291-2.

53. 같은 책, 296-7.

54. Carle, *Introduction to Water*, 149-50.

55. Mozafar, *Plant Vitamins*, 298-9.

56. 같은 책, 300.

57. Hartz, T.K., "Sustainable Vegetable Production in California : Current Status and Future Prospects," *Horticultural Science* 37(7), December 2002, 1017.

58. Barstow, Cynthia, *The Eco-Foods Guide* (Garbriola Island, B. C. : New Society Publishers, 2002), 13.

59. 같은 책.

60. Hartz, "Sustainable Vegetable Production," 1017.

61. Ontario Ministry of Natural Resources, *Guide to Eating Ontario Sport Fish* (Toronto : Queen's Printer for Ontario, 2001).

62. Barstow, *The Eco-Foods Guide*, 14.

63. 같은 책, 15.

64. Davis, Karen, "The Battery Hen : Her Life is Not for the Birds," all-creatures.org homepage www.all-creatures.org/articles/egg-battery.html. September 21, 2004, 1-4.

65. Davis, Karen, *Prisoned Chickens Poisoned Eggs : An Inside Look at the Modern Poultry Industry* (Summertown, TN : Book Publishing Company, 1996).

66. Centers for Disease Control and Prevention (CDC), "Transmission of Influenza A Viruses Between Animals and People," as posted on CDC website, www.cdc.gov/flu/avian/gen-info/spread.htm. September 28, 2004.

67. BBC News, "Avian Flu 'Discovered in Pigs,'" BBC News website, www.newsvote.bbc.co.uk/mpapps/pagetools/print/news.bbc.co.uk/1/. September 28, 2004, 1.

68. Rick Dove, "The American Meat Factory," in *Beyond Factory Farming : Corporate Hog Barns and the Threat to Public Health, the Environment, and Rural Communities*, ed. Alexander M. Ervin et al. (Saskatoon : Canadian Centre for Policy Alternatives, 2003) 65-6.

69. Eisnitz, Gail A., *Slaughterhouse : The Shocking Story of Green, Neglect, and Inhumane Treatment Inside the U.S. Meat Industry* (Amherst, NY, Prometheus Books, 1997), 41-3.

70. 같은 책.

71. 같은 책, 45-46.

72. Jo Robinson, "Health Benefits of Grass-Fed Products," Eat Wild website, www.eatwild.com September 21, 2004.

73. 같은 책.

74. Whitney and Rolfes, *Understanding Nutrition*, 144-6.

75. D. S. Siscovick, T.E. Raghunathan, et al., "Dietary Intake and Cell Membrane Levels of Long-Chain n-3 Polyunsaturated Fatty Acids and the Risk of Primary Cardiac Arrest," *Jounal of the American Medical Association* 274(17), 1363-7.

76. Whitney and Rolfes, *Understanding Nutrition*, 586.

77. Robinson, "Health Benefits."

78. Duckett, S. K., Wagner, D. G., et al., "Effects of Time on Feed on Beef Nutrient Composition," *Journal of Animal Science* 71(8), 2079-88.

79. Aro, A., Mannisto, S., Slaminen, I., Ovaskainen, M.L., Kataja V., and Uusitupa, M., "Inverse Association Between Dietary and Serum Conjugated Linoleic Acid and Risk of Breast Cancer in Postmenopausal Women," *Nutrition and Cancer* 38, No. 2(2000), 151-7.

80. Long, Cheryl and Keiley, Lynn, "Is Agribusiness Making Food Less Nutritious?" *Mother Earth News* website www.motherearthnews.com/additional/print.php?id=2132 September 21, 2004, 1.

81. Gitte Meyer, "Pharma-Foods are Queuing up for Approval," *Eurosafe Newsletter*, 1-2/2003, as posted on the Centre for Bioethics and Risk Assessment website www.bioethics.kvl.dk.

5장

1. 진짜 그의 이름은 아니다. 이 일화는 예전에 Thomas Pawlick, *The Invisible Farm* (Chicago : Burnham Inc., 2001), 41-3 에 소개된 적이 있었다. Burnham사는 이 책이 배포되기 전에 파산을 선언했기 때문에 이 책은 이제 절판되었다.
2. 캐나다의 "공급관리" 농장 마케팅 시스템 하에서는 온타리오 우유 마케팅 위원회(Ontario Milk Marketing Board)나 캐나다 달걀 마케팅청(Canadian Egg Marketing Agency) 같은 상품 마케팅 위원회들이 농부/회원들에게 해당 위원회에서 규제하고 있는 농산물에 대해 정해진 판매량(할당량이라고 하는)을 부여한다. 할당량은 농부가 죽거나 은퇴하면 사고팔 수 있기 때문에 다른 사람의 손에 넘어가는 일이 자주 발생한다.
3. Conway and Pretty, *Unwelcome Harvest*., 2.
4. 같은 책, 7.
5. 베트남에 대한 질병통계와, 다이옥신이 생명유기체에 영향을 준 생화학적 과정에 대한 상세한 설명은 Westing, Arthur H., *Herbicides in War : The Long-Term Ecological and Human Consequences* (New York, Peace Studies, 1984)에서 살펴볼 수 있다.
6. Conway and Pretty, *Unwelcome Harvest*., 45
7. 같은 책, 37.
8. James Hughes ed., *The Larousee Desk Reference* (New York : Larousse Kingfisher Chambers Inc., 1995), 81.
9. Conway and Pretty, *Unwelcome Harvest*, 27.
10. Repetto, R., *Paying the Price : Pesticide Subsidies in Developing Countries* (Washington : World Resources Institute, 1985).
11. Switzer-Howse, K. D. and Coote, D. R., "Agricultural Practices and Environmental Conservation," Ottawa : Agriculture Canada, 1984, 12.
12. Conway and Pretty, *Unwelcome Harvest*, 198.
13 .Switzer-Howse and Coote, "Agricultural Practices," 12.
14. Taiganides, Paul E., "The Animal Waste Disposal Problem," *Agriculture and the Quality of Our Environment*, ed. Nyle C. Brady (Washington, D. C. : American Association for the Advancement of Science, 1967), 389-90.
15. 같은 글.
16. Switzer-Howse and Coote, "Agricultural Practicies," 13.
17. Linda Kane, "Swine Farm Neighbors Say Stink Bugs Them," *Amarillo Globe* website www.amarillo .com/stories/052898/new_020-3719.shtml. May 28, 1998.
18. Bill Paton, "The Smell of Domestic Pig Production on the Canadian Prairies," in *Beyond Factory Farming : Corporate Hog Barns and the Threat to Public Health, the Environment, and Rural Communities*, ed. Alexander M. Ervin et al. (Saskatoon : Canadian Centre for Policy Alternatives, 2003) 80-1.
19. A. Dennis McBride, State Health director, "Medical Evaluation & Risk Assessment : The Association of Health Effects with Exposure to Odors from Hog Farm Operations," North Caroline Department of Health and Human Services, 7 December 1998, as posted at website www.epi.state.nc.usepi/me

ra/ilodoreffects.html.

20. 같은 글, 4.

21. Rick Dove, "The American Meat Factory," 60.

22. 같은 책.

23. Natalie James, "Report Arouses Concern Over Government Role in E. Coli Deaths," *The Canadian Press*, July 28, 2000.

24. Dove, "The American Meat Factory," 61.

25. 이런 형식과 이것이 환경에 미치는 영향에 대한 깊이 있는 논의를 원한다면, Lennart Hansson, Lenore Fahrig, and Gray Merriam (Eds.), *Mosaic Landscapes and Ecological Processes* (New York : Chapman and Hall, 1995).

26. O'Connor, Raymond J. and Shrubb, Michael. *Farming and Birds* (Cambridge : Cambridge University Press, 1986) 80.

27. 같은 책, 149.

28. 같은 책, 83.

29. 같은 책, 83-84.

30. 같은 책.

31. 같은 책, 86.

32. Elgie, Stewart, "Bite : Endangered Species Need a Law that Gives Them Some," *Environment Views* 18(1), 21.

33. Wylynko, David, "The Rate Debate : Will the End of the Transportation Subsidy for Prairie Wheat Lead to More Sustainable Farming Practices on the Great Plains?" *Nature Canada* 25(1), 17-21.

34. Van Tighem, Kevin, "Save the Gopher," *Environment Views* 18(1), 16-19.

35. Edward B. Barbier et al., *Elephants, Economics and Ivory* (London : Earthscan Publications Ltd., 1990), 14.

36. 같은 책, 17.

37. Pitman, Dick, "Wildlife as a crop," *Ceres* 22(1), 30.

38. 같은 책, 30-35.

39. 같은 책, 35.

40. R. B. Martin, "A Voice in the Wilderness," *Ceres* 26(6), 26, 27.

41. 같은 책, 26.

42. 같은 책.

43. Switzer-Howse and Coote, "Agricultural Practices," 22.

44. 같은 책.

45. 같은 책, 8.

46. 같은 책, 23.

47. 같은 책, 24.

48. Carle, *Introduction to Water*, 149.

49. 같은 책, 150.

50. 같은 책, 151.

51. 같은 책, 152-3.

52. 같은 책, 153.

53. 같은 책, 155.
54. Postel, Sandra, "Waters of Strife," *Ceres* 27(6), 19.
55. 같은 책, 20.
56. 같은 책, 21.
57. Larousse, *Desk Reference*, 146.
58. Postel, "Waters of Strife," 23.
59. Appelgren, B. and Burchi, S., "The Danube's Blues," *Ceres* 27(6), 24-28.
60. Braun, Armelle, "The Megaproject of Mesopotamia," *Ceres* 26(2), 25-30.
61. Carle, *Introduction to Water*, 115.
62. Stroud, Polly, "Africa's Wave of the Future, or a Backwash from the Past?" *Ceres* 27(4), 37.
63. Baeza-Lopez, Patricia, "A New Plant Disease : Uniformity," *Ceres* 26(6), 41.
64. Pawlick, Thomas, "The Cause and Its Effects," *Harrowsmith* VII (2), 35.
65. 같은 글.
66. Baeza-Lopez, "A New Plant Disease," 44.
67. Shiva, Vandana, "Mistaken Miracles," *Ceres* 27(4), 28-29.
68. 같은 글, 29-30.
69. Stroud, "Africa's Wave of the Future," 39.
70. Herbert, John, "The Narrowing of the Options," *Ceres*, 26(2), 42-45.
71. Goldburg, Rebecca, "Pause at the Amber Light," *Ceres*, 27(3), 21.
72. Alfred W. Crosby, *Ecological Imperialism : The Biological Expansion of Europe 900-1900* (Cambridge : Cambridge University Press, 1986), 75. [안효상, 정범진 역, 『생태제국주의』, 지식의풍경, 2000].
73. Larousse, *Desk Reference*, 126, 136.
74. Crosby, *Ecological Imperialism*, 154-55.
75. Goldburg, "Pause at the Amber Light," 23.

6장

1. 초기 공산주의 시대까지의 러시아 농업에 대한 좀 더 깊이 있는 논의를 원한다면, Kingston-Mann, Esther and Mixter, Timothy eds., *Peasant Economy, Culture and Politics of European Russia,* 1800-1921 (Princeton : Princeton University Press, 1991)을 보라.
2. Pawlick, "The Cause and Its Effects," 29.
3. Krebs, A. V., *The Corporate Reapers : the Book of Agribusiness* (Washington, D. C. : Essential Books, 1992), 237.
4. Kneen, Brewster, *From Land to Mouth : Understanding the Food System* (Toronto : NC Press, 1995), 70.
5. 같은 책.
6. 같은 책.
7. 제3세계도시에서의 이런 상황에 대한 훌륭한 설명은 Hardoy, Jorge, Mitlin, Diana, and Satterthwaite David, *Environmental Problems in Third World Cities* (London, Earthscan Publications, 1993)에 나와 있다.
8. 같은 책.
9. Kotz, Nick, "Agribusiness," in *Radical Agriculture*, ed. Richard Merrill (New York : New York

University Press, 1976), 41-51.

10. 같은 글, 48.

11. 같은 글, 49.

12. Turk, Linda, "No Sacred Cows in the NAFTA Era," *The Globe and Mail*, April 25, 1996 : A20.

13. 같은 글.

14. Fagan, "Canada Defends Farm Taridds," *The Globe and Mail*, April 30, 1996 : A1-2.

15. Pawlick, *The Cause and Its Effects*, 4.

16. Berry, Wendell, *The Unsettling of America* (San Francisco : Sierra Club Books, 1977), 40.

17. 같은 책, 41.

18. 같은 책, 43.

19. 같은 책, 47.

20. 같은 책, 9.

21. 같은 책, 6.

22. Pawlick, *The Cause and Its Effects*, 29.

23. 같은 책, 28.

24. Terry Pugh, "Thousands of Family Farmers Will Become Casualties to this Adjustment," Ceres, 27(1), 1995, 28-33.

25. Krebs, *The Corporate Reapers*, 230.

26. 같은 책.

27. 같은 책, 23.

28. 같은 책, 247.

29. Tangermann, Stefan, "A Major Step in a Good Direction," *Ceres* 27(1), 24-27.

30. 같은 글.

31. Lang, Tim and Hines, Colin, *The New Protectionism*, (London : Earthscan Publications, 1993).

32. Lang, Tim and Hines, Colin, "A Disaster for the Environment, Rural Economies, Food Quality, and Food Security," *Ceres*, 27(1), 19-23.

33. Canadian Press, "U.S. Gears Up for Food Fight with Canada," *The Ottawa Citizen*, January 30, 1996 : A7, and Fagan, "Canada Defends Farm Tariffs," A1-2.

7장

1. 잡지 Organic Gardening의 발행처인 Rodale Institute는 Robert Rodale이 설립하고 그 아들인 J. I. Rodale에게 이어졌다. 이곳은 유기농재배와 지속가능농업에 대한 세계에서 가장 선도적인 연구기관중 하나다.

2. Sillman, Janice, ed., *The Old Farmers' Almanac* (Dublin, NH : Yankee Publishing Inc.).

3. Geiger, Peter and Duncan, Sondra, eds., *Canadian Farmers' Almanac* (Lewiston, ME : Almanac Publishing Company).

4. Rural Advancement Foundation International www.rafi,org, "Earmarked for Extinction? Seminis Eliminates 2,000 Varieties," July 21, 2000.

5. 같은 글.

6. 자세한 연락처

- Seed Savers Exchange, Inc., 3076 North Winn Road, Decorah, Iowa 52101 USA; (563) 382-5990; www.seedsavers.org
- Seeds Diversity Canada, P.O. Box 36, Station Q, Toronto, Ontario M4T 2L7 Canada; (905) 623-0353; www.seeds.ca

7. Ashworth, Suzanne, *Seed to Seed : Seed Saving and Growing Techniques for Vegetable Gardeners* (Decorah, IA : Seed Savers Exchange, 2002).
8. *Southern Exposure Seed Exchange Catalogue and Garden Guide* (Mineral, Virginia : Southern Exposure Seed Exchange, 2002).
9. *Seeds of Change Annual Seed Book 2001* (Santa Fe, NM : Seeds of Change, 2001).
10. Portland Community Gardens, 6437 SE Division, Portland, OR 97206, USA; (503) 823-1612; www.parks,ci.portland.or.us/Parks/ComminityGardens.htm.
11. City Farmer-Canada's Office of Urban Agriculture, Box 74561, Kitsilano RPO, Vancouver, B.C. V6K 4P4, Canada; (604) 685-5832; www.cityfarmer.org.
12. Farmers Markets of Ontario, www.farmersmarketontario.com.
13. Local Harvest, www.localharvest.org.
14. Katie Zezima, "Challenging Mini-Marts and Large Supermarket Chains, Vermont Country Stores Organize," *New York Times*, as posted in *Agribusiness Examiner*, www.ea1.com/CARP Issue #382, November 30, 2004, 1.
15. Associated Press, "Nearly Extinct Turkey Breeds Brought Back to Life, Table," posted at the Toronto *Globe and Mail* online edition, www.theglobeandmail.com/servlet/story/RTGAM.20041124. November 24, 2004, 1.
16. Dohner, Janet Vorwald, *The Encyclopedia of Historic and Endangered Livestock and Poultry Breeds* (New Haven; Yale University Press, 2001), 3-5.
17. 헬렌 니어링과 스콧 니어링은 1932년 도시의 삶을 버리고 농촌지역인 버몬트로 이주했다. *Living the Good Life : How to Live Sanely and Simply in a Troubled World* [류시화 역, 『조화로운 삶』, 보리, 2000]는 이들이 농장에서 거의 20년을 지낸 뒤에 쓴 첫 책으로 대단한 승배의 열기를 몰고 온 베스트셀러가 되었다. 이들 부부의 농촌에서의 모험을 연대기 순으로 기록한 몇 권이 뒤이어 출간되었다. *The Good Life*(ISBN 0805209700)은 *Living the Good Life*와 *Continuing the Good Life*[윤구병,이수영 역, 『조화로운 삶의 지속』, 보리, 2002]를 엮어서 재발행한 것으로, 1990년 Schocken Books 출판사가 뉴욕에서 출간했다.

8장

1. Thom Hartmann, "Corporations Are People Too," *Tom Paine Magazine* online edition, www.tompaine,com/ feature.cfm/ID/7603/view/ . April 18, 2003, 1-6.
2. 이 문제에 대한 최초의 폭로글 중 하나는 Green, Mark J., Fallows, James M., and Zwick, David R., *Who Runs Congress? The President, Big Business or You?* (New York : Bantam/Grossman, 1972)로, 아직 이보다 훌륭한 글을 보지 못했다.
3. 특히 Krebs, A.V., *The Corporate Reapers : The Book of Agribusiness* (Washington, D. C.: Essential Books, 1992)와 Kneen, Brewster, *From Land to Mouth : Understanding the Food System* (Toronto : NC Press, 1995)

을 보라.

4. Russel, Sabin, "FDA Lax in Drug Safety, Journal Warns," *San Francisco Chronicle* online edition www.sfgate.com/cgi-bin/article.cgi?file=/c/a/2004/11/23/MN, 1.
5. ETC Group, "Maize Rage in Mexico : GM Maize Contamination in Mexico-Two Years Later," article posted to the ETC Group discussion list, October 10 2003, 1.
6. "GM Trials Reveal Mixed Impact on Wildlife," *The Guardian* online edition, www.guardian.co.uk/print/0,3858,4776002-103528,00.html, October 16, 2003.
7. Novotny, Eva, "Defending Nature is Not Anti-Science," *The Guardian* online edition, www.guardian .co.uk/ print/0,3858,4791089-103677,00.html, November 6, 2003, 2.
8. Weise, Elizabeth, "Modified Crops Issue Divides Voters," *USA Today* online edition, usatoday.printthis,clic kability.com/pt/cpt?action=cpt&title=U, November 4, 2004, 1
9. 같은 글.
10. Elizabeth Rosenthal, "Europe Closes Ranks on Bioengineered Food," *International Herald Tribune* online edition, www.iht.com/bin/print.php?file=542067.html, October 5, 2004, 1.
11. Pratley, Nils, "Kick Them Where it Hurts," *The Guardian* online edition, www.guardian.co.uk, December 18, 2003, 1.
12. Kimbrell, Andrew, ed., *Fatal Harvest : The Tragedy of Industrial Agriculture* (Washington, D.C. : Island Press, 2002), 59.

9장

1. Waters, Alice, *Chez Panisse* website, www.chezpanisse,com/alice.html, September 10, 2004.
2. Margulis, Lynn, *Origin of Eukaryotic Cells* (New Haven : Yale University Press, 1970) and *Symbiotic Planet : A New Look at Evolution* (New York : Basic Books, 1998).
3. Pollan, Michael, "Crushing on the Ark of Taste," *Mother Jones* online edition, www.mojones.com/cgi-bin /print_art.com/news/feature/2003/19/ma_372_01.html, June 3, 2003, 1.
4. Gibbons, Euell, *Stalking the Wild Asparagus* (New York : David McKay Co., 1962).

옮긴이 후기

유년시절 살았던 집은 그리 크진 않았지만 작은 정원이 있었고, 그 정원에는 감나무, 대추나무, 은행나무, 장미나무, 단풍나무 등이 종류별로 한그루씩 있었다. 협소한 도시의 주택정원에서 부피를 키우지 못한 나무들은 가늘게 위로만 뻗어나갔지만 우리 식구들은 가을마다 우리 집 감나무에서 감을 삼사백 접씩 수확할 수 있었다. 접이라는 단위가 백 개를 의미한다는 것도 온가족이 동원되어 감을 수확하면서 배웠다. 탱탱한 대추는 사과처럼 아삭아삭하고 새큼한 맛이 난다는 것도 그때 알았다. 하지만 어머니는 여기서 그치지 않고 정원 빈틈에 호박씨를 뿌리고, 화분에서는 고추를 키우셨다. 집 앞 골목에서는 옥수수를 키운 적도 있었다. 옥수수가 내 키보다 커졌을 때는 옥수수 옆에 서서 사진을 찍기도 했다. 요즘에도 유기농작물보다는 좀 더 싼 반찬거리에 더 많은 애정을 보이시는 어머니시니 당시에도 유기농작물의 건강함보다는 야채값이라도 아껴보려는 심사에서 일을 벌이셨던 것이리라. 하지만 작은 호박씨앗에서 길고 긴 줄기가 자라 어느덧 담장 위에 내 머리통보다도 훨씬 큰 호박이 올라앉게 되었을 때 나의 경이로움은 이루 말할 수 없었다. 담장위에 놓인 커다란 호박을 보고 있으면 하늘위에 떠있던 보름달이 잠깐 내려와 다리쉼을 하는 것 같기도 했다.

그로부터 20여년의 시간이 흐른 지금, 좌절도 있었지만 우리는 대체로 눈부신 진보와 발전을 이루었다는 데 동의한다. 극악한 빈곤의 땟국물을 벗고 말 그대로 '용 됐다'며 국제사회에서 칭송마저 듣는다. 하지만 정말로 그러한가? 생산력의 눈부신 성장 속에 우리 모두는 정말로 행복해졌나? 이 책을 읽다보면 최소한 먹는 문제에 있어서만큼은 절대 행복해지지 않았다는 것을 통감하게 된다. 물론 저자는 북미의 사례에 근거하고 있지만, 이미 농업의 표준화가 이루어지고 슈퍼마켓 식품코너에서 세계화를 눈과 입으로 확인할 수 있는 요즘 같은 시대에 이 엄청난 비극을 북미에만 한정시키는 것은 무의미하다. 심지어 우리에게는 원치 않는 타국의 식품을 거부할 권리마저 없다는 것을, 2008년의 촛불 경험을 통해 이미 뼈아프게 확인하기도 했다.

이미 내게는 과거를 그저 '향수'하는 것에 그치지 않고 '지향'의 대상으로 삼아야 한다는 사실 자체가 불행이다. 생산력의 발전이 일말의 사회적 진보를 이루어냈다는 데 대해 동의하고 싶지만, 이미 나의 유년시절 소박한 도시농업을 오늘의 대안으로 삼아야 한다는 것이 절망이다. '그때가 좋았지'를 연발하는 복고주의자는 절대 되고 싶지 않지만, 지금 우리가 가지고 있는 것이 아니라 '오래된 것' 속에서 미래를 발견해야 하는 현실이 안타까울 따름이다. 발전과 이윤이라는 명목으로 오래된 좋은 것들을 모두 내다버렸다는 것을 인정해야 하기 때문이다.

하지만 어쩌겠는가. 지성의 비관주의, 의지의 낙관주의라고 했던가.

현실은 우리를 비관주의자로 만들지만, 결국 좀 더 나은 미래를 열어가는 슬기는 낙관주의적 태도에서 나올 것이다. 이렇게 암담한 현실을 폭로하면서도 유머를 잃지 않는 이 책의 저자처럼 말이다. 어쩌면 탐스런 호박에 매료되어 그것을 넋 놓고 바라보던 내 유년시절의 경험처럼, 또 다시 도시농업을 시작해보면 무언가 새로운 경이로움이 우리를 사로잡아 미래를 꿈꿀 수 있는 힘을 줄지도 모를 일이다. 이 책의 독자들도 비관주의의 함정에 빠지기보다는 낙관주의의 힘으로 세상을 조금씩 밀어갈 수 있기를 바란다.

::갈무리 신서

1. 오늘의 세계경제 : 위기와 전망

크리스 하먼 지음 / 조정환 편역

1990년대에 자본주의 세계경제가 직면한 위기의 성격과 그 내적 동력을 이론적 · 실증적으로 해부한 경제 분석서.

2. 동유럽에서의 계급투쟁 : 1945~1983

크리스 하먼 지음 / 김형주 옮김

1945~1983년에 걸쳐 스딸린주의 관료정권에 대항하는 동유럽 노동자계급의 투쟁이 어떻게 전개되어 왔는가를 실증적으로 분석한 역사서.

7. 소련의 해체와 그 이후의 동유럽

크리스 하먼·마이크 헤인즈 지음 / 조정환 편역

소련 해체 과정의 저변에서 작용하고 있는 사회적 동력을 분석하고 그 이후 동유럽 사회가 처해 있는 심각한 위기와 그 성격을 해부한 역사 분석서.

8. 현대 철학의 두 가지 전통과 마르크스주의

알렉스 캘리니코스 지음 / 정남영 옮김

현대 철학의 역사에 대한 비판적 분석을 통해 철학에서 마르크스주의의 역할은 무엇인가를 집중적으로 탐구한 철학개론서.

9. 현대 프랑스 철학의 성격 논쟁

알렉스 캘리니코스 외 지음 / 조정환 편역·해제

알뛰세의 구조주의 철학과 포스트구조주의의 성격 문제를 둘러싸고 영국의 국제사회주의자들 내부에서 벌어졌던 논쟁을 묶은 책.

11. 안토니오 그람시의 단층들

페리 앤더슨·칼 보그 외 지음 / 김현우·신진욱·허준석 편역

마르크스주의 내에서 그리고 밖에서 그람시에게 미친 지적 영향의 다양성을 강조하면서 정치적 위기들과 대격변들, 숨가쁘게 변화하는 상황에 대한 그람시의 개입을 다각도로 탐구하고 있는 책.

12. 배반당한 혁명

레온 뜨로츠키 지음 / 김성훈 옮김

혁명적 마르크스주의의 입장에서 통계수치와 신문기사 등 구체적인 자료를 바탕으로 소련 사회와 스딸린주의 정치 체제의 성격을 파헤치고 그 미래를 전망한 뜨로츠키의 대표적 정치분석서.

14. 포스트모더니즘 이후의 정치와 문화

마이클 라이언 지음 / 나병철·이경훈 옮김

마르크스주의와 해체론의 연계문제를 다양한 현대사상의 문맥에서 보다 확장시키는 한편, 실제의 정치와 문화에 구체적으로 적용시키는 철학적 문화 분석서.

15. 디오니소스의 노동·I

안토니오 네그리·마이클 하트 지음 / 조정환 옮김

'시간에 의한 사물들의 형성'이자 '살아 있는 형식부여적 불'로서의 '디오니소스의 노동', 즉 '기쁨의 실천'을 서술한 책.

16. 디오니소스의 노동·II

안토니오 네그리·마이클 하트 지음 / 조정환 옮김

이딸리아 아우또노미아 운동의 지도적 이론가였으며 『제국』의 저자인 안또니오 네그리와 그의 제자이자 가장 긴밀한 협력자이면서 듀크대학 교수인 마이클 하트가 공동집필한 정치철학서.

17. 이딸리아 자율주의 정치철학·1

쎄르지오 볼로냐·안또니오 네그리 외 지음 / 조정환 편역

이딸리아 아우또노미아 운동의 이론적 표현물 중의 하나인 자율주의 정치철학이 형성된 역사적 배경과 맑스주의 전통 속에서 자율주의 철학의 독특성 및 그것의 발전적 성과를 집약한 책.

19. 사빠띠스따

해리 클리버 지음 / 조정환·서창현 옮김

미국의 대표적인 자율주의적 맑스주의자이며 사빠띠스따 행동위원회의 활동적 일원인 해리 클리버 교수(미국 텍사스 대학 정치경제학 교수)의 진지하면서도 읽기 쉬운 정치논문 모음집.

20. 신자유주의와 화폐의 정치

워너 본펠드·존 홀러웨이 편저 / 조정환 옮김

사회 관계의 한 형식으로서의, 계급투쟁의 한 형식으로서의 화폐에 대한 탐구, 이 책 전체에 중심적인 것은, 화폐적 불안정성의 이면은 노동의 불복종적 권력이라는 것을 이해하는 것이다.

21. 정보시대의 노동전략: 슘페터 추종자의 자본전략을 넘어서

이상락 지음

슘페터 추종자들의 자본주의 발전전략을 정치적으로 해석하여 자본의 전략을 좀더 밀도있게 노동의 관점에서 분석하고 또 이로부터 자본주의를 넘어서려는 새로운 노동전략을 추출해 낸다.

22. 미래로 돌아가다

안또니오 네그리·펠릭스 가따리 지음 / 조정환 편역

1968년 이후 등장한 새로운 집단적 주체와 전복적 정치 그리고 연합의 새로운 노선을 제시한 철학? 정치학 입문서.

23. 안토니오 그람시 옥중수고 이전

리처드 벨라미 엮음 /김현우·장석준 옮김

『옥중수고』 이전에 씌어진 그람시의 초기저작. 평의회 운동, 파시즘 분석, 인간의 의지와 윤리에 대한 독특한 해석 등을 중심으로 그람시의 정치철학의 숨겨져 온 면모를 보여준다.

24. 리얼리즘과 그 너머: 디킨즈 소설 연구

정남영 지음

디킨즈의 작품들에 대한 치밀한 분석을 통해 새로운 리얼리즘론의 가능성을 모색한 문학이론서.

31. 풀뿌리는 느리게 질주한다

시민자치정책센터

시민스스로가 공동체의 주체가 되고 공존하는 길을 모색한다.

32. 권력으로 세상을 바꿀 수 있는가

존 홀러웨이 지음 / 조정환 옮김

사빠띠스따 봉기 이후의 다양한 사회적 투쟁들에서, 특히 씨애틀 이후의 지구화에 대항하는 투쟁들에서 등장하고 있는 좌파 정치학의 새로운 경향을 정식화하고자 하는 책.

피닉스 문예

1. 시지프의 신화일기

석제연 지음

오늘날의 한 여성이 역사와 성 차별의 상처로부터 새살을 틔우는 미래적 '신화에세이'!

2. 숭어의 꿈

김하경 지음

미끼를 물지 않는 숭어의 눈, 노동자의 눈으로 바라본 세상! 민주노조운동의 주역들과 87년 세대, 그리고 우리 시대에 사랑과 희망의 꿈을 찾는 모든 이들에게 보내는 인간 존엄의 초대장!

3. 볼프

이 헌 지음

신예 작가 이헌이 1년여에 걸친 자료 수집과 하루 12시간씩 6개월간의 집필기간, 그리고 3개월간의 퇴고 기간을 거쳐 탈고한 '내 안의 히틀러와의 투쟁'을 긴장감 있게 써내려간 첫 장편소설!

4. 길 밖의 길

백무산 지음

1980년대의 '불꽃의 시간'에서 1990년대에 '대지의 시간'으로 나아갔던 백무산 시인이 '바람의 시간'을 통해 그의 시적 발전의 제3기를 보여주는 신작 시집.